コンパクト解説

日本とアジア・大洋州・米州・旧ソ連諸国との租税条約

矢内一好 [著]

財経詳報社

はしがき

　本書は，一覧性を重視した日本とアジア・大洋州・米州・旧ソ連諸国との租税条約のコンパクトな解説を目的としたものです。

　これまで，私は，単著として，『国際課税と租税条約』（ぎょうせい　1992年），『租税条約の論点』（中央経済社　1997年），『詳解日米租税条約』（中央経済社　2004年），『解説　改正租税条約』（財経詳報社　2007年），『改正租税条約のすべて』（財経詳報社　2013年）等を上梓してきましたが，最近日本からの投資が増加している，アジア・大洋州・米州・旧ソ連諸国との租税条約に特化して解説した本は出版しておりません。また，最近締結された租税条約については，『改正税法のすべて』（大蔵財務協会）に立法当局による新租税条約の解説が掲載されていますが，現行の租税条約のうち，古い時代に締結された租税条約（アジア諸国では昭和に締結された租税条約が3つあります。）にこの種の解説はありません。

　例えば，日本とアジア・大洋州諸国との租税条約で現在適用されている最も古いものは，日本・スリランカ（旧セイロン）租税条約（昭和43年発効）であり，最新版は，日本・マカオ情報交換協定（平成26年発効）と相当に間隔の空いていることが判ります。特に，近年，経済発展の著しい国と改正されないままの租税条約との間に，かなりのギャップが生じています。

　また，米州（北米・南米）についても，米国は注目されていますが，カナダ，メキシコ，ブラジルについては多くの解説があるという状態ではありません。

　さらに，旧ソ連諸国は，日本と旧ソ連租税条約が適用となる国，独自に日本と租税条約を締結したカザフスタン，所得税租税条約のないバルト三国に分かれています。

　そして，出版社への原稿渡し後に，①平成27年10月に日本・チリ租税条約の基本合意，②平成27年10月に改正日米租税条約に関する米国財務省の技術的説明書の公表，③平成27年11月に日本・台湾民間租税取決めの署名とその実施に伴う平成28年度税制改正大綱に示された国内法の改正，④平成27年12月に日

本・インド租税条約の改正議定書，⑤平成28年1月22日に日本・チリ租税条約署名等の動きがありましたので，これらも本書に追加しました。また，本書の範囲外ですが，平成27年12月に日本・ドイツ租税協定の全文改正の署名が行われ，その内容が一新されています。

　以上のことから，本書は，欧州諸国との26の租税条約，中東諸国との7の租税条約，アフリカ諸国との3の租税条約については，またの機会ということで，これらを含んでいません。

　本書の利用には，本書掲載の特定の国との租税条約の情報を知りたい方は，直接そのページを開いてください。租税条約にこれまであまり接してこなかった方は第2部を最初に開いて，説明が必要と思われる事項については第1部を参照してください。また，本書は，租税条約の解説の後に，内容に関する必要な情報等を添付しました。

　そして，第6部には，租税条約に関連する事項についての資料を添付してあります。ご興味ある向きには，お目通しいただければ，幸いです。

　本書が今後各方面において多少なりともお役に立てることがあれば幸いです。

　本書の出版を快く引き受けてくれた財経詳報社社長宮本弘明氏に厚くお礼を申し上げます。

　平成28年2月

矢内　一好

目　　次

はしがき

第1部　租税条約の基礎知識

❶　租税条約入門Q＆A……………………………………………………2
❷　租税条約理解のための基礎用語………………………………………5
❸　人的範囲・対象税目・一般的定義・居住者等の
　　チェックポイント………………………………………………………7
❹　恒久的施設（PE）のチェックポイント……………………………8
❺　不動産所得・事業所得・国際運輸業所得・
　　特殊関連企業所得のチェックポイント………………………………10
❻　投資所得・譲渡収益のチェックポイント……………………………12
❼　自由職業所得・給与所得・役員報酬のチェックポイント…………13
❽　芸能人等・退職年金・政府職員・教授・学生・事業修習生・
　　その他所得のチェックポイント………………………………………13
❾　二重課税排除のためのチェックポイント……………………………14
❿　相互協議・情報交換のためのチェックポイント……………………15
⓫　日本の租税条約のトピックス…………………………………………16

第2部　アジア諸国との租税条約

インド………………………………………………………………………18
インドネシア………………………………………………………………27
シンガポール………………………………………………………………35

> **ケーススタディ** アジア数か国へ投資した内国法人によるシンガポール中間持株会社の活用……42

スリランカ……50
タイ……56
台湾（日台民間租税取決め）……63
大韓民国……71
中国……78
パキスタン……91
バングラデシュ……99
フィリピン……106
ブルネイ……113
ベトナム……120
香港……127
マカオ（情報交換協定）……136
マレーシア……143

第3部　大洋州諸国との租税条約

オーストラリア……152
ニュージーランド……159
サモア（情報交換協定）……169
フィジー……175

第4部　米州諸国との租税条約

米国（日本・米国租税条約）……180
米国（日米相続税・贈与税租税条約）……198
カナダ……203
メキシコ……210

ブラジル	217
バミューダ（情報交換協定）	224
ケイマン諸島・バハマ（情報交換協定）	231
英領バージン諸島（情報交換協定）	238
チリ（未発効）	245

第5部　旧ソ連諸国との租税条約

| カザフスタン | 256 |
| 旧ソ連諸国 | 263 |

第6部　資料

① アジア諸国が重視される理由 … 278
② 日本の租税条約の現状 … 279
③ 税務行政執行共助条約の現状 … 279
④ 地域別・日本の租税条約の締結状況 … 280
⑤ BEPSの動向と租税条約 … 285
⑥ 帰属主義とは … 293

（コラム：金融口座情報の自動交換制度） … 98

（略語例）
1) 新興国課税事例：経済産業省　貿易経済協力局貿易振興課『新興国における課税問題の事例と対策（詳細版）』平成25年9月。
2) 基礎調査書：経済産業省（委託先：PwC）『平成25年度　新興国市場獲得に向けた法制度等の基礎調査書［新興国におけるPE二重課税問題に係る調査］』平成26年3月。
3) BEPS：「税源浸食と利益移転（BEPS：Base Erosion and Profit Shifting）」の略語。OECDは多国籍企業による国際的租税回避（BEPS）防止のため活動しています。
4) 所得税法施行令：所令
5) 法人税法施行令：法令
6) 租税特別措置法：措法
7) 租税特別措置法施行令：措令

（引用資料）
　第2部から第5部の各国の概要の資料は外務省のHP（http://www.mofa.go.jp/mofaj/area/india/data.html#section1）
（アクセス：2015年12月）等を参考としました。

（注意事項）
　租税条約が改正になる場合があります。実際に租税条約を適用する場合は，条文の確認と，専門家の意見を聞くことをお勧めします。

第1部
租税条約の基礎知識

❶ 租税条約入門Q＆A

　以下は，租税条約がどのようなものかということで，租税条約入門のＱ＆Ａです。次の項の租税条約理解のための基礎用語を併せてお読みいただければ，租税条約の全体像がみえてくると思います。

Ｑ：租税条約とは何ですか。	Ａ：租税条約とは，租税に関する国と国との取極めです。条約ということで，日本が締結している他の分野における各種の条約と同じものです。したがって，条約締結には，外務省と租税に関する事項ですので，財務省が担当しています。
Ｑ：租税条約の役割とは何ですか。	Ａ：国境を越えてヒト，モノ，カネが動きますと，自国（例えば，日本）と投資先の国の双方で課税関係が生じることがあります。これを国際的二重課税（厳密には所得に対する二重課税です。）といいます。国内のみで，事業活動或いは投資を行っている場合，その国の課税のみで済みますが，複数の国でこれらの活動を行うと，二重課税という現象が生じ，税負担が増加します。そうなると，国際的な取引を行うという意欲を阻害しますので，国際的二重課税をできるだけ排除する必要があります。そのために，投資が行われる国の間で租税条約が締結されます。
Ｑ：国際的二重課税はどうして起こるのですか。	Ａ：日本を居住地国，日本企業が所得を取得した外国の源泉地国をＳ国とします。 　日本居住者である日本企業の日本における課税所得の範囲と非居住者とした課税を受けるＳ国の課税所得の範囲は，次のとおりです。 ①日本の課税所得（全世界所得） 　　＝国内源泉所得＋Ｓ国源泉所得 ②Ｓ国の課税所得（国内源泉所得）＝Ｓ国源泉所得 　上記の式からも明らかですが，Ｓ国源泉所得が二重に課税されることになります。したがって，日本とＳ国との間に租税条約が締結されていますと，租税条約を適用して，Ｓ国における課税を免除或いは軽減すれば，二重課税は排除又は排除しやすくなります。Ｓ国における課税の軽減の場合は，日本とＳ国の二重課税になりますが，日本においてＳ国で支払った税額の外国税額控除をしますので，日本における外国税額控除により二重課税の排除が容易になるということです。

Q：租税条約が締結されていると税負担の面で得をしますか。	A：内国法人或いは個人居住者（以下「日本居住者」とします。）が条約相手国（A国とします。）に投資をした場合を例とします。そのポイントは次のとおりです。 ① （日本における課税）日本居住者は，国外源泉所得も日本で課税所得の範囲に含まれますので，租税条約が日本の税負担を減少する効果はありません。 ② （現地法人を設立した場合）日本居住者がA国において，現地法人を設立して事業活動を行ったとします。A国現地法人は，A国の内国法人ですので，その法人所得については，A国で課税を受けて，租税条約の特典の適用はありません。 ③ （A国における源泉徴収の軽減）A国法人が配当を日本居住者に支払うとします。A国国内法では，その源泉徴収税率が20％とします。租税条約では，配当に係る限度税率（源泉地国における課税の上限税率）を定めています。一般的には，親会社と子会社間の配当の場合は，課税免除，5％等の税率になります。源泉地国で課税免除ですと，日本居住者は，国際的二重課税が回避されて，20％の税負担を免除されるという租税条約の特典を享受できます。なお，外国子会社配当益金不算入制度の適用要件に租税条約が関係する場合があります。 ④ （結論）租税条約があると，税負担の面で得をすることが多いといえます。
Q：租税条約の条文は税法六法に登載されていませんが，条約集はどのように入手しますか。	A：租税条約の条文を登載している書籍は『租税条約関係法規集』（清文社）があります。また，外務省のHPの条約のサイトと財務省の租税条約のサイトに条文があります。
Q：租税条約の条文には，「一方の締約国」「他方の締約国」という用語が頻繁に用いられて大変判りづらいのですが，どうすればよいのでしょうか。	A：次に掲げたのは，日米租税条約の事業所得条項（第7条）第1項の規定です（アンダーライン部分は筆者が付したものです。）。 「一方の締約国の企業の利得に対しては，その企業が他方の締約国内にある恒久的施設を通じて当該他方の締約国内において事業を行わない限り，当該一方の締約国においてのみ租税を課することができる。一方の締約国の企業が他方の締約国内にある恒久的施設を通じて当該他方の締約国内におい

	て事業を行う場合には，その企業の利得のうち当該恒久的施設に帰せられる部分に対してのみ，<u>当該他方の締約国において租税を課することができる</u>。」 　租税条約の適用は双方向になりますので，日本と米国という固有名詞を規定することができません。洋服に，リバーシブルというものがありますが，租税条約もある意味リバーシブルな規定です。米国の企業が日本に支店等を設けて事業活動をする場合は，「一方の締約国」は米国，「他方の締約国」は日本と読みます。また，日本からの対米投資の場合は，これが逆になります。このように，投資の方向を間違えることなく読み替えを行うとよく判ります。
Q：日本と途上国との租税条約では，租税の軽減をするのは途上国になりますが，日本だけが得をするということにはなりませんか。	A：現在，日本が近い将来締結することが予測されている租税条約として，対ミャンマー租税条約があります。対ミャンマー租税条約を例にすると，ミャンマーは日本からの投資により生じた所得に対する課税を減免することになるため，不利になるのではないかと思われることがあります。投資をする日本側としては，ミャンマーにおける課税が租税条約により安定し，かつ，減免されるため，租税条約が締結されることを歓迎します。他方，ミャンマー側としては，確かに，課税面では減免による税収減という効果がありますが，日本からの投資が増加することによる経済的効果がもたらす利益を重視します。要するに，投資が仮に一方通行になったとしても，両国の利害は一致するのです。
Q：租税条約と国内法の規定が異なるときは，どうするのですか。	A：租税条約の役割は，源泉地国における課税を減免して国際的二重課税を排除することですので，租税条約が国内法よりも税負担を増加させることはないことになります。日本の場合は，憲法第98条第2項の規定により租税条約優先適用となりますが，国によっては，その適用関係が異なることがあります。
平成26年度税制改正の影響 （チェックポイント） 国内法がAOAに基づいて改正されました。具体的には，PEと本店の内部取引を	平成26年度税制改正では，従来の総合主義から帰属主義に改正されています。この帰属主義は，PEに帰属する利得についてのみ総合課税するというものです。このような改正を行った背景には，OECDにおいて，従来のモデル租税条約の事業所得条項の規定では帰属主義を原則としていましたが，その解釈や運用が各国で統一されていなかったため，結果として二重課税・二重非課税を排除することができなかったこと

| 所得として認識する等が行われ，単純購入非課税の原則が廃止されましたが，租税条約に異なる定めがある場合は，租税条約優先適用となります。 | から，このモデル租税条約における事業所得条項が，PEの果たす機能及び事実関係に基づいて，外部取引，資産，リスク，資本をPEに帰属させ，PEと本店等との内部取引を認識し，その内部取引が独立企業間価格で行われたものとして改正され，PE帰属所得を算定するアプローチ（Authorised OECD Approach，以下「AOA」といいます。）が採用されたからです。この改正による適用は，平成28年4月1日以後に開始する事業年度分の法人税及び平成29年分以後の所得税について適用となっています。この日本の国内法に対応して改正された租税条約は，現在のところ，日英租税条約と署名済の日独新租税協定だけですので，一般的には，租税条約が国内法に優先する事態が当分の間続くことになります。 |

❷ 租税条約理解のための基礎用語

　租税条約には独特の用語が登場します。以下は，これらの用語のいくつかについての解説です。

Q：租税条約の署名・批准書・発効の手続	A：①条約交渉が開始となると，両国は相互に国内法の資料を交換して相手国の税制等の調査を開始します。 ②条約案としては，OECDモデル租税条約等がベースになります。 ③相互に相手国を訪れる形で条約交渉が行われ，合意されると交渉団の責任者が合意文書のすべてのページにイニシャルを記入します。 ④日本の場合は，条約の内容の細部の検討と内閣法制局審議が行われ，閣議決定を経て条約に署名されます。 ⑤署名後に，条約の議会承認の手続になります。 ⑥議会承認が済みますと，批准書が両国政府間で交換され，通常30日程度を経て発効します。具体的な租税条約の適用は発効した翌年の1月1日よりというものが一般的です。
Q：議定書（protocol）とは何ですか。	A：議定書は，租税条約に付随して，条約本文を補足する等の役割のある文書の意味と，租税条約の一部改正を含む条約改正案のように，租税条約の改正案を記載した文書として使用される場合もあります。この一部改正の場合も議会手続が必要です。

Q：交換公文（Exchange of Notes）とは何ですか。	A：交換公文は，両国政府間で到達した条約に関する行政レベルにおける了解事項という意味です。日本における手続は，閣議の了解です。
Q：租税条約実施特例法とは何ですか。	A：「租税条約の実施に伴う所得税法，法人税法及び地方税法の特例等に関する法律」という法律があります。この法律は一般に省略して「租税条約実施特例法」或いはさらにその短縮形として「実特法」と呼ばれています。この法律は国内法ですので，「税務六法」に登載されているものです。この法律の役割は，租税条約と国内法を結ぶ橋渡しです。租税条約における投資所得に関する限度税率は，例えば，「10％を超えないものとする。」と規定しているとします。この規定は，源泉地国における国内法の非居住者に対する所得の税率が20％であっても，源泉地国における条約相手国の居住者に対する源泉徴収を国内法による20％ではなく，租税条約を適用して最高10％とするというものです。この源泉地国が日本である場合，このままでは，源泉地国において具体的な適用ができません。なぜならば，「最高税率を10％にする。」と規定しているので，具体的に何％か明らかでないからです。そこで，租税条約実施特例法がこの租税条約上の限度税率を国内法の適用上源泉徴収の税率とすると規定したことから，日本における課税は，限度税率を所得税法に定める税率と読み替えることで課税関係が完了することになります。
Q：モデル租税条約とは何ですか。	A：最も有名なモデル租税条約は，OECD モデル租税条約です。 　一般に OECD モデル租税条約という形で使用する場合，所得税に係る OECD モデル租税条約（OECD Model Tax Convention on Income and on Capital）を指しますが，1982年に制定した「遺産・相続・贈与税モデル租税条約（Model double taxation convention on estates and inheritances and on gifts）」があります。1979年に制定され，1995年に改訂された国連モデル租税条約（Department of Economic & Social Affairs, United Nations Model Double Taxation Convention between Developed and Developing Countries）は，現在，ネット上に2011年版がアップされています。この他に，米国モデル租税条約は，1977年に制定された後，1980年，1996年と改訂されて，現在は，2006年版（2006 U.S.

	Model Income Tax Treaty）が改訂作業中です。日本は独自のモデル租税条約を定めていません。
Q：税務行政執行共助条約（Convention on Mutual Administrative Assistance in Tax Matters）とは何ですか。	A：BEPS行動計画15に関連して，多国間協定の先例として，税務行政執行共助条約（以下「共助条約」といいます。）の概要と現況を調べる必要があります。日本は，2011年（平成23年）11月4日に共助条約に署名し，2013年（平成25年）6月28日に受諾書をOECDに寄託し，同年10月1日にこの条約が発効しています。これまでの租税条約は，一般に二国間租税条約ですが，この共助条約は多国間条約であることと，租税条約が二国間の二重課税の排除と脱税の防止を目的としているのに対して，共助条約は税務行政を相互に支援するための条約である点で一般の租税条約とは異なった性格を有しています。共助条約における執行共助（administrative assistance）の内容としては，次の3つが規定されています。 ①同時税務調査及び他国の税務調査への参加を含む情報交換 ②保全措置を含む租税債権徴収における協力 ③文書の送達

❸ 人的範囲・対象税目・一般的定義・居住者等のチェックポイント

　租税条約は，その多くが類似した条文構成になっていますが，その締結年次等の差異により，条文構成及びその内容が異なっていることがあります。以下は，各租税条約に共通する事項についてそのチェックポイントを掲げます。なお，ここに掲げた条と実際の租税条約の規定が異なることがありますが，以下は，あくまでも標準的な条文構成を想定したものです。

人的範囲（第1条） （チェックポイント） 租税条約の適用対象者は，租税条約を締結している国の居住者です。国籍ではありません。	本条は，租税条約の適用対象となる人的範囲として，一方又は双方の締約国の居住者であることを規定しています。この居住者については，第4条（居住者）の第1項に通常定義されています。各国は，居住者について国内法に定義を置き，その課税所得の範囲を定めています。したがって，国内法に定める居住者の課税所得範囲が全世界所得であるかどうかは，国内法にその権限を委ねていることになっています。

対象税目（第2条） （チェックポイント） 対象税目の税目には，既に廃止・改正されたものもあります。	本条は，租税条約の対象となる税目に関する規定です。この規定により，租税条約の対象税目ではない税目の課税は，租税条約における二重課税排除の適用はなく，国内法に基づく片務的救済に依存することになります。地方税等が含まれているか否かが特徴になります。
一般的定義（第3条） （チェックポイント） 中国とは3つの租税条約があります（中国本土，香港，マカオ）。	租税条約では，各項目に共通する定義等は，本条に規定しています。その他に，配当，利子使用料等は，個別の条項で定義されています。本条では，地理的範囲が規定されています。また，本条第2項に，条約において定義されていない用語は，課税をする国の国内法によることになります。
居住者（第4条） （チェックポイント） 条約相手国が居住者と判定すれば，租税条約の適用対象者になります。課税をする源泉地国が判定するわけではありません。	（居住者判定の基準） ①居住地国の国内法により居住者と判定されたこと ②居住地国において居住者として課税を受けていること （第4条第1項後段：支店等のPE）支店等のPEは，その所在地国において納税義務者であっても，ここに規定する一方の締約国の居住者には該当しません。 （双方居住者）新しい租税条約では，振分け規定がありますが，古い形態の場合は，両国の権限ある当局による合意により判定されます。

❹ 恒久的施設（PE）のチェックポイント

この規定は，事業所得の課税要件であるPEの有無を判定するものです。

(1) 第5条各号の概要

恒久的施設 （第5条第1項）	（PEの定義）この条約の適用上，恒久的施設とは，企業がその事業の全部又は一部を行っている場所を通じて事業を行う一定の場所をいう。
恒久的施設 （第5条第2項）	PEの例示列挙（事務所，支店，工場，天然資源採掘所等を含みます。）
恒久的施設 （第5条第3項）	建設PEのチェックポイント ①建設PEの判定期間

	②監督活動が含まれているか否か ③コンサルタントに係る規定の有無
恒久的施設 (第5条第4項)	PEとは判定されない準備的補助的活動(現在BEPSで検討中)
恒久的施設 (第5条第5項)	PEとなる従属代理人等の規定(租税条約により課税となる代理人PEの範囲に,注文取得代理人,在庫保有代理人が含まれます。)(現在BEPSで検討中)
恒久的施設 (第5条第6項)	PEとならない独立代理人の規定:この独立代理人に該当するのは,通常の方法でその業務を行う仲立人,問屋その他の独立の地位を有する代理人です。この場合のキーワードは,「通常の方法」と「独立の地位」です。
恒久的施設 (第5条第7項)	子会社等は,PEとはならないことを確認的に規定しています。
PE課税のチェックポイント	①日本よりも投資先の国で,駐在員事務所(特に中国要注意),現地子会社等が条件によりPEと認定される可能性があります。 ②建設PEとなる場合,納税主体となる元請会社と実際の工事を施行して所得を得た下請会社の外国税額の配分,証明書等に要注意

- 上記の7項の構成が最も一般的ですが,日本・チリ租税条約では,準備的補助的活動及び独立代理人の規定が変化しています。
- 事業所得の課税要件は,PEの存在です。「PEなければ課税なし」は事業所得課税の格言です。投資所得(配当,利子,使用料等)は源泉徴収で課税になりますので,「PEなくても課税あり」です。

(2) コンサルタントと建設工事監督の規定のあるアジア諸国等の租税条約

国　　名	建設工事監督	コンサルタント
インド	PE(6か月超)	
インドネシア	PE(6か月超)	第5条第5項:1課税年度6か月超
オーストラリア	PE(12か月超)	
シンガポール	PE(6か月超)	

タ イ	PE（3か月超）	第5条第4項（インドネシアと同型）6か月超
大韓民国	PE（6か月超）	
中 国	PE（6か月超）	第5条第5項（インドネシアと同型）12か月の間に合計6か月超
ニュージーランド	PE（12か月超）	第5条第5項（サービスPE）
パキスタン	PE（6か月超）	
フィリピン	PE（6か月超）	第5条第6項（12か月の間に合計6か月超）
ベトナム	PE（6か月超）	第5条第4項（12か月の間に合計6か月超）
マレーシア	PE（6か月超）	

- PEの範囲に関しては，アジア諸国との租税条約は，OECDモデル租税条約よりも国連モデル租税条約の影響が強いといえます。

❺ 不動産所得・事業所得・国際運輸業所得・特殊関連企業所得のチェックポイント

不動産所得 （第6条）	不動産から生ずる所得について，その所在地国に課税権を認める規定です。なお，不動産の譲渡所得については，譲渡収益条項（第13条）に規定があります。
事業所得 （第7条第1項）	2つの重要な原則 ①源泉地国にPEがなければ事業所得の課税はできないという原則 ②帰属主義（PEに帰せられる利得のみが所得源泉地国において課税となることを定めた原則）
事業所得 （第7条第2項）	企業の一部である支店等のPEを本店から分離独立した企業とみなし，この独立した企業間で一般の市場における条件及び価格で取引をした場合に得るであろう利得を恒久的施設に帰属する利得とする原則（独立企業の原則）が規定されています。
事業所得 （第7条第3項）	本店配賦経費が支店等で控除できることを定めています。

事業所得 (第7条第4項)	一定の条件の下で、独立企業の原則以外の計算方法によることを認めている規定です。
事業所得 (第7条第5項)	単純購入非課税の原則（他に事業を行っている PE が、本店等のために行う商品の購入からの利益及びそれに係る費用を、その所得計算から除くことを規定しています。）
事業所得 (第7条第6項)	この規定は、所得算定方法の継続性を要請している規定です。
事業所得 (第7条第7項)	他の条項に規定のある所得と事業所得条項の関連について規定したもので、投資所得の場合は、まず、それぞれの所得について規定する条項が第7条（事業所得条項）に優先して適用となります。
国際運輸業所得 (第8条) (チェックポイント) PE あっても課税なしです。	この所得は、基本的に源泉地国免税、居住地国課税です。ポイントは国際運輸業に付随する所得がこの所得に含まれるか否かです。
特殊関連企業所得 (第9条)	第1項は、当該関連者間取引における価格等の操作を通じて、所得が一方の締約国の企業に移転しているときは、これを修正することができることを規定しています。 第2項は、対応的調整（例えば、外国子会社の所得が移転価格税制の適用により増額更正された場合、親会社は、外国子会社において増額更正された部分の所得について既に申告納税を完了していることから、親会社について二重課税を調整する措置が必要となります。）

- 事業所得に関して、上記7項から構成されている租税条約例が多いことから、この条約上の規定を以下では、「基本7項」と表記します。
- OECD は、OECD 承認アプローチである AOA (authorized OECD approach) を導入した新しい事業所得条項であるモデル租税条約新7条を制定しました。日本はこれを受けて平成26年度税制改正において「帰属主義」を導入しています。日本の租税条約では、日英租税条約及び新たに改正される日独租税協定が AOA を採用しています。

❻ 投資所得・譲渡収益のチェックポイント

配当（第10条） （チェックポイント） 配当の限度税率は親子間配当と一般配当で通常区分されています。親子間配当の適用要件に注意。	配当条項は，親子間配当と一般配当の限度税率が第1のポイントです。第2のポイントは，配当が，源泉地国に存在するPE等の財産の一部を構成する持分に対してなされた場合，当該配当は，PE等の利益の一部として課税されることになります。
利子（第11条）	第1のポイントは利子の限度税率です。第2は利子の定義です。第3は，PEの事業所得に含まれる利子の規定です。第4は，利子の所得源泉地です。第5は，移転価格税制適用の場合の処理です。
使用料（第12条） （チェックポイント） 使用料の定義は租税条約の年代により異なります。また，譲渡収益との関連もあるので要注意です。	第1のポイントは使用料の限度税率です。第2は使用料の定義です。第3は，PEの事業所得に含まれる使用料の規定です。第4は，使用料の所得源泉地です。第5は，移転価格税制適用の場合の処理です。
譲渡収益（第13条） （チェックポイント） ①不動産化体株式の規定の有無 ②事業譲渡類似の規定の有無 ③株式の譲渡益は源泉地国課税か，居住地国課税かの確認	この規定は，不動産の譲渡益，PEの事業用資産の譲渡益，国際運輸に使用する船舶等の譲渡益等を別段の定めとして，これら以外の所得（株式等）は居住地国課税と源泉地国課税に分けられています。不動産の譲渡益は，その不動産の所在地国で課税となりますが，この課税を回避するために，不動産を保有する法人の株式を譲渡して，間接的に不動産の所有権を移転する方法があります。このような租税回避を防止するために，所定の不動産を保有する法人の株式を不動産化体株式として，不動産所在地国において課税することを規定している租税条約もあります。
（投資先の国におけるチェックポイント）	①源泉徴収の還付金の戻り（国内法と限度税率の税額の差額）は全般に時間がかかるので要注意です。 ②内国法人等が投資をした源泉地国における租税条約の課税の減免を受けるための手続に各国相違があることから要注意です。

- 日本と締結している租税条約において事業譲渡類似の規定のある租税条約としては，オーストリア，シンガポール，大韓民国，デンマーク，フランス，ベトナム，メキシコ，との間の租税条約があります。

❼ 自由職業所得・給与所得・役員報酬のチェックポイント

自由職業所得（第14条）OECDモデル租税条約では2000年に廃止。	この所得の課税要件は，固定的施設の有無或いは滞在日数により判定されます。
給与所得（第15条）（チェックポイント）課税は原則として働いた国です。	給与所得の所得源泉地は役務提供地です。本条第2項の短期滞在者免税の規定では，183日ルールが暦年（古い規定）か，いずれかの12か月（新しい規定）となっています。
役員報酬（第16条）（チェックポイント）ここにおけるポイントは国により役員の定義が異なることです。	本条は，一方の締約国の居住者が他方の締約国の居住者である企業の役員の資格で取得する報酬について，役員の役務提供の場所を特定することが難しいことから，企業の居住地国において課税することを定めています。

❽ 芸能人等・退職年金・政府職員・教授・学生・事業修習生・その他所得のチェックポイント

芸能人等（第17条）	芸能人・運動家等の取得する報酬は，その活動が独立的であれ，従属的であれ，個人的活動の行われた国において課税することを定めています。芸能人等の所得が法人等により受け取られる場合，当該法人の利得については，源泉地国が課税できることを規定しています。
退職年金（第18条）（チェックポイント）租税条約にこの規定	本条は，政府職員に係る退職年金に対しては適用されませんが，個人の私的勤務に基因して支払われる退職年金について，その受領者の居住地国においてのみ租税を課すことを定めて

がない場合は国内法の適用になります。	います。
政府職員（第19条）	政府職員への報酬（給与，退職年金）は，派遣国で課税になります。接受国の国民の場合は，接受国で課税です。
教授（第20条）	一定の条件を満たす場合，2年間の源泉地国免税が規定されています。
学生・事業修習生（第21条）（チェックポイント）条約ごとに内容が異なりますので要注意です。	学生又は事業研修生が，生計維持，教育，訓練を受けるために，滞在地国外から受領する金銭等については，当該滞在地国において租税を免除することを規定しています。この規定は租税条約ごとに規定が異なっています。
その他所得（第22条）	本条は，各条に規定のない所得及び条約上所得源泉地の明らかでない所得について適用されます。基本的には居住地国課税です。

- 学生の場合，滞在地国における一定金額以下の報酬の免税となる条約例として，対インドネシア租税条約，対韓国租税条約，対フィリピン租税条約があります。また，政府，教育団体等からの交付金，手当又は奨励金の免税を規定した条約例としては，対インドネシア租税条約，対韓国租税条約，対タイ租税条約があります。また，免税期間も租税条約により異なっています。また，中国からの留学生の場合は，その生計，教育等のために受け取る給付又は所得（生活費，学費に充てるためのアルバイト代）について，日本で免除となっています。この場合は，免除を受けるための手続が必要です。

❾ 二重課税排除のためのチェックポイント

二重課税排除の方法（第23条）	通常は税額控除方式による外国税額控除が規定されています。

日本の租税条約における「みなし外国税額控除」適用一覧表

ザンビア	適用可
スリランカ	適用可

タ イ	適用可
中 国	適用可
バングラデシュ	適用可
フィリピン	平成31年1月1日以後に開始する各課税年度において日本の居住者が取得する所得については適用されません。なお，その間，みなし外国税額控除の適用範囲を改正後の日比租税条約で限度税率が適用される配当，利子及び使用料に拡大することとされました。
ブラジル	適用可
アイルランド	国内法改正により失効
インド	2006年の改正で廃止
インドネシア	国内法改正により失効
シンガポール	供与期限2000年
スペイン	国内法改正により失効
大韓民国	供与期限2003年
トルコ	供与期限2004年
パキスタン	2008年の改正で廃止
ブルガリア	供与期限2001年
ベトナム	供与期限2010年
マレーシア	供与期限2006年
メキシコ	供与期限2005年

❿ 相互協議・情報交換のためのチェックポイント

相互協議（第25条）	本条約に適合しない課税を受ける者は，国内法に定める救済手段とは別に，その居住地国又は自己が国民である国の権限ある当局に対して，申立てをすることができます。租税条約により期間制限は最初の課税通知のあった日から3年以内と規定されているものもあります。新しい租税条約である対香港租税条約等には仲裁の規定があります。

情報交換（第26条）	情報交換協定を除いて，既に日本との間に租税条約を締結して国で，金融情報等の情報交換規定を中心に改正された租税条約及び新規の租税条約は次のとおりです（署名の年次）。 ①平成22年：ルクセンブルク租税条約改正 ②平成22年：ベルギー租税条約改正 ③平成22年：シンガポール租税条約改正署名 ④平成22年：マレーシア租税条約改正署名 ⑤平成22年：スイス租税条約改正署名 ⑥平成22年：香港新租税条約署名 ⑦平成25年：インド租税条約改正署名

⓫ 日本の租税条約のトピックス

改正日米租税条約未発効	第3次条約一部改正署名日：平成25年1月24日，未発効。日本側は議会手続終了：衆議院：2013年（平成25年）5月，参議院：同年6月に改正条約案承認済み。米国側は承認手続をする上院が動かず（R上院議員の反対）。
改正日英租税条約（AOAを導入した最新型の租税条約）	一部改正署名：平成25年12月，発効：平成26年12月。日本では平成28年4月1日以後に開始する各課税年度の利得から適用されます。
日台民間租税取決め	平成27年11月に公益財団法人交流協会（日本側）と亜東関係協会（台湾側）との間で「所得に対する租税に関する二重課税の回避及び脱税の防止のための公益財団法人交流協会と亜東関係協会との間の取決め」（以下「日台民間租税取決め」という。）に署名し，同年12月に同取決めの規定が公開されました。日本ではその実施に向けて平成28年度税制改正において国内法を整備しました。
日独新租税協定	平成27年12月17日に全文改正で署名されました。改正のポイントは，①投資所得（配当，利子，使用料）に関する限度税率が引き下げられました。②事業利得条項にOECDモデル租税条約と同様にAOAの規定が採用されました。③相互協議に仲裁規定が創設され，情報交換，徴収共助に係る規定が拡大されました。④租税条約の濫用を防止する特典制限にLOB（特典制限条項），PPT（主たる目的テスト）の双方が規定されました。

第2部
アジア諸国との租税条約

日本・インド租税条約

❶ 租税条約の基礎データ

(1) インドの概要

国　名	インド　India
人口（万人）	121,057（2011年）
GDP（億USD）	20,669（2014年）
1人当たりGDP（US$）	1,596（2014年）
通　貨	1ルピー（1.85円：2015年11月）
州・連邦直轄領	州は29，連邦直轄領は7
民　族	インド・アーリヤ族，ドラビダ族，モンゴロイド族等
言　語	連邦公用語はヒンディー語，他に憲法で公認されている州の言語が21
宗　教	ヒンドゥー教徒79.8％，イスラム教徒14.2％，キリスト教徒2.3％，シク教徒1.7％，仏教徒0.7％，ジャイナ教徒0.4％
歴　史	1947年（昭和22年）英国より独立

(2) 租税条約の基礎データ

　日本とインドの間の所得税租税条約（以下「日印租税条約」とします。）に関する基礎データは次のとおりです。

	現行租税条約	原条約等
インド	第2次条約（全文改正） （署名）平成元年3月 （発効）平成元年12月 （一部改正署名）平成18年2月 （一部改正発効）平成18年6月 （一部改正署名）平成27年11月	（署名）昭和35年1月 （発効）昭和35年6月

日印租税条約の正式名称	「所得に対する租税に関する二重課税の回避及び脱税の防止のための日本国政府とインド共和国政府との間の条約」

❷ 現行租税条約の基礎データ

⑴ 第2次日印租税条約

　昭和57年6月にインド側から租税条約見直し交渉の申し入れがあり、第一次条約以降20年が経過していること、1977年の改訂のOECDモデル租税条約の内容と日印租税条約の内容が乖離していることを考慮して日本側も改正交渉に応じました（国税庁『平成元年　改正税法のすべて』219頁）。そして、平成元年3月7日に新条約の署名が行われ、平成元年12月29日に発効しています。この平成元年の改正は、原条約の全文改正であり、第2次条約といえるものです。

⑵ 平成18年2月の議定書による改正

　平成17年1月に、日本とインドの財務大臣がニューデリーで会談を行い、両国の経済関係を強化するために、日印租税条約を改正すべきであるとの考えで一致し、同年2月に東京において正式交渉を開始することで意見の一致をみています。

　平成17年10月31日に日印租税条約改正交渉の基本合意に至ったことが財務省より公表されています。この基本合意は、議定書により現行条約の内容を部分的に改めるものであり、日印両国の経済関係の重要性を踏まえて投資交流の促進を図る趣旨です。

　改正内容の柱は、①配当、利子及び使用料・技術上の役務に対する料金の限度税率を10％に引き下げること、②みなし外国税額控除規定を削除することでした。そして、平成18年2月24日に、日印租税条約の改正議定書の署名が行われたのです。

　平成18年5月29日にインドのニューデリーにおいて、日印租税条約を発効させるための外交上の公文の交換が行われました。これにより、改正議定書は平成18年6月28日（外交上の公文の交換日後30日目）に発効しました。

(3) 平成27年12月の議定書による改正（平成27年末現在未発効）

今回の改正の特徴は，①情報交換に金融機関情報等を含む形で交換範囲が拡充しました。②相互に相手国の滞納した租税債権を徴収する国際的租税徴収システムの規定が創設されました。日本の税目では，所得税，法人税，復興特別所得税，消費税，相続税，贈与税が対象となります。また，利子免税期間が追加されました。従来の日本のこのレベル租税条約の改正では，相互協議に仲裁条項が入るのが通常ですが，本改正には含まれていません。インドは，仲裁に消極的といわれていますが，そのような意向が反映したのかもしれません。

(4) 租税条約の条文構成

第1条（人的範囲）	第2条（対象税目）	第3条（一般的定義）
第4条（居住者）	第5条（恒久的施設）	第6条（不動産所得）
第7条（事業所得）	第8条（国際運輸業所得）	第9条（特殊関連企業）
第10条（配当所得）	第11条（利子所得）	第12条（使用料所得）
第13条（譲渡収益）	第14条（自由職業所得）	第15条（給与所得）
第16条（役員報酬）	第17条（芸能人）	第18条（退職年金）
第19条（政府職員）	第20条（学生と事業修習者等）	第21条（教授）
第22条（その他所得）	第23条（二重課税の排除）	第24条（無差別取扱い）
第25条（相互協議）	第26条（情報交換）	第27条（外交官）
第28条（発効）	第29条（終了）	

(5) インドの税制

法人税率	30%（2013年3月31日後），10%，5%，2%（付加税），教育目的税3%，32.445%（30＋5＋3の場合の実効税率）
外国法人・ミニマム代替税	基本税率18.5%に追加税率5又は2%，教育税3%
キャピタルゲイン税	20%（長期保有），30%（短期保有），10%（外国機関投資家長期），40%（非居住者短期保有），20%（非居住者長期保有）
外国法人支店税	40%，2%（付加税），教育目的税3%，送金税0

源泉徴収	配当0，利子10%（内国法人への支払），20%（外国法人への支払），使用料・専門的役務提供25%（2013年改正）
損失の繰戻・繰越	なし（繰戻），8年（繰越）
付加価値税(国税)	税率各種
多州間売上税(国税)	税率各種
個人所得税	最高税率30%
富裕税	1%（300万ルピー超過分）
遺産税・贈与税	なし

❸ 現行租税条約の解説

(1) 平成18年の改正事項

平成18年の議定書による改正点は，次の2点です。

① 投資所得（配当，利子，使用料（著作権，特許権等）及び技術上の役務に対する料金）の支払に対する源泉地国課税が一律10%へ引き下げられました。

② みなし外国税額控除の規定が，課税の公平性や中立性の観点から廃止されました。

(2) 対象税目（第2条）

対象税目となるのは，インドは所得税ですが，カッコ書きで加重税を含むとなっています。インドの国内法では，基本税率にこの加重税として，付加税及び教育目的税が課されます。

(3) 恒久的施設（第5条）

恒久的施設は，その例示として，農場，栽培場等，天然資源の探査のために使用する設備又は構築物（6か月を超えて使用する場合に限る。）が規定されています。なお，交換公文（第4項）において，石油探査等に使用する設備又は機械を賃貸することは，石油の探査・開発・採取に関連する役務又は施設を提供に含むことが規定されています。建設工事が6か月を超えるとPEになり

ます。恒久的施設となる代理人について、例えば、日米租税条約等の租税条約では除かれている契約締結代理人、在庫保有代理人、注文取得代理人が恒久的施設となる代理人として規定されています。

　　✍　インドでは、子会社等がPEとみなされて課税されている事例があります。

(4) 事業所得（第7条）

規定は基本7項型です。

(5) 国際運輸業所得（第8条）

国際運輸業所得の規定は、航空機所得については相互免税としていますが、船舶所得については、条約の適用開始後最初の5年間は半額課税、次の5年間は25％課税、11年目からは免税となっています。したがって、平成元年に発効した現行の条約は、10年以上経過していますので、船舶所得についても相互免税となっています。

(6) 特殊関連企業所得（第9条）

この規定は移転価格課税に関するものであるが、インドは2001年（平成13年）4月より所得税法に移転価格税制を整備し、所得税規則に移転価格に関する詳細なガイドラインが定められ、独立企業間価格の算定方法、文書保存義務等が明確となっています。現行のインドの移転価格税制の動向については、『国際税務』第31巻第2号に論稿があります（別所徹哉・沼袋真司「インド移転価格税制の最近の動向」）。

(7) 投資所得に係る限度税率一覧

	第2次条約（旧法）	現行租税条約
配当所得	15％	10％
利子所得	銀行10％ その他15％	10％
使用料及び技術上の役務に対する料金	20％	10％

(8) 配当所得（第10条）

第2次条約では，配当に係る限度税率は，15％でしたが，改正後は10％に限度税率が引き下げられています。日本が締結している租税条約では，配当を親子間配当と一般配当に分けて，親子間配当の限度税率を一般配当の限度税率よりも低くする等の措置をとっていますが，日印租税条約では，配当にそのような区分をしていません。

(9) 利子所得（第11条）

国税庁がネット上で公開している質疑応答事例の中に，「インド輸出入銀行によって保証された借入金の利子」の事例がありますが，日印租税条約第11条第3項の規定によりインド輸出入銀行によって保証された債権の利子は免税とされています。改正前は，利子の受益者が銀行の場合限度税率10％，それ以外15％の限度税率でしたが，現在では，利子所得の限度税率は一律に10％となっています。なお，政府，日銀，国際協力銀行等の受取利子，政府等の間接融資等は免税となっています（第11条第4項）。

(10) 使用料所得（第12条）

日印租税条約における使用料の範囲は，使用料及び技術上の役務に対する料金です。この後者の技術上の役務に対する料金とは，経営的，技術的性質の役務又はコンサルタント役務の対価としてのすべての支払金で，雇用関係に基づく給与等及び自由職業所得に該当するものはこれに含まれません。現在は，使用料及び技術上の役務に対する料金に対する限度税率がこれまでの20％から10％に引き下げられました。

(11) 株式の譲渡収益（第13条）

源泉地国所在法人の株式の譲渡収益は，源泉地国課税です。また，不動産化体株式に関する規定はありません。

(12) 自由職業所得（第14条）

源泉地国に固定的施設を有する場合，その固定的施設に帰属する所得についてのみ課税又は183日超の滞在の場合に課税となります。183日の算定は，短期

⒀ 短期滞在者免税（第14条）

短期滞在者免税の183日ルールは，当該課税年度又は前年度を通じて合計183日となっており，単なる暦年基準の183日ルールとはその規定が異なっています。

⒁ みなし外国税額控除の廃止

みなし外国税額控除は，国内法に定められた外国税額控除とは異なり，租税条約により認められるものです。具体的にこの制度を説明すると，A国とB国の間に租税条約があり，A国企業がB国に投資を行い，その所得についてB国において課税の免除を受けたとします。A国企業は，B国において課税を受けていないのでA国において外国税額控除を行うことはないことから，結果として，A国の税収が増加することになります。このような事態を避けるために，両国間の租税条約にみなし外国税額控除の規定を置くと，A国企業はB国において課税を免除された税額が納付したものとみなされてA国において外国税額控除を受けることができます。要するに，租税条約により，納付していない外国税額を納付したものとみなして税額控除できるということで，投資が促進されるということがこの制度の趣旨です。

これまでの日印租税条約では，両政府間で合意したもので，インドの経済開発を促進するための特別の奨励措置により減免された税額は日本でみなし外国税額控除の適用を受けることができると規定していましたが，今回，インド側と意見が一致して廃止となっています。

Q　日印租税条約における「使用料及び技術上の役務に対する料金（Fees for Technical Service：FTS）」における限度税率の意義

A　日印租税条約第12条の「使用料及び技術上の役務に対する料金」について，平成18年の改正により限度税率は10％に引き下げられていますが，その他の規定は，旧条約のままです。なお，日印租税条約における使用料条項は，平成元年3月に改正の署名が行われた第2次日印租税条約において初めて規定されたものです。

日印租税条約第12条第2項の規定は，「第1項の使用料及び技術上の役務に対する料金に対しては，これらが生じた締約国においても，当該締約国の法令に従って租税を課することができる。その租税の額は，当該使用料及び技術上の役務に対する料金の受領者が当該使用料及び技術上の役務に対する料金の受益者である場合には，当該使用料及び技術上の役務に対する料金の額の10％を超えないものとする。」となっています。

　使用料及びFTSに係るインド国内法の源泉徴収税率は以前10％でしたが，改正されて現在は25％（所得税法第115A条）で，法人税と同様に，受取人の総所得に応じて付加税及び教育目的税が課されます。日印租税条約の適用上では，上記の規定により10％の限度税率の適用となります。付加税及び教育目的税が加算されないのは，10％の限度税率にこれらが既に含まれているというのがインド課税当局の理解です（Income Tax Department, Royalty and Fees for Technical Services, 19. 07. 2013, p.109）。

　インドにおける課税では，インドの課税当局に対して永久税務番号（Permanent Account Number：PAN）を登録する必要があります。また，当該報酬を受け取る日本居住者が所轄税務署より居住者証明書を入手する必要があります。この制度は，2010-2011財政年度から施行されていますが，2013年の改正により，PANがない場合の源泉徴収税率は25％になります。また，日本企業がソフトウェアの開発をインド企業に依頼し，その作業はインドで行われたとしても，その対価を支払う日本に所得源泉があるとして課税になります。

Q　日印租税条約におけるFTSの所得源泉ルール
A　FTSに係る所得源泉ルールは，日印租税条約第12条第6項に，「使用料及び技術上の役務に対する料金は，その支払者が一方の締約国又は当該一方の締約国の地方政府，地方公共団体若しくは居住者である場合には，当該一方の締約国内において生じたものとされる。(以下略)」と規定されています。すなわち，日印租税条約における使用料及び技術上の役務に対する料金の所得源泉ルールは，債務者主義ということです。

　簡単な例により説明しますと，例えば，内国法人が，インドにあるソフトウェア会社（以下「インド法人」という。）の高い技術力と妥当な価格を

知りソフトウェアの開発を依頼してその対価を支払ったとします。なお、この内国法人は、インド国内に支店等の恒久的施設を有していません。

この事例は、内国法人がインド法人に対してソフトウェアの開発を委託してその対価を支払う取引ということになります。この対価は、インドにおいて提供された技術者その他の人員によって提供される役務を含む経営的若しくは技術的性質の役務、に該当するものと考えられます。

この場合、この所得は、その対価の支払が行われる国である日本国内において生じたものとして、日本において課税の対象となります。

わが国の国内法は、使用料の所得源泉について権利等の使用する場所を基準とする使用地主義であり、日印租税条約の規定のように使用料の所得源泉が支払者の所在地にあるとする債務者主義である場合、所得源泉地の置き換え規定（所得税法第162条）により租税条約に規定する債務者主義に置き換えられることになります。

この事例の内国法人は、源泉徴収義務者になることから、この適用に注意が必要となります。

❺ インドにおけるPE認定事例（新興国課税事例8頁）

① 現地子会社が親会社の取次業務を担っているにすぎず、リスクを負っていないという理由でPE認定されました。
② インドの第三者法人を通じて販売を行っていましたが、当該第三者は内国法人の契約獲得に貢献しているとしてPE認定されました。
③ 駐在員事務所の従業員数が多いことから営業活動を行っているとみなされPE認定されました。

日本・インドネシア租税条約

❶ 租税条約の基礎データ

(1) インドネシアの概要

国　名	インドネシア共和国　Republic of Indnesia
人口（万人）	24,900（2013年）
GDP（億USD）	8,696（2013年）
1人当たりGDP（US$）	3,500（2013年）
通　貨	1ルピア（約0.01円：2015年3月）
民　族	マレー系（ジャワ，スンダ等約300種族）
言　語	インドネシア語
宗　教	イスラム教88.1%，キリスト教9.3%（プロテスタント6.1%，カトリック3.2%），ヒンドゥー教1.8%，仏教0.6%，儒教0.1%，その他0.1%（2010年宗教省統計）
歴　史	1949年ハーグ協定によりオランダがインドネシア独立を承認
貿易相手国（輸出）	日本14.8%，中国12.4%，シンガポール9.1%（2013年インドネシア政府統計）
貿易相手国（輸入）	中国16.0%，シンガポール13.7%，日本10.3%（2013年インドネシア政府統計）
日本への輸出品	石油・天然ガス，機械機器，銅鉱，えび，天然ゴム，合板等
日本からの輸入品	一般機械，電気機器，輸送用機器等

(2) インドネシアへの国別直接投資（出典：ジェトロジャカルタ事務所「市場・投資先としての魅力―インドネシア共和国」2013年12月，出所：投資調整庁（BKPM））

インドネシアへの国別直接投資の上位の順位は次のようになっています。なお，2013年の%は全体に占める割合です。

	2011年	2012年	2013年1〜9月
日　本	2位	2位	1位（17％）
シンガポール	1位	1位	2位（14％）
米　国	3位	4位	3位（9％）
韓　国	4位	3位	4位（7％）
英　国			5位（4％）
モーリシャス		5位	
オランダ	5位		

（注）　上記の国のうち，モーリシャスはインドネシアと租税条約がありませんが，モーリシャス・インド租税条約を利用した対インド投資のルートとして使用したものと思われます。

(3) 租税条約の基礎データ

	現行租税条約	原条約等
インドネシア	（署名）昭和57年3月 （発効）昭和57年12月	同　左
日本・インドネシア租税条約の正式名称	「所得に対する租税に関する二重課税の回避及び脱税の防止のための日本国とインドネシア共和国政府との間の協定」	

(4) 租税条約の条文構成

第1条（人的範囲）	第2条（対象税目）	第3条（一般的定義）
第4条（居住者）	第5条（恒久的施設）	第6条（不動産所得）
第7条（事業所得）	第8条（国際運輸業所得）	第9条（特殊関連企業）
第10条（配当所得）	第11条（利子所得）	第12条（使用料所得）
第13条（譲渡収益）	第14条（自由職業所得）	第15条（給与所得）
第16条（役員報酬）	第17条（芸能人）	第18条（退職年金）
第19条（政府職員）	第20条（教授）	第21条（学生と事業修習者等）
第22条（その他所得）	第23条（二重課税の排除）	第24条（無差別取扱い）
第25条（相互協議）	第26条（情報交換）	第27条（経済協力等の関連）
第28条（外交官）	第29条（発効）	第30条（終了）
議定書	交換公文（昭和57年3月）	

(5) インドネシアの税制

法人税率	25％，なお，地方所得税の課税はありません。
外国法人	25％
キャピタルゲイン税	通常所得と合算して課税，非居住者は20％
外国法人支店税	20％
源泉徴収	配当10％，15％，20％（非居住者），利子・使用料15％，20％（非居住者）
損失の繰戻・繰越	繰戻（なし），繰越（最高10年）
移転価格税制	2008年所得税法改正により導入，2010年：移転価格規則，2011年：相互協議とAPAを整備。2009年10月にインドネシア国税総局公表のベンチマーク（業界の平均的な利益水準）が業種別に順次公表されて以来，移転価格調査時の重要な判断資料となっている。
付加価値税（国税）	10％（標準税率）
売上税	（奢侈品に対して付加価値税に加算）10〜200％
個人所得税	最高税率30％
遺産税・贈与税	なし

② 租税条約の解説

(1) 概　要

　インドネシアは，1983年（昭和57年）に税制の大改正を行っています。1983年の改正以前においては，MPS（自主申告制度）及びMPO（源泉徴収制度）という制度があり，利子，配当及び使用料に関しては，独自の法律（Law on the taxation Interest, Dividends and Royalties 1970）がありましたが，この法律は，現在，オイル・ガス・鉱業等にみられる生産分配契約（production-sharing contract）に基づいて事業を行う法人に対するものだけに適用されています。

　対インドネシア租税条約は，上記のインドネシアにおける税制大改正時に締結されて，現在まで改正されていません。この租税条約については，この状況を理解することが必要です。なお，インドネシアの税務行政等については，中

島信城「インドネシアの税務行政と税制の概要」(『税大ジャーナル』12, 2009年10月) があります。

(2) インドネシアの租税条約網
インドネシアは，日本が租税条約を締結していない国々と租税条約を締結しています。例えば，イラン，ヨルダン，北朝鮮，モンゴル，モロッコ，パプアニューギニア，セイシェル，スーダン，スリナム（未発効），シリア，台湾，チュニジア，ベネズエラが例です。

(3) 対象税目（第2条）
日本は，所得税と法人税，インドネシアは所得税及び法人税で源泉徴収され又は予納されたものを含みます（MPO, MPSによるもの）。また，利子・配当及び使用料に対する税が対象となります。

(4) 双方居住者（第4条）
双方居住者に関する振分け規定はなく，個人，法人とも協議により振り分けることになっています。

(5) 恒久的施設（第5条）
恒久的施設の例示に，農場又は栽培場があり，建設工事は6か月を超えて存続すると恒久的施設になります。また，コンサルタント，建設工事の監督等は課税年度に6か月を超える期間行われた場合，恒久的施設となります（同条第5項）。恒久的施設となる代理人としては，従属代理人以外に，在庫保有代理人及び保険業が使用人又は従属代理人を通じて保険料の受領或いは危険の保険をする場合，恒久的施設となります。なお，議定書1の規定により，専ら又は主として条約相手国の企業のために行動する仲立人，問屋その他の代理人は独立代理人とはされません。

(6) 事業所得（第7条）
インドネシアから日本本店への利益送金税は国内法で20％ですが，配当条項の限度税率10％に制限されます（議定書5(a)）。国際運輸業所得の場合は免税

となります。ただし，日本法人が石油等の生産分与契約に基づいて取得する利得は国内法の税率です。なお，条文は，基本7項型です。

(7) 国際運輸業所得（第8条）

国際運輸業を運用している者の居住地国において課税されます。

(8) 投資所得の限度税率

		限度税率
配当所得	親子間配当：利得分配に係る事業年度の12か月の期間に，議決権株式の25％以上保有の法人	10％
	上記以外の配当	15％
利子所得	一般の利子所得	10％
	中央銀行及び政府の所有する金融機関，政府等の間接融資	免税
使用料所得	産業上，商業上若しくは学術上の設備の使用若しくは使用の権利の対価としての支払金は使用料となります。	10％

✍ インドネシアでは課税の減免手続として居住者証明書が必要になります。

(9) 譲渡収益（第13条）

不動産の譲渡収益については不動産所在地国において課税となりますが，不動産化体株式に関する規定はありません。株式等を含む別段の定めのない譲渡収益は居住地国課税です。

(10) 自由職業所得（第14条）

医師，弁護士，公認会計士等の独立の活動をする者の所得は，この者が，源泉地国に固定的施設を有し，かつ，暦年で183日を超えて滞在の場合，その固定的施設に帰せられる部分が課税となります。

(11) 給与所得（第15条）

短期滞在者免税の183日ルールは，暦年基準です。

⑿　役員報酬（第16条）（議定書３）

　役員である法人の所在地国でも課税です。また，「法人の役員」には，インドネシアの居住者である法人の業務執行役員及び業務監督役員が含まれます。

⒀　芸能人（第17条）

　芸能人，運動家が個人的活動によって取得する所得については，その役務提供をした国で課税となります。また，その所得が芸能人又は運動家以外の者に帰属するときは，その所得は芸能人又は運動家の役務提供国において課税となります。ただし，これらの活動が，政府間で合意された文化交流のための特別な計画である場合は，役務提供地国での課税は免除されます。

⒁　退職年金（第18条）

　居住者の居住地国で課税になります。

⒂　政府職員（第19条）

　政府職員を派遣した国のみで課税となります。

⒃　教授（第20条）

　公認された教育機関において教育又は研究を目的とする教授は，滞在期間2年以内であれば，教育・研究の報酬が免税です。

⒄　学生と事業修習者等（第21条）

　事業修習者で，滞在期間1年以内の場合，経験の習得に直接関係のある役務に対するその滞在期間の報酬は免税です。ただし，その個人が海外から受け取る報酬と滞在地国において支払われる報酬の合計額が，日本の場合180万円，インドネシアの場合270万ルピアが免税の上限金額です。また，学生の場合，滞在期間5年以内であれば，生計，教育又は訓練のための海外からの送金は免税，人的役務の提供に対する報酬としては，日本の場合，年間60万円，インドネシアの場合年間90万ルピアが免税の上限金額です。さらに，政府と取り決めに基づき専ら勉学，研究又は訓練のために滞在する期間が1年以内の場合は，免税です。

⒅　その他所得（第22条）

　その課税が明示されていない所得は，居住地国課税です。

⒆　二重課税の排除（第23条）

　同条第2項にタックス・スペアリング・クレジット（みなし外国税額控除）の規定がありますが，ここに規定されている規定は1985年から適用されません。

⒇　相互協議（第25条），情報交換（第26条）

　相互協議及び情報交換の規定はありますが，徴収共助は規定されていません。

❸　インドネシアにおける移転価格税制の最近の動向

　インドネシア税制の最近の動向として注目すべきは，移転価格税制の拡充です。インドネシアにおける移転価格税制は，2008年9月における所得税法改正において，移転価格の算定方法についてOECD移転価格ガイドラインに沿った規定を設け，2010年9月には移転価格規則（国税総局規定），同年11月には相互協議規則，同年12月には事前確認制度であるAPA規則の整備を行っています。

　移転価格課税については，1990年代以降問題視されてはきましたが，その通達等に不明瞭な部分もあって実際の課税問題として顕在化しないままになっていました。

　内国法人によるインドネシア進出は，同国の移転価格税制の体制が整備される時期と重なることから，この点の注意が必要です。

　具体的には，インドネシアの課税当局は，約100業種の総利益率，経常利益率，純利益率等のベンチマークを公表しています。この業種別のベンチマークは，移転価格税制の執行を目的としたものではないといわれていますが，調査先の選定等にこれらの数値が使用されることは明らかです。そのような観点から，進出企業の会計数値がこれらのベンチマークと乖離していないかどうか検討を要するものと思われます。

　第2に，文書化規定が移転価格規則にあり，課税当局から要請がある場合は移転価格関連文書の提出が必要になることから，文書化と同時に，申告書添付

すべき様式に記載する事項もあるため，移転価格に関する記録・文書等の整備を心掛ける必要があります。

　第3に，インドネシアでは事前確認制度であるAPA規則の整備が図られたのですが，インドネシア国内におけるAPA（ユニ）さえも現状では無理といわれていることから，当分の間，この方法による救済は難しいものと思われます。

　第4に，インドネシアでは，課税当局における職員の調査技術の向上等を推し進めているようですが，実際に，どのような税務調査が行われるのかは現地における情報収集を行わないことには推測することが難しいといえます。今後は，これらの点の情報収集も心掛けるべきでしょう。

- （税の還付）：期限が1年を超えても還付されないケースがあり，法人所得税の予納分の還付では税務調査が行われています（新興国課税事例11頁）。

日本・シンガポール租税条約

❶ 租税条約の基礎データ

(1) シンガポールの概要

国　名	シンガポール共和国　Republic of Singapore
面　積	716 km^2（東京23区と同様の面積）
人口（万人）	547（2013年9月）
民　族	中華系74％，マレー系13％，インド系9％，その他3％
言　語	国語はマレー語。公用語として英語，中国語，マレー語，タミール語
宗　教	仏教，イスラム教，キリスト教，道教，ヒンドゥー教
GDP（億USD）	3,078（2014年）
進出日系企業数	1,069社（「海外進出企業総覧2011」（東洋経済））
為　替	1シンガポールドル＝約86円（2015年3月）
歴　史	1959年英国から自治権獲得。1963年マレーシア成立に伴いその一州となる。1965年シンガポール共和国として独立

　　シンガポールへの投資を援助する政府系機関としては，シンガポール経済開発庁（SINGAPORE ECONOMIC DEVELOPMENT BOARD：EDB）の事務所が東京と大阪にあります。

(2) 租税条約の基礎データ

	現行租税条約	原条約等
シンガポール共和国	（第3次条約） （署名）平成6年4月 （発効）平成7年4月 （一部改正署名）平成22年2月 （一部改正発効）平成22年7月 第26条（情報交換）のみ改正	（署名）昭和36年4月 （発効）昭和36年9月 （第2次条約署名）昭和46年1月 （同発効）昭和46年8月 （一部改正署名）昭和56年1月 （一部改正発効）昭和56年6月

| 日本・シンガポール租税条約の正式名称 | 「所得に対する租税に関する二重課税の回避及び脱税の防止のための日本国政府とシンガポール共和国との間の条約」 |

(3) 租税条約の条文構成

第1条（人的範囲）	第2条（対象税目）	第3条（一般的定義）
第4条（居住者）	第5条（恒久的施設）	第6条（不動産所得）
第7条（事業所得）	第8条（国際運輸業所得）	第9条（特殊関連企業）
第10条（配当所得）	第11条（利子所得）	第12条（使用料所得）
第13条（譲渡収益）	第14条（自由職業所得）	第15条（給与所得）
第16条（役員報酬）	第17条（芸能人等）	第18条（退職年金）
第19条（政府職員）	第20条（学生・事業修習生）	第21条（その他所得）
第22条（適用制限）	第23条（二重課税の排除）	第24条（無差別取扱い）
第25条（相互協議）	第26条（情報交換）	第27条（徴収共助）
第28条（外交官）	第29条（発効）	第30条（終了）
議定書	交換公文	

(4) シンガポールの税制

シンガポール税制の特徴	①旧宗主国であった英国税制の影響があります。 ②法人の居住形態は管理支配地基準です。 ③グループ法人間で損失の振替控除が認められています。 ④地方所得税の課税はありません。 ⑤2003年1月以降，配当所得は受領する株主の段階で免税となりました。 ⑥キャピタルゲインの課税がなく，遺産税・贈与税の課税もないことから富裕層が移住するケースが増えています。
法人税率	17％
キャピタルゲイン税	0％
源泉徴収	配当0％，利子15％，使用料10％，シンガポール国内で提供された非居住者である専門家（コンサルタント，トレーナー，

	コーチ等）のサービスに対する支払：15％又は非居住者はネット利益の20％課税を選択することも認められています。
損失の繰戻	1年
損失の繰越	無制限
一般売上税	0％又は7％
個人所得税	最高税率20％
遺産税・贈与税	なし
主たる優遇措置	①パイオニア企業：パイオニア企業として認可された場合には，パイオニア製品から生じる適格な所得は主務大臣の決定により，5年以上15年以下の期間免税とされます。 ②開発及び拡大インセンティブ：パイオニア企業に該当しない法人或いはパイオニア企業としての有効期間が渡過した法人で，高付加価値の業務に従事する法人は，認可された所得につき5％を下回らない税率が適用されます。インセンティブ期間の最長は20年間です。 ③投資控除：企業が生産拡大，特殊技術の提供等を行った場合，通常の減価償却に加え，割増償却（100％まで）が認められます。 ④地域統括会社（後述資料参照）

2 租税条約の解説

(1) 対象税目（第2条）

　シンガポールは個人・法人の所得税ですが，日本は，所得税，法人税，住民税が規定されています。

(2) 居住者（第4条）

　同条第2項は，双方居住者の振分け規定です。第3項は個人以外の者の振分け規定で，両締約国の権限のある当局は，合意により，この協定の適用上その者が居住者であるとみなされる締約国を決定することになります。他の条約にある「恒久的住居の存在」の基準はありません。

(3) 恒久的施設（第5条）

　恒久的施設については，日本の締結している租税条約としては通常の規定振りであり，建築工事及び建設工事監督等は6か月を超える場合に恒久的施設となります。代理人については，在庫保有代理人及び注文取得代理人の規定はありませんので，これらが恒久的施設となることはありません。

(4) 事業所得（第7条）

　基本7項型で独自の規定はありません。

(5) 国際運輸業所得（第8条）

　企業の居住地国課税です。交換公文第2項により，国際運輸業に運用することに関連して一時的に預金（運賃収入等の暫定的な保管をいいます。）された資金に対する利子，船舶航空機の賃貸からの所得，国際運輸に使用するコンテナの使用等からの所得は源泉地国免税です。また，日本の事業税も免税と規定されています。

(6) 特殊関連企業（第9条）

　移転価格課税を受けた場合の対応的調整が規定されています。

(7) 投資所得の限度税率（第10条，第11条，第12条）

	日本⇒シンガポール	シンガポール⇒日本
親子間配当（議決権株式の25%を6か月保有）	5%	0（注1）
一般配当	15%	0（注1）
利子（注2）	10%	10%
使用料	10%	10%

（注1）　シンガポール国内法により配当は免税となっています。
（注2）　政府，日銀，国際協力銀行の受取利子，政府等の間接融資等に係る利子は免税です。シンガポール側は，第11条第4項(b)(iii)に掲げられているシンガポール政府投資公社について，その機能が専らシンガポールの外貨準備の管理である場合に限り政府の所有する機関とされます（交換公文第3項）。

(8) 譲渡収益（第13条）

譲渡収益は，原則として居住地国課税ですが，不動産化体株式（不動産を主要な財産とする法人の株式で公認の株式取引所において通常取引されるものを除きます。）等の譲渡から生じる収益については，不動産所在地国で課税となります。また，事業譲渡類似株式の譲渡課税も規定されています。この事業譲渡類似課税の適用要件は，株式の25％以上を保有し，そのうちの５％を譲渡した収益です。なお，シンガポールは，１(4)で述べたとおり，キャピタルゲイン課税がありませんので，不動産化体株式及び事業譲渡類似に係る規定は，シンガポール居住者による日本における租税回避を防止するための規定ということになります。

(9) 自由職業所得（第14条）

医師，弁護士等が源泉地国に固定的施設（事務所等）を有するか又はいずれかの12か月を通じて183日を超える期間滞在する場合，その所得に課税されることになります。

(10) 給与所得（第15条）

短期滞在者免税の183日ルールは，役務提供地国にいずれかの12か月の間に183日を超えないこと，と規定されています。OECDモデル租税条約における規定では，「当該課税年度において開始又は終了するいずれの12箇月の期間においても」と規定され，実質的には同様ですが，その適用関係がより明確になっています（事例は41頁のＱ＆Ａを参照して下さい。）。

(11) 役員報酬（第16条）

法人の居住地国において課税することができます。

(12) 芸能人等（第17条）

活動した国においてその所得が課税となります。芸能人等の所得が，芸能法人等に帰属する場合であっても，恒久的施設の存在の有無にかかわらず活動した国において課税となります。なお，その活動が日本とシンガポール両政府間で合意された文化交流のために特別に計画されたものである場合には，源泉地

国で課税を受けません。

⒀　**退職年金・保険年金（第18条）**
　退職年金・保険年金は居住地国課税です。

⒁　**政府職員（第19条，交換公文第4項）**
　その所得は原則として派遣国のみで課税です。

⒂　**学生・事業修習生（第20条）**
　教育又は訓練のための国外源泉分は免税ですが，他のアジア諸国との租税条約にあるような金額基準，滞在期間等の規定はありません。

⒃　**その他所得（第21条）**
　この所得は，源泉地国課税です。

⒄　**二重課税の排除の方法等（第22条・議定書3，4，5）**
　利子，使用料に係るみなし外国税額控除は，2000年末に期限が到来したことにより失効しました。

⒅　**適用制限（第22条，交換公文5）**
　シンガポール居住者は，国外源泉所得について，国内で受領又は送金を受けた部分のみが課税であることから，日本源泉所得に対する日本における課税において，限度税率の適用等は，シンガポール国内で受領又は送金を受けた部分に対してのみ適用されます（本条第1項）。第2項は，法人等の個人以外の者がその居住地国において課税の免除を受け，かつ，実体を有して実際の活動を行っていない場合，源泉地国における所得について本条約による課税上の減免を受けることができないことが規定されています。

⒆　**相互協議（第25条）**
　相互協議の申立てできる期限が3年と定められています。

⒇　情報交換（第26条：平成22年改正）

　OECDが推進してきた情報交換促進の一環として、租税条約における情報交換規定の拡充が行われ、金融機関の保有する情報も基本的には情報交換の対象となりました。

（情報：日本・シンガポール租税条約第7条に関連した判例）

- グラクソ事件―東京地判平成19年3月29日（請求棄却），東京高判平成19年11月1日（控訴棄却），最判平成21年10月29日（第一小法廷）（上告棄却）。

（Q&A：短期滞在者免税の判定）

Q　日本・シンガポール租税条約第14条第2項に規定する183日ルールの適用（連続するいずれの12か月の期間においても、合計183日を超えない期間の意義）

A　事例としては、シンガポール居住者であるXの場合、Xの給与はシンガポール法人であるP社が支払っており、Xの日本滞在日数は次のような状況です。なお、P社は日本に支店等の恒久的施設を有していません。

① 平成X年7月1日～平成X年10月31日：合計40日
② 平成X年11月1日～平成X年12月31日：合計50日
③ 平成X1年1月1日～平成X1年6月30日：合計50日
④ 平成X1年7月1日～平成X1年10月31日：合計90日

　183日ルールの適用関係は次のようになります。

（例1）平成X年7月1日からの12か月の期間：平成X年7月1日～平成X1年6月30日

（例2）平成X1年10月31日から遡った12か月の期間：平成X年11月1日～平成X1年10月31日

　183日ルールの判定は、この上記2つの期間のいずれかの期間に基づいて判定することになります。例1は、事例の①＋②＋③＝140日、例2は、②＋③＋④＝190日、となります。この結果、Xは、短期滞在者免税の適用を受けることができないことになり、日本において課税となります。

ケーススタディ アジア数か国へ投資した内国法人によるシンガポール中間持株会社の活用

(事例)

　内国法人P社は，製造拠点として，タイに完全子会社（S1社），インドネシアに完全子会社（S2社）を設立して事業を展開しています。今後のアジア地区における事業展開を見込んで，P社は，ミャンマーに完全子会社（S3社）と設立し，これら子会社を統括する中間持株会社（H社）をシンガポールに設立することを予定しています。H社の設立は，アジア地区の統括会社として，経営合理化に資することが本来の目的ですが，この場合，シンガポールにH社を設立することで，同社を設立しない場合と課税上の相違が生じますか。

(ポイント)
1　タイ，ミャンマー，シンガポールの法人税制等
2　タイ・シンガポール租税条約とミャンマー・シンガポール租税条約
3　日本のタックスヘイブン対策税制の適用
4　本事例への適用関係

❶　タイ，インドネシア，ミャンマー，シンガポールの法人税制等

(1) タイの法人税制等の概要

　タイの法人税制等の概要は次のとおりです。

法人税率	20%（2013年1月開始の事業年度より適用）
キャピタルゲイン税	20%（2013年1月開始の事業年度より適用）
源泉徴収	配当10%，利子15%，使用料15%，支店送金税10%
日本との租税条約	あり：親子間は出資比率25%以上所有期間6か月で判定。親子間配当のうち産業的事業を営む法人からの配当は限度税率15%。その他は20%。

(2) インドネシアの法人税制等の概要

法人税率	25％，なお，地方所得税の課税はありません。
キャピタルゲイン税	通常所得と合算して課税，非居住者は20％
源泉徴収	配当10％，15％，20％（非居住者），利子・使用料15％，20％（非居住者）
日本との租税条約	あり：親子間配当は利得分配に係る事業年度の12か月の期間に，議決権株式の25％以上保有の法人で10％，一般配当15％

(3) ミャンマーの法人税制等の概要

ミャンマーの法人税制等の概要は次のとおりです。

法人税率	25％
外国法人支店税	35％
源泉徴収	配当0％，利子15％，使用料20％，
租税条約	日本とはなし，シンガポールとは租税条約あり

(4) シンガポールの法人税制等の概要

　シンガポールには，地域統括会社として優遇税制の適用を受けることができる地域統括企業（RHQ：Regional Headquarter Award）と国際統括企業（IHQ：International Headquarter Award）があります。IHQは，RHQの規模を超える場合に適用となります。RHQは，国外にある3か国以上の拠点へのサービス提供等の場合，低減税率の適用となる所得（販売，サービス収入，使用料，ライセンス収入，フランチャイズフィー，コミッション，マネージメントフィー等）について，最初の3年間15％の軽減税率が適用され，さらに要件を満たす場合，2年間の更新による延長が認められます。

　シンガポールでは，居住法人はシンガポール国内源泉所得と，シンガポールへ送金又は受領される国外源泉所得が課税対象となります。したがって，シンガポール国外源泉所得のうち，シンガポールへ送金又は受領されないものは課税されません。また，2003年6月1日以降は，国外源泉所得である配当，支店利益及び役務提供所得について，当該所得の生じた国の最高税率が15％以上で

あり，かつ当該国で課税されていれば，シンガポールへ送金されても免税とされます。

上記の IHQ と RHQ の比較表は次のとおりです。

	適用法人税率	適用期間	適用税率の対象となる所得
IHQ	0％，5％，10％	20年まで	対象所得として，統括本部活動による販売，使用料等が含まれます。
RHQ	15％	3年＋2年 (更新なしの最大5年)	

(参考資料) RHQ の要件等

所掌機関	シンガポール経済開発庁 Singapore Economic Development Board
最低資本金	第1期末 (20万 S$)，第3期末 (50万 S$) (注) 10万 S$ (約860万円)
被統括会社	第3期末までに国外3か国に3社以上
所定の skilled staff	被用者の75％以上
所定の professionals	第3期末に10人以上
報　酬	第3期末までに上位5人の役員の年収平均が10万 S$
事業経費	第3期末までのシンガポール国内の所定の事業経費が200万 S$，最初の3期分の所定の事業経費が300万 S$

❷ タイ・シンガポール租税条約，インドネシア・シンガポール租税条約とミャンマー・シンガポール租税条約

タイ・シンガポール租税条約（1975年署名，1976年1月1日より適用）第10条（配当条項）では，親子間配当に限り20％の限度税率です。また，日本・タイ租税条約では，同租税条約の配当条項（第10条）に，議決権のある株式の25％以上を有する場合で，産業的事業に従事する法人から支払われる場合は15％，その他の場合は20％を限度税率としています。いずれの租税条約も，タイの国内法により配当に係る源泉徴収税率が10％となっていることから配当送金時に10％を源泉徴収します。ただし，1977年の投資奨励法の下，投資委員会（Board Of Investment：以下「BOI」という。）が承認した BOI 奨励事業からの配当で免税期間中に配当されるものは免税となります。

インドネシア・シンガポール租税条約（1990年署名，1992年1月1日より適用）第10条（配当条項）では，配当支払法人の資本の25％以上を直接保有する親子間配当は限度税率10％，一般配当は15％となっています。

シンガポール・ミャンマー租税条約（1999年署名，ミャンマーは2010年1月から，シンガポールは2011年1月から適用）第10条において，現在は配当に対する源泉徴収課税はありませんが，将来のミャンマーにおける配当に係る源泉徴収課税が導入された場合，親子間配当5％，一般配当10％の限度税率が規定されています。なお，日本は，平成26年8月に外相，同年11月に総理がミャンマーを訪問しており，その際に，租税条約締結を行うことで合意しています。

❸ 日本のタックスヘイブン対策税制の適用

日本のタックスヘイブン対策税制では，企業の正常な海外における投資活動を阻害しないために，所定の要件を満たす外国子会社等は本税制の適用除外としてきました。

従前のタックスヘイブン対策税制では，外国子会社等の営む主な事業が，株式（出資を含む），債権の保有，工業所有権，著作権等の提供，船舶又は航空機の貸付け（裸用船，裸用機に限る。）の場合（事業基準）には適用除外とされることはありません。その理由は，この種の事業について，日本においても営むことができるものですから，外国に子会社を設立する経済的合理性に乏しいとする理由によるものでした。

しかし，平成22年度の税制改正において，適用除外基準の見直しが行われました。前述のように，株式等の保有を主たる事業とするものは，日本国内においても行えることから，従前には適用除外から外されていましたが，企業自体のグローバル化に伴い，世界の地域ごとに拠点を統合する統括会社を活用した経営形態に変わりつつある現状を踏まえて，この統括会社を租税回避目的としてではなく，その地において事業活動を行う経済的合理性があると認めることが適当であるという判断から上記の適用除外要件が改正されました（措法66の6Ⅲ）。この改正により，株式等の保有を主たる事業とする特定外国子会社等から，被統括会社の株式を保有する統括会社が除外されました。具体的には，統括会社に該当する特定外国子会社等は，期末時に有する被統括会社の株式等

の帳簿価額が株式等の帳簿価額の50％相当額を超える場合に除外されることになります。

統括会社及び被統括会社の要件は次のとおりです（措令39の17①～⑥）。

(1) 適用除外となる統括会社の要件

適用除外となる統括会社の要件は次のとおりです。

① 内国法人1社により発行済株式のすべてを直接又は間接に保有されている特定外国子会社等であること。したがって、個人による100％支配の特定外国子会社等は除かれています。

② 2以上の被統括会社に対して統括業務（被統括会社の業務の方針の決定等、事業遂行上欠くことのできないに限る。）を行っていること。

③ 統括会社所在地国において、事務所等の固定施設及び統括業務に従事する者を有していること。この場合、統括業務に従事する者は、専ら当該業務に従事する者に限られ、特定外国子会社等の役員及びその親族はこれに該当しません。なお、この「専ら統括業務に従事する者」とは、租税特別措置法通達66の6—17の3において、特定外国子会社等に統括業務を行う専門部署が存している場合には当該統括部署で当該統括業務に従事する者を有していることをいい、当該特定外国子会社等に統括部署が存していない場合には当該統括業務に専属的に従事する者を有していることをいう、と規定されています。

(2) 被統括会社の要件

被統括会社の要件は次のとおりです。

① 被統括会社の株式の25％以上が統括会社により所有され、特定外国子会社等とその関連法人に発行済株式の50％超を保有されていること。

② 本店所在地国に事業を行うに必要と認められる事業従事者を有すること。

上記①及び②に該当する外国法人は、統括会社の子会社、孫会社、判定株主並びに子会社及び孫会社が支配している会社（以下「ひ孫会社」とします。）です。

(3) 被統括会社に該当する場合

被統括会社については，上記ロで述べましたが，該当する被統括会社の範囲は次のとおりである。

① 内国法人⇒（100％保有）⇒統括会社（判定株主等）⇒（50％超）⇒被統括会社（子会社）
② ①の子会社＋統括会社⇒（50％超）⇒被統括会社（孫会社）
③ 判定株主等（25％以上）＋子会社＋孫会社⇒（50％超）⇒被統括会社（ひ孫会社）

4 本事例への適用関係

(1) S1社，S2社及びS3社から内国法人に配当した場合（以下「ケース1」とします。）

	タイ	インドネシア	ミャンマー	日本
S1社⇒P社	国内法により10％			外国子会社配当益金不算入制度の適用
S2社⇒P社		租税条約の限度税率10％		同上
S3社⇒P社			国内法により課税なし	同上

日本は平成21年度税制改正により外国子会社配当益金不算入制度を導入しました。この制度は，内国法人である親会社が外国子会社から受け取る配当を益金不算入とするもので，対象となる外国子会社は，内国法人の持株割合が25％（租税条約により異なる割合が定められている場合は，その割合）以上で，保有期間が6か月以上の外国法人である。なお，外国子会社から受け取る配当の額の95％相当額が益金不算入となり，配当の額の5％相当額は，その配当に係る費用として益金に算入されます。

また，当該内国法人がその外国子会社から受ける配当等の額を課税標準として課される外国源泉徴収税については，外国税額控除制度の適用対象外となります。

以上のことから，当該受取配当に係る外国の源泉徴収税の控除はなく，配当の額の5％は課税となります。

(2) **S1社，S2社及びS3社からシンガポールH社に配当した場合**（以下「ケース2」とします。）

　S1社及びS2社がH社に配当する場合の租税条約の適用は次のとおりです。

	タイ	インドネシア	ミャンマー	シンガポール
S1社⇒P社	国内法により10％			受取配当は非課税
S2社⇒P社		租税条約の限度税率10％		同　上
S3社⇒P社			国内法により課税なし	同　上

(3) **2つのケースの比較検討**

　以下は，上記2つのケースの比較検討である。

ケース1及びケース2の共通事項	配当の源泉徴収については，タイが10％，ミャンマー課税なしで同じです。タイは，日本とシンガポール双方と租税条約が締結されていますが，タイの国内法の適用となり，その差異はなく，ミャンマーは国内法で課税なしなので，租税条約の影響はありません。
ケース2がケース1よりも有利な理由	配当の源泉地国における課税が，2つのケースで同じであることから，配当受領国における課税の差異になります。日本，シンガポールのいずれも所定の受取配当については原則非課税ですが，日本の5％益金算入措置のないシンガポールが有利といえます。

　シンガポールでは，本事例のような中間持株会社を設立し，アジア各国の子会社から配当を受け取る場合，当該子会社の所在地国の最高法人税率が15％以上で，配当原資となった所得がその所在地国で課税を受けている等の要件を満たす場合，シンガポールにおける配当課税はないことから，日本における外国子会社配当益金不算入制度を適用するまでもなく，アジア各国所在の子会社か

らの配当をシンガポールに集めて，アジアの他の国に再投資をすることも考えられます。

また，シンガポールは，非居住者への配当に係る源泉徴収課税がないことから，日本・シンガポール租税条約では限度税率が規定されていますが，シンガポールから日本に支払われる配当については，源泉徴収課税はありません。

日本・スリランカ租税条約

❶ 租税条約の基礎データ

(1) スリランカの概要

国　名	スリランカ民主社会主義共和国 Democratic Socialist Republic of Sri Lanka
面　積	6万5,607 km^2（北海道の約0.8倍）
人口（万人）	2,067（2014年）
民　族	シンハラ人72.9%，タミル人18.0%，スリランカ・ムーア人8.0%
宗　教	仏教徒70.0%，ヒンドゥー教徒10.0%，イスラム教徒8.5%，ローマ・カトリック教徒11.3%
歴　史	1948年：英連邦内の自治領として独立 1972年（昭和47年）：国名をスリランカ共和国に改称（英連邦内自治領セイロンから完全独立） 2009年9月：内戦終結
GDP（億USD）	749（2014年）
主要貿易相手国 （2014年）	輸出：米国24.5%，英国10%，インド5.6%，イタリア5.5%，ドイツ4.5% 輸入：インド20.7%，中国18%，UAE9.5%，シンガポール6.5%，日本4.8%
為替レート	1ルピー＝0.91円（2014年末）
日本からの輸出品	自動車，一般機械，繊維用糸及び繊維品，ゴム製品，鉄鋼
日本への輸出品	紅茶，衣類及び同付属品，魚介類（まぐろ，えび等），ゴム製品，植物性原材料
日本からの直接投資	約13.4億ルピー（2012年），日系進出企業63社（2014年8月末現在）

(2) 租税条約の基礎データ

	現行租税条約	原条約等
スリランカ	（署名）昭和42年12月 （発効）昭和43年9月	同　左
租税条約の正式名称	「所得に対する租税に関する二重課税の回避及び脱税の防止のための日本国政府とセイロン政府との間の条約」	

🔖 上記にある租税条約の正式名称には「セイロン政府」となっていますが，昭和47年に国名をスリランカに改称していることから，現在では，日本・スリランカ（セイロン）租税条約ということになっています。条文上はこの国名改称を反映していません。

(3) 租税条約の条文構成

第1条（対象税目）	第2条（一般的定義）	第3条（事業所得）
第4条（特殊関連企業）	第5条（国際運輸業所得）	第6条（配当所得）
第7条（利子所得）	第8条（使用料所得）	第9条（譲渡収益）
第10条（政府職員）	第11条（自由職業所得・給与所得・役員報酬・芸能人等）	第12条（退職年金）
第13条（教授）	第14条（学生・事業修習生）	第15条（二重課税の排除）
第16条（情報交換）	第17条（外交官等）	第18条（相互協議）
第19条（権限ある当局）	第20条（発効）	第21条（終了）
議定書		

(4) スリランカの税制

法人の居住形態と課税所得の範囲	法人の居住形態は，設立準拠法主義及び管理支配地主義の併用により判定されます。課税所得の範囲は，内国法人が全世界所得，外国法人が国内源泉所得です。
法人税率	基本税率28％（2012年）（改正前35％）
キャピタルゲイン税	0％
非居住者への源泉徴収	配当10％，利子15％，使用料15％，本店への利益送金10％
損失の繰戻	なし
損失の繰越	無制限

付加価値税	標準税率12%
個人所得税	最高税率24%
遺産税・贈与税	なし
主たる優遇措置	スリランカの投資委員会（Board of Investment）が主として管轄していますが，タックス・ホリデー（免税期間）の定めがあります。例えば，農業分野への所定の新規投資の場合は4年，中規模企業の場合はその投資額に応じて4～6年，大規模企業の場合はその投資額に応じて6～12年，所定の製造業には5年となっています。また，この措置を受けている企業は，日本への配当に係る源泉徴収が免除されます。
所得税の歴史	所得税の導入は1932年で，現行の税制は，2006年内国歳入法法律第10号（Inland Revenue Act, No. 10 of 2006）を連年改正したものです。

❷ 租税条約の解説

(1) 日本・スリランカ租税条約の特徴

　日本とアジア諸国との租税条約で，改正されないまま現在に至っている古い条約例は，対スリランカ租税条約です。昭和38年（1963年）にOECDモデル租税条約草案が出されていますが，この租税条約は，条文構成等その特徴となる点を反映していません。また，本条約には，その他所得条項がありませんので，条約に規定のない所得については，国内法の適用ということになります。

(2) 対象税目（第1条）

　日本側は所得税と法人税，セイロン（スリランカ）側は所得税です。

(3) 一般的定義（第2条）

　当租税条約のこの条項は，①一般的定義，②居住者の定義，③恒久的施設を含む複合的な構造になっています。

　一般的定義に関連する事項としては，この租税条約が締結されたときは，現スリランカは，独立前の英連邦内自治領セイロンであったことから，地理的意

味における「セイロン」の定義がありません。

居住者に関連する規定では、個人については、①「日本国の居住者」とは、日本国の租税に関し日本国の居住者で、かつセイロンの租税に関しセイロンの居住者でない者であり、②「セイロンの居住者」とは、①の逆の者ということになっています。法人についても、「日本の居住者」とは、日本国内に本店又は主たる事務所を有する法人で、セイロンにおいて管理支配されておらず、かつ、セイロンの法令に基づいて設立されていないものと定義され、「セイロンの居住者」はこの逆の定義になっています。双方居住者に関する規定はありません。

(4) 一般的定義（第2条）にある恒久的施設の規定（第2条(j)）

恒久的施設（PE）は、支店、管理所、工場その他の事業を行う一定の場所、農場及び鉱山、採石場その他採掘されている天然資源の存在する場所で、建設PEは、建設等（建設工事監督等の規定はありません。）で183日を超えて存続するものと規定されています。

(5) 一般的定義（第2条）にある代理人の規定（第2条(j)）

従属代理人及び在庫保有代理人は恒久的施設となります。また、独立代理人は、恒久的施設に含まれません。

また、日本が現在締結している他の租税条約において、恒久的施設には含まれない準備的補助的活動として、「企業のために物品若しくは商品を購入することのみを目的として、事業を行う一定の場所を保有すること。」という規定がありますが、本条約では、(j)(bb)に、これと同様の規定があります。

(6) 事業所得（第3条）

帰属主義、独立企業の原則、単純購入非課税の原則が規定されています。本条は3項の構成です。

(7) 特殊関連企業（第4条）

対応的調整の規定がありません。

(8) 国際運輸業所得（第5条）

国際運輸業を営む日本居住者がセイロンにおいて取得する利得はその半額が課税対象となり，同様に，国際運輸業を営むセイロン居住者の日本において取得する利得についても，その半額が課税対象となります。

(9) 投資所得（第6条，第7条，第8条）

本租税条約は，限度税率の規定がない等，日本が締結している租税条約では他と異なる規定振りです。

	限度税率等
配当所得	日本は20％，スリランカは10％
利子所得	銀行が受け取る利子は源泉地国免税。また，スリランカ政府への資金協力から日本政府若しくは政府機関を通じて受け取る利子については免税となります。債務者主義で課税することは規定されていますが，限度税率は規定されていません。
使用料所得	著作権，映画フィルムに係る使用料は源泉地国免税です。特許権等に係る使用料については，税率が50％軽減されることから，国内法に定める15％の半分の7.5％となります。

上記使用料について，所得源泉地の定めが租税条約にないことから，日本における課税では，国内法に規定する使用地主義が適用されます。

(10) 譲渡収益（第9条）

譲渡収益は，原則として居住地国課税と規定していますが，不動産の譲渡収益等，出資，株式，債券及び社債の売却，移転又は交換から生ずる収益は源泉地国課税です。したがって，株式の譲渡収益は源泉地国課税ですが，特許権の譲渡収益は居住地国課税ということになります。

(11) 政府職員（第10条）

接受国は免税です。派遣国が課税します。

(12) 自由職業所得・給与所得・役員報酬・芸能人等（第11条）

この条は，人的役務提供所得のうちの，自由職業所得・給与所得・役員報

酬・芸能人等の課税に係る規定です。現在の租税条約では、これらの規定はそれぞれ独立、分離していますが、本条約では、一括して、この条で規定しています。

　第11条第1項には、自由職業（法人の役員としての役務を含みます。）又は給与所得は役務提供をした源泉地国において課税になることが規定されています。

　第11条第2項及び第3項は、短期滞在者免税の規定ですが、人的役務の自由職業を含んでいる点、芸能人及び運動家の所得については、短期滞在者免税が適用されないことが規定されています（第11条第4項）。

　日本の居住者がスリランカにおいて役務提供をする場合の免税要件は、①賦課年度（スリランカは4月1日から翌年3月31日）を通じて183日を超えない期間スリランカに滞在すること、②その役務が日本居住者のため、又はその者に代わって行われたこと、③その所得に対して日本で課税されていること、です。スリランカ居住者の日本における免税要件は、①が暦年（課税年度）であることで、他は、同じです。

(13) 学生・事業修習生（第14条）

　学生等は、生計等のための海外からの送金、交付金、手当又は奨励金及び課税年度で上限36万円が免税です。事業修習生は、滞在期間1年以内の場合、受け取る報酬の上限100万円まで免税です。なお、政府等との取極による訓練等の場合に受け取る報酬は免税です。

(14) 二重課税の排除（第15条）

　二重課税の排除方法は、税額控除ですが、第15条第2項(c)に使用料に関するみなし外国税額控除の規定があります。

(15) 情報交換（第16条），相互協議（第18条）

　それぞれに規定がありますが、徴収共助の規定はありません。

日本・タイ租税条約

❶ 租税条約の基礎データ

(1) タイの概要

国　名	タイ王国　Kingdom of Thailand
人口（万人）（外務省）	6,593（2010年）
民　族	タイ族。その他　華人，マレー族等
言　語	タイ語
宗　教	仏教94％，イスラム教5％
GDP（億USD）	4,048（2014年）
主要貿易国（2013年）	輸出：中国，米国，日本 輸入：中国，日本，米国
為替レート	1ドル＝約32.48バーツ（2014年平均） 100円＝26.525バーツ（2015年4月1日）
日系企業進出状況	企業数：1,552社（バンコク日本人商工会議所会員数（2014年4月末時点）（JETRO資料）
歴　史	タイ王国は13世紀のスコータイ王朝から，アユタヤ王朝（14〜18世紀），トンブリー王朝（1767〜1782年）を経て，現在のチャックリー王朝（1782年〜）で現在に至る。

(2) 租税条約の基礎データ

	現行租税条約	原条約等
タイ王国	（第2次条約） （署名）平成2年4月 （発効）平成2年8月	（署名）昭和38年3月 （発効）昭和38年7月
日本・タイ租税条約の正式名称	「所得に対する租税に関する二重課税の回避及び脱税の防止のための日本国とタイとの間の条約	

(3) 租税条約の条文構成

第1条（適用対象者）	第2条（対象税目）	第3条（一般的定義）
第4条（居住者）	第5条（恒久的施設）	第6条（不動産所得）
第7条（事業所得）	第8条（国際運輸業所得）	第9条（特殊関連企業）
第10条（配当所得）	第11条（利子所得）	第12条（使用料所得）
第13条（譲渡収益）	第14条（人的役務所得）	第15条（役員報酬）
第16条（芸能人等）	第17条（政府職員）	第18条（教授）
第19条（学生）	第20条（その他所得）	第21条（二重課税の排除等）
第22条（無差別取扱い）	第23条（相互協議）	第24条（情報交換）
第25条（外交官）	第26条（発効）	第27条（終了）
議定書	①独立代理人（第5条第7項），②経費の配分（第7条第3項），③恒久的施設の利得決定のその他の方法（第7条第2～4項），④産業的事業の定義（第10条第3項(b)），⑤支店利益送金税，⑥芸能法人（第16条），⑦タックス・スペアリング適用における法令の修正（第21条第4項(a)），⑧タックス・スペアリングの適用（第21条第4項(a)(i)）		

(4) タイの税制

タイ税制の特徴	①法人税率が2013年1月1日以後の事業年度から20％（それ以前23％）に引き下げられています。 ②法人の居住形態は設立準拠法主義です。 ③地方所得税の課税はありません。 ④投資奨励法に基づき，奨励企業に対し各種の租税優遇措置が認められています。 ⑤外国法人の支店がその利益を国外へ送金する場合，通常の法人税に加え10％の支店利益送金税が課されます。 ⑥石油所得税は，所得税法に代わって石油所得税法に基づいて課される税です。この税制の対象者は，タイ政府から石油採掘の許可を得ている企業等で，その税率は純利益の50％です。
法人税率	20％

源泉徴収	配当10％，利子15％（金融機関は10％），使用料15％，支店利益送金税10％
損失の繰戻	なし
損失の繰越	5年
付加価値税	7％
個人所得税	最高税率35％
遺産税	なし
優遇措置に係る主たる税制	投資奨励法に基づき，投資委員会により認可された奨励企業の法人税関連では以下の優遇措置が認められます。 ①法人税が，一定の要件に応じて3年から8年にわたり免除。 ②奨励企業が免税期間中に支払った配当は免税。 ③投資委員会により認められた契約に従い，奨励企業が支払う使用料は5年間免税。 ④投資奨励地域に所在する奨励企業に対しては，免税期間の終了後さらに5年間法人税が50％軽減される等の追加的優遇措置が認められます。 　また，上記の優遇措置に加えて，奨励企業に対して，輸入及び輸出関税の減免等の各種優遇措置が認められます。

❷ 租税条約の解説

(1) 対象税目（第2条）

日本は，所得税と法人税ですが，タイは，所得税と石油所得税（上記タイの税制に説明があります。）です。

(2) 一般的定義（第3条）

同条(e)に規定する者について，タイでは，未分割遺産及び死亡者が課税単位となることが規定されています。タイは，遺産税，相続税がありませんが，米国の所得税では未分割遺産である遺産財団（estate）を課税単位としていることから，これと類似するものと思われます。

(3) 居住者（第4条）

本条第2項に，双方居住者については，権限ある当局の協議により振り分けることになることが，規定されています。

(4) 恒久的施設（第5条）

本条第2項の恒久的施設（PE）の例示では，他の条約例にもある事業の管理の場所等以外に，(g)に，農場又は栽培場，(h)に，保管のための施設を他の者に提供する者に係る倉庫，が規定されています。また，建設工事又はこれらに関連する監督活動が3か月を超える場合は，建設PEとなります（本条第3項）。そして，源泉地国において使用人等を通じてコンサルタント等の役務提供を行う場合，単一又は複数の関連工事について，12か月の間に合計6か月を超える期間行われると，恒久的施設とされます（本条第4項）。

(5) 代理人PE（第5条第6項，第7項）

代理人PEには，従属代理人以外に，在庫保有代理人（第6項(b)，注文取得代理人（第6項(c)）が規定されています。独立代理人（本条第7項）は，恒久的施設とはなりません。また，議定書1において，独立代理人には，一方の締約国内で，専ら又は主として，他方の締約国の企業のために若しくはこれに代わって，又は当該企業及び当該企業が支配し若しくは当該企業に支配的利益を有している他の企業のために若しくはこれらに代わって，第6項に規定する活動を行う代理人を含まない，と規定されています。

(6) 不動産所得（第6条）

不動産所得は，不動産の所在地国で課税になります。

(7) 事業所得（第7条）

本条の規定は，全8項ですが，基本的に，基本7項型です。議定書第2項に，損金算入が認められない本支店間取引として，支払金（実費弁償に係るものを除く。）で，(a)特許権その他の権利の使用の対価として支払われる使用料，報酬その他これらに類する支払金，(b)特定の役務の提供又は事業の管理の対価として支払われる手数料，(c)当該恒久的施設に対する貸付けに係る利子（当該企

業が銀行業を営む企業である場合を除く。）が規定されています。また，本条第2項〜第4項の規定に関して，日本居住者が，タイ所在の恒久的施設の所得の実額課税を選択しない場合，タイの課税当局が一定の利益率によりその恒久的施設の所得を決定することができることを定めたものです。

(8) 国際運輸業所得（第8条）

航空機により取得する所得は居住地国課税ですが，船舶により取得する所得については，源泉地国においてその所得の50％が課税になります。

(9) 特殊関連企業（第9条）

本条第2項に対応的調整が規定されています。

(10) 投資所得（第10条，第11条，第12条）

		限度税率
配当所得（第10条） 親子間（6か月，25％所有）に限定	産業的事業法人からの配当	15％
	その他	20％
利子所得（第11条） 利子の受領者を法人に限定	金融機関が受領する利子	10％
	その他	25％
	政府，中央銀行等の受領する利子	免税
使用料所得		15％
支店利益送金税		10％

　　上記の表のうち，タイにおける配当，利子についての課税は，租税条約の限度税率よりも，国内法の税率のほうが低いため，国内法の税率が適用になることに注意が必要です。

イ　配当所得

配当所得の限度税率は親子間配当のみで，それ以外の配当（一般配当）に関する規定がありません。また，タイ国内法の非居住者に対する配当が10％となっているため，限度税率よりも国内法の税率が低いため，国内法の税率である10％の適用となります。また，「産業的事業」については，第10条第3項(b)及び議定書第4項に規定があります。

ロ　利子所得

　タイ国内法の非居住者に対する利子の源泉徴収利率は15％であることから，利子所得のその他の25％の限度税率ではなく15％が適用となります。

ハ　使用料所得

　使用料所得の範囲に著作権，特許権等の譲渡から生ずる収入についても本条が適用となりますが（本条第5項），設備等の賃貸料は対象になりません。

ニ　支店利益送金課税（議定書第5項）

　タイにある恒久的施設である支店等が，国外の本店等に利益送金をする場合，その送金額に10％の税率で課税されることが規定されています。

⑾　譲渡収益（第13条）

　不動産化体株式の規定はなく，株式等は，源泉地国課税です。

⑿　自由職業所得・給与所得（第14条）

　自由職業所得を含む人的役務所得（第15条から第19条までの所得を除く。）については，短期滞在者免税（本条第2項）が適用されます。180日（183日ではありません。）ルールは暦年基準です。

⒀　役員報酬（第15条）

　法人の居住地国において課税することができます。

⒁　芸能人等（第16条，議定書6）

　芸能人，運動家の所得は，活動した国で課税です。また，その報酬が，芸能人等以外に支払われる場合，恒久的施設の有無にかかわらず，活動した国で課税になります。

⒂　政府職員（第17条）・教授（第18条）

　派遣先の国の国民等の適用除外となる者以外の政府職員は，派遣した国で課税なります。

　教授は，滞在地国で2年間免税になります。

⒃　退職年金（条約に規定がないため国内法の適用）
　タイに居住する日本の年金受給者は，日本において源泉徴収されます。また，タイ居住者（暦年で合計180日以上タイに滞在する個人）となる当該年金受給者はタイでも課税になります。

⒄　学生（第19条）
　生計，教育，訓練のために受ける海外からの送金及び交付金等は免税です。また，教育，生計に必要な人的役務所得は，5年を限度に免税です。

⒅　その他所得（第20条）
　源泉地国において生じた所得については，源泉地国課税が原則です。

⒆　みなし外国税額控除（第21条第3項，第4項及び第5項）
　配当所得，特許権等の譲渡収益を含む使用料所得について，タイの国内法と租税条約上の限度税率の差額が対象となります。投資奨励法第35条第3項及び第36条第4項については，タイの租税が減免された年分又は1988年1月1日以後に終了する最初の課税年度のいずれか遅いほうの課税年度から13年間が適用期限となります。また，日本における配当等のみなし外国税額控除の控除額（実際の納付額＋みなし納付額）は配当等の額の25％を上限としています（本条第5項）。

⒇　相互協議（第23条）・情報交換（第24条）
　相互協議の申立て期限は3年です。徴収共助の規定はありません。

日本・台湾民間租税取決め

❶ 日台民間租税取決めの基礎データ

(1) 台湾の概要

国名	台湾　Taiwan
人口（万人）	2,343万人（2014年12月）
民族	漢民族，14の原住民系民族
言語	中国語，台湾語，客家語等
宗教	仏教，道教，キリスト教
歴史	1949年12月7日：台北に「臨時首都」を遷都 1971年10月25日：国連を脱退 1972年（昭和47年）：日中国交正常化により日本は台湾と国交断絶後，台湾との関係を非政府間の実務関係として維持しています。
外交関係のある国 （計22か国）	大洋州（6か国）：ツバル，ソロモン諸島，マーシャル諸島共和国，パラオ共和国，キリバス共和国，ナウル共和国 欧州（1か国）バチカン 中南米・カリブ（12か国）：パナマ，ドミニカ共和国，グアテマラ，エルサルバドル，パラグアイ，ホンジュラス，ハイチ，ベリーズ，セントビンセント，セントクリストファー・ネービス，ニカラグア，セントルシア アフリカ（3か国）：スワジランド，ブルキナファソ，サントメ・プリンシペ
GDP（億USD）	5,300（2014年）：アジア地域では中国，日本，韓国に次いで第4位です。
主要産業	電気・電子，鉄鋼金属，繊維，精密機械
日本・台湾間の貿易 （平成25年）	台湾⇒日本（台湾にとって貿易量第2位） 日本⇒台湾（日本にとって貿易量第5位）
為替	（新台湾ドル）（2014年月平均，台湾中央銀行） 1米ドル＝30.368新台湾ドル

日本との民間窓口	日本側：公益財団法人交流協会（東京本部，台北・高雄事務所） 台湾側：亜東関係協会（台北本部，東京・大阪事務所，札幌・横浜・福岡・那覇支所）

(2) 日台民間租税取決めの基礎データ

	現行租税条約	原条約等
台湾	（署名）平成27年11月26日	同 左
日本・台湾民間租税取決めの正式名称	「所得に対する租税に関する二重課税の回避及び脱税の防止のための公益財団法人交流協会と亜東関係協会との間の取決め」（略称「日台民間租税取決め」）（英文表記）AGREEMENT BETWEEN THE INTERCHANGE ASSOCIATION AND THE ASSOCIATION OF EAST ASIAN RELATIONS FOR THE AVOIDANCE OF DOUBLE TAXATION AND THE PREVENTION OF FISCAL EVASION WITH RESPECT TO TAXES ON INCOME	

(3) 日台民間租税取決めの条文構成

第1条（対象となる者）	第2条（対象となる租税）	第3条（一般的定義）
第4条（居住者）	第5条（恒久的施設）	第6条（不動産所得）
第7条（事業利得）	第8条（海上運送及び航空運送）	第9条（関連企業）
第10条（配当）	第11条（利子）	第12条（使用料）
第13条（譲渡収益）	第14条（独立の人的役務）	第15条（給与所得）
第16条（役員報酬）	第17条（芸能人及び運動家）	第18条（退職年金）
第19条（公的役務）	第20条（学生）	第21条（その他所得）
第22条（二重課税の排除）	第23条（無差別待遇）	第24条（相互協議手続）
第25条（情報の交換）	第26条（減免の制限）	第27条（相互主義）
第28条（効力発生）	第29条（終了）	議定書・交換公文なし

(4) 台湾の税制

法人税率	17%
選択的ミニマム・タックス（AMT）	居住法人及び非居住法人は，法人税の他に，基準所得（base income）50万台湾ドルを超える部分の金額に対して12%の課税があります。なお，基準所得は課税所得に所定の項目の所得を調整した金額です。
キャピタルゲイン税	17%
外国法人支店税	17%
源泉徴収	非居住者への配当，使用料20%，非居住者への利子のうち金融所得は15%，その他は20%
損失の繰戻	なし
損失の繰越	10年
土地増価税	20～40%
個人所得税	税率5～40%（給与所得），非居住者への税率18%

(5) 台湾の締結している租税条約

台湾は，次の国々と租税条約を締結している。

台湾（25か国）	オーストラリア，ベルギー，デンマーク，フランス，ガンビア，ドイツ，ハンガリー，インド，インドネシア，イスラエル，マケドニア，マレーシア，オランダ，ニュージーランド，パラグアイ，セネガル，シンガポール，スロバキア，南アフリカ，スワジランド，スウェーデン，スイス，タイ，英国，ベトナム

❷ 日台民間租税取決めの解説

(1) 日台民間租税取決めの概要

日台民間租税取決めの概要となる点は次のとおりです。

① 日台民間租税取決めは，民間の団体間の租税協定です。しかし，その内容は，下記の④にもあるように，双方の地域における税法でその実施が確保されることから，この取決めが実質的には租税条約と同じ機能を果たし

ます。
② 日本は，昭和47年9月29日の日中国交正常化に伴い，中華民国との国交を断絶しましたが，非政府間の実務関係を維持するため，同年12月に，日本側は財団法人交流協会を，そして台湾側は亜東関係協会を設立し，さらに，同月，「財団法人交流協会と亜東関係協会との間の在外事務所相互設置に関する取り決め」（以下「相互設置に関する取決め」という。）を作成しています。
③ 日台民間租税取決めは，政府間による租税条約とは異なることから，台湾では日本の国会にあたる立法院の承認ではなく行政院の審査となり，日本では，平成28年度の税制改正において，日台民間租税取決めの実施に係る国内法の整備が行われました。
④ 日台民間租税取決めは，日台双方が国内法により実施することになることから，同取決め27条（相互主義）には，日台双方においてそれぞれの居住者及び内国法人に対して同様の権利が認められることが前提となっています。

(2) 対象となる者（第1条）

　第2項に，税務上納税主体とはならずに，構成員課税となるパススルー事業体（fiscally transparent entity or arrangement）に係る規定があります。この規定によれば，パススルー事業体を通じて取得される所得は，日本と台湾それぞれの地域の居住者の所得として取り扱われる限りにおいて，当該一方の地域の居住者の所得とみなされます。

(3) 対象税目（第2条）

　日本は，所得税，法人税，復興特別所得税，地方法人税，住民税です。台湾は，営利事業所得税（法人税），個人総合所得税（個人所得税），所得基本税（ミニマム・タックス）及びこれらに対して課される付加税が含まれます。

(4) 居住者（第4条）

　第3項に双方居住者の振り分け規定があり，個人以外については，第4項に本店又は主たる事務所の所在地により判定することが規定されています。

(5) 恒久的施設（第5条）

建設 PE は監督活動を含み，期間は6か月です。また，コンサルタントによる役務提供について，いずれかの12か月の間の183日を超える場合に課税となります。

(6) 事業利得（第7条）

日本の他の条約例にもある基本7項型の規定です。

(7) 海上運送及び航空運送（第8条）

日本の事業税と日本の事業税と類似する税で台湾において今後課されるものは免税です。

(8) 関連企業（第9条）

第2項に対応的調整に係る規定があります。

(9) 配当，利子，使用料（第10条から第12条）

台湾における配当，利子，使用料に課される源泉徴収税率は，金融商品の利子に係る15％を除くと，20％ですが，日台民間租税取決めが適用されると，限度税率は10％となります。なお，中央銀行等が受け取る利子は免税です。適用対象者は，投資所得の受益者となる居住者です。また，配当については，追いかけ課税禁止の規定（第10条第5項）があり，利子，使用料条項には，移転価格税制により否認された超過額に対して限度税率の適用がない旨規定されています。

(10) 譲渡収益（第13条）

株式等の譲渡収益は居住者の所在する地域で課税です。また，その資産価値の50％以上が不動産である法人等の株式の譲渡益は不動産の所在する地域で課税です。

(11) 独立した人的役務（第14条）

医師，弁護士等の自由職業者の課税要件は，所得源泉の地域における固定的

施設の存在又は自由職業者が，当該暦年において開始し，又は終了するいずれかの12か月の期間において，合計183日以上の期間所得源泉の地域内に滞在する場合，その地域で課税となります。

⑿　給与所得（第15条）

　第2項には短期滞在者免税の規定があり，OECDモデル租税条約と同様の規定（いずれかの12か月の間における183日ルールの適用等）があり，日本・台湾相互の出張者に対する従前の非居住者課税が緩和されています。

　台湾における非居住者等の課税（暦年基準）は次のとおりです。

① 滞在期間が90日以下（非居住者）の場合，台湾払給与が源泉徴収（18％）です。
② 滞在期間が90日超183日未満（非居住者）の場合，台湾払の給与は①と同じですが，日本法人の負担する給与がある場合，申告をする必要があります。
③ 滞在期間が183日以上の場合，居住者としての申告が必要になります。

⒀　役員報酬（第16条）

　役員報酬は法人の所在する地域で課税です。

⒁　芸能人及び運動家（第17条）

　これらの者の個人的活動による所得は活動をした地域で課税です。

⒂　退職年金（第18条）

　退職年金は所得の生じた地域で課税ができます。

⒃　公的役務（第19条）

　これらの者の所得は派遣する側で原則課税です。

⒄　学生（第20条）

　学生に関しては滞在期間，金額等について明示されていません。居住する地域の外から払われる教育等の給付は免税です。事業修習生の免税期間は2年で

す。

⒅　その他所得（第21条）
　これまでの各条に規定のない所得は所得の生じた地域で課税です。なお，本取決めには教授条項はありません。また，日本における匿名組合を利用した租税回避を防止する規定が置かれていません。

⒆　二重課税の排除（第22条）
　台湾源泉所得に課された台湾の租税は日本において外国税額控除をする。なお，本取決めには，みなし外国税額控除の規定はありません。

⒇　相互協議（第24条）
　相互協議の申立ては，最初の課税通知の日から3年以内です。

㉑　情報の交換（第25条）
　金融機関の情報交換に関しては別段の規定はありません。

㉒　減免の制限（第26条）
　この取決めの特典を受けることをその主たる目的の全部又は一部とするものである場合には，他方の地域においてこの取決めに規定する租税の軽減又は免除の特典を受けることができないことが規定されています。
　第26条は租税条約の濫用防止規定ですが，ここに規定のある主要目的テストは，現在，OECDのBEPSの活動計画でも検討されている事項でもあり，英国の租税回避防止規定に1940年ごろから使用されているものです。
　1998年に英国の当時の課税庁（Inland Revenue and Customs and Excise）が一般否認規定を検討した時の文書では，その判定要素が記述されています。その文書では，その唯一の目的或いは主たる目的若しくは主たる目的の1つが，法人による租税回避である取引と判定して一般否認規定を適用する場合，取引の目的に関する判定要素として，次の項目が掲げられています。
　①　取引により作り出された権利と義務を含むその法的形態
　②　その経済的及び商業上の実質

③ 取引が行われた時期及びその期間
④ 当該者の財務上等の変化，或いは，取引の結果生ずることが合理的に予測できる変化
⑤ 一般否認規定が適用されなかった場合の取引に対する課税上の結果
したがって，租税条約における解釈においても上記の判定要素は参考になるものと思われます。

⑵ 相互主義（第27条）

日台間では，例えば，日本の居住者又は法人が，この取決めにある特典を台湾において認められている場合に限り，台湾居住者又は法人に対して，日本においても同様の特典を与えるということが規定されています。

❸ 本取決めに係る留意事項

本取決めは日本が締結している租税条約とは異なる法的な位置関係にあります。本取決めは実質において租税条約ですが，民間機関による租税に係る取決めであることから，これを実施するための法的規定が必要です。

そこで，平成28年度税制改正により，相互主義を前提として，日本においても，台湾居住者又は法人に対して，この取決めに規定のある特典を認めるための国内法の整備が行われました。したがって，租税条約の場合は，発効して適用という順序になりますが，本取決めの場合は，日台双方で課税上同様の取扱いをすることで適用が担保されることになるものと思われます。

なお，日台民間租税取決めに係る規定は，平成28年度税制改正により，「外国人等の国際運輸業に係る所得に対する相互主義による所得税等の非課税に関する法律」が一部改正され，「外国居住者等の所得に対する相互主義による所得税等の非課税等に関する法律」において整備されます。

日本・大韓民国租税条約

❶ 租税条約の基礎データ

(1) 大韓民国の概要

国　名	大韓民国　Republic of Korea
人口（万人）	5,000（2013年）
GDP（億USD）	14,170（2014年）日本の名目GDP47,498（2014年），中国の名目GDP103,553.5（2014年）
為　替	100円＝970.06ウォン（2015年8月末）
韓国の貿易相手国	輸出：中国，米国，日本，香港，シンガポール 輸入：中国，日本，米国，サウジアラビア，カタール
歴　史	1948年大韓民国成立

(2) 租税条約の基礎データ

	現行租税条約	原条約等
大韓民国	（第2次条約） （署名）平成10年10月 （発効）平成11年11月	（署名）昭和45年3月 （発効）昭和45年10月 昭和45年3月交換公文 昭和60年3月交換公文（大韓民国の経済開発を促進するための特別の奨励措置に関する交換公文）
日本・大韓民国租税条約の正式名称（以下，本稿では「日韓租税条約」とします。）	「所得に対する租税に関する二重課税の回避及び脱税の防止のための日本国と大韓民国との間の条約」	

(3) 租税条約の条文構成

第1条（適用対象者）	第2条（対象税目）	第3条（一般的定義）
第4条（居住者）	第5条（恒久的施設）	第6条（不動産所得）
第7条（事業所得）	第8条（国際運輸業所得）	第9条（特殊関連企業）
第10条（配当所得）	第11条（利子所得）	第12条（使用料所得）
第13条（譲渡収益）	第14条（自由職業所得）	第15条（給与所得）
第16条（役員報酬）	第17条（芸能人）	第18条（退職年金）
第19条（政府職員）	第20条（学生等）	第21条（教授）
第22条（その他所得）	第23条（二重課税の排除）	第24条（無差別取扱い）
第25条（相互協議）	第26条（情報交換）	第27条（徴収共助）
第28条（外交官）	第29条（発効）	第30条（終了）
議定書	交換公文（平成10年10月），（平成11年12月）	

(4) 韓国の税制

法人税率	最高税率22％（地方所得税が法人税額の10％で，実効税率24.2％） 内国法人は，本店所在地主義により判定しています。
キャピタルゲイン	22％（＋地方所得税）
外国法人支店税	22％（＋地方所得税）
連結納税	2010年から開始
国内法による恒久的施設の例示	支店，事務所，店舗その他の固定販売所，作業場，工場，倉庫，6か月を超えて存続する建設工事・据付工事・組立工事の現場，それらの工事の指揮・監督又は技術提供の場所，鉱山・採石場その他の天然資源等の採取場等が恒久的施設として規定されています。また，従業員が役務を提供する場所において12か月中継続して6か月以上或いは2年以上にわたり反復して行われる場合も，恒久的施設となります。
源泉徴収（国内）	配当0％，利子14％，使用料0％，

国内に恒久的施設を有しない非居住者に対する源泉分離課税	事業所得2％，船舶・航空機・重機等のリース料2％，債券の利子14％，債券以外の利子・配当・使用料等20％，人的役務提供の対価20％，証券又は株式の譲渡利益（売却額の10％或いは譲渡益の20％のうちの少ない額）・利子・配当・使用料20％
損失の繰戻	1年
損失の繰越	10年
付加価値税	10％
地方所得税	国税の10％
個人所得税	最高税率38％（2013年）
韓国居住者	全世界所得が課税所得となる韓国居住者は，1年以上韓国内に住所を有するか居住する者などをいいます。国外に1年以上居住し，勤務していている場合であっても，韓国内に家族がいて資産も保有する場合は居住者となります。2009年以降，外国人居住者で韓国に直近10年のうち5年以上居住した者は，全世界所得に課税される。しかし，それ以外の外国人居住者で直近10年のうち5年未満しか居住しない者は，国内払いによって国外源泉所得が支払われたか，外国から韓国内に送金された部分が課税されます。
相続税・贈与税率	最高50％

❷ 租税条約の解説

(1) 原条約の特徴

　原条約における事業所得条項が総合主義であったことは有名でしたが，第2次条約では，帰属主義に改正されています。

(2) 対象税目（第2条）

　日本側は，所得税，法人税，住民税です。韓国は，所得税，法人税，所得税又は法人税の課税標準に対し，直接又は間接に課される地方振興特別税（農漁村特別税），住民税です。

(3) 一般的定義（第3条）

この条約独自の定義はなく，他の条約例と同様の内容です。

(4) 居住者（第4条）

本条第1項は，居住者の定義，第2項は，個人の双方居住者の振分け規定，第3項の個人以外のものは，その者の本店又は主たる事務所が所在する締約国の居住者とされます。

第2項の個人の振分け基準は，①恒久的住居，②重要な利害関係の中心のある国，③常用の住居，④国籍，⑤権限のある当局の合意，です。

(5) 恒久的施設（第5条）

事業を行う一定の場所であって，企業がその事業の全部又は一部を行っている場所である恒久的施設（PE）の例示としては，事業の管理の場所，支店，事務所，工場，作業場，鉱山等の場所が規定されています。建設工事等及びこれらに関連する監督活動は，6か月を超える期間存続すると恒久的施設となります（本条第3項）。また，準備的補助的活動をすることのみを目的とする事業を行う一定の場所は，恒久的施設になりません（本条第4項）。

代理人については，企業の名において契約締結する権限を有し，かつ，この権限を反復して行使する従属代理人は恒久的施設となりますが，独立代理人は，恒久的施設になりません。本条約では恒久的施設となる代理人の範囲に，在庫保有代理人，注文取得代理人は含まれていません。

(6) 不動産所得（第6条）

不動産所得は，その不動産の所在地国で課税されます。また，不動産所得には，農業及び林業からの所得が含まれます。

(7) 事業所得（第7条）

原条約が総合主義でしたが，第2次条約は帰属主義に改正されて，当時のOECDモデル租税条約と同様の内容になりました。第1項は帰属主義を規定しています。第2項は独立企業の原則，第3項は本店配賦経費，第4項は所得の按分計算，第5項は単純購入非課税の原則，第6項は所得計算の継続性，第7

条は他の条項に定めのある所得について他の条項の規定の適用が優先することを規定しています。本条は，いわゆる基本7項型です。

(8) 国際運輸業所得（第8条）

船舶，航空機の国際運輸から生じる所得は，企業の居住地国課税です。その所得に対して，源泉地国において，日本の場合は事業税，韓国の場合は日本の事業税に類似する税で韓国において今後課されるものを免税としています。

(9) 特殊関連企業（第9条）

第1項は移転価格課税に係る規定で，第2項は対応的調整に係る規定です。第3項は，更正の期限を課税年度終了時から10年として，不正に租税を免れている場合は期間制限がないことを規定しています。

(10) 配当・利子・使用料所得（第10条，第11条，第12条，議定書1）

配当等の投資所得の限度税率は次のとおりです。

所得の種類	限度税率
配当所得（親子間配当：6か月間25％以上所有）	5％（平成15年末まで10％を超えないこととされていました。）
配当所得（一般配当）	15％
利子所得（一般）	10％
利子所得（政府，中央銀行等）	免税
使用料所得（著作権等の譲渡，産業上，商業上，学術上の設備の使用，使用の権利の対価，裸用船料を含みます。）	10％

利子所得，使用料所得の所得源泉地は，それぞれの所得の支払者の居住地国とする債務者主義です。なお，韓国では，投資所得に課税の減免に係る手続を平成24年7月1日適用分について改正しました。韓国の源泉徴収義務者が受益者を確認できない場合，韓国国内法により源泉徴収を行い，受益者は，源泉徴収から3年以内に還付請求をすることができます（『国際税務』2012年8月号 Worldwide Tax Summary）。

⑾　**譲渡収益（第13条）**

　譲渡収益は，原則居住地国です。不動産の譲渡収益は不動産の所在地国です。第2項に事業譲渡類似の規定があり，発行済株式の25％以上を保有し，そのうちの5％以上を譲渡した場合の所得は，株式発行法人の所在地国で課税になります。不動産化体株式の譲渡収益は不動産所在地国課税です。恒久的施設及び固定的施設に属する事業用資産の譲渡収益は，恒久的施設又は固定的施設の所在地国で課税です。国際運輸業に使用した船舶，航空機等の譲渡収益は，運用企業の居住地国において課税となります。

⑿　**自由職業所得（第14条）**

　医師，弁護士等の自由職業者の所得については，源泉地国に事務所等の固定的施設を有する場合，或いは，暦年中に源泉地国に183日以上滞在する場合に，固定的施設に帰せられる所得又は源泉地国において取得した所得に課税されます。

⒀　**給与所得（第15条）**

　第2項の短期滞在者免税の183日ルールは暦年基準です。

⒁　**役員報酬（第16条）**

　役員報酬は，それを支払う法人の居住地国で課税することができます。わが国の平成23年度税制改正により，条約相手国に条約上課税権を認めた所得は「国外所得」に該当すると改正されたことにより（法令142④三，155の28④三，所令222④三），韓国法人の役員である日本の居住者が，日本で役員として役務提供を行い，役員報酬を受領する場合の国際的二重課税は解消されています。

⒂　**芸能人等（第17条，議定書2）**

　芸能人等の所得は，活動の行われた国で課税になります。また，その所得が芸能法人等に帰属する場合であっても源泉地国課税となります。なお，活動による所得が1万米ドルを超えない場合は，免税となります。

(16) 退職年金（第18条），政府職員（第19条）

　退職年金は居住地国課税，政府職員は，接受国の国民である場合を除いて派遣国が課税します。

(17) 学生，事業修習生（第20条）

　学生，事業修習生は，生計，教育又は訓練のための国外源泉分は免税です。学生は，交付金，奨学金及び勤務による報酬については，滞在期間が5年以内で，年間2万米ドルまでは免税です，事業修習生は滞在期間が1年以内で，勤務からの報酬が年間1万米ドルまで免税です。

(18) 教授（第21条）

　2年間滞在する場合，居住地国で課税される場合は源泉地国で免税です。

(19) その他所得（第22条）

　その他所得は，居住地国課税です。

(20) みなし外国税額控除（第23条第3項，第4項）

　みなし外国税額控除は，適用期間の制限により，平成15年（2003年）12月31日よりも後に開始する事業年度には適用できません。

(21) 相互協議（第25条），情報交換（第26条），徴収共助（第27条）

　相互協議の申立て期限は3年です。

(22) 特典の制限（議定書3）

　両国の権限ある当局が規定の濫用に当たると合意する場合，その特典は適用できません。

日本・中国租税条約

① 租税条約の基礎データ

(1) 中国の概要

国　名	中華人民共和国　People's Republic of China
面　積	960万 km^2（日本の約26倍）
人　口	13億人
人　種	漢民族（総人口の92％）及び55の少数民族
GDP（億 USD）	82,502（2012年）
経済成長率（実質）	7.8％（2012年）（中国国家統計局）
主要貿易国	輸出：米国，EU，香港，ASEAN，日本 輸入：EU，ASEAN，日本，韓国，米国
日中貿易（2012年：財務省統計に基づく日本貿易振興機構（JETRO）換算）	対中輸出：1,447億ドル，対中輸入：1,890億ドル 対中輸出主要品：電気機器，一般機械，化学製品 対中輸入主要品：電気機器，一般機械，衣類 日本からの直接投資総額（2012年，中国側統計）約73.8億ドル
2013年上半期の対中国直接投資（JETRO の調査）	新規投資は慎重ですが，既存事業は整備拡充を継続しています。
中国長期滞在邦人数（2013年10月現在）	中国には，132,243人で全体の約16％，第１位は米国の245,697人です。中国における上位３都市は，上海が64,317人，香港が24,993人，広州が20,258人です。
為替レート	１元＝約19円（2015年４月）

(2) 租税条約の基礎データ

	現行租税条約	原条約等
中　国	（署名）昭和58年９月 （発効）昭和59年６月	同　左

| 日本・中国租税条約の正式名称 | 「所得に対する租税に関する二重課税の回避及び脱税の防止のための日本国政府と中華人民共和国政府との間の協定」 |

(3) 日中租税条約の条文構成

第1条（人的範囲）	第2条（対象税目）	第3条（一般的定義）
第4条（居住者）	第5条（恒久的施設）	第6条（不動産所得）
第7条（事業所得）	第8条（国際運輸業所得）	第9条（特殊関連企業）
第10条（配当所得）	第11条（利子所得）	第12条（使用料所得）
第13条（譲渡収益）	第14条（自由職業所得）	第15条（給与所得）
第16条（役員報酬）	第17条（芸能人等）	第18条（退職年金）
第19条（政府職員）	第20条（教授）	第21条（学生・事業修習生）
第22条（その他所得）	第23条（二重課税の排除）	第24条（無差別取扱い）
第25条（相互協議）	第26条（情報交換）	第27条（プリザベーション・クローズ）
第28条（外交官）	第29条（発効）	第30条（終了）
議定書	交換公文（昭和58年9月）（平成3年12月）	

(4) 中国の税制

中国の税制の変遷	1979年4月：経済特区（深圳・珠海・汕頭・廈門）の指定等 1980年：合弁企業の課税を定めた「合弁企業所得税」、「個人所得税法」を制定 1981年：外国企業の課税を定めた「外国企業所得税法」を制定 1991年：税制を一元化した「外国投資企業及び外国企業所得税法」が施行され、移転価格税制が導入されました。 1994年：工商統一税が廃止、国内企業及び外資系企業の全てに増値税、営業税、消費税の課税。 2008年：内資企業と外資企業の区分廃止（中華人民共和国企業所得税法制定）、法人税率が33％から25％に改正され、タックスヘイブン税制、事前確認制度の導入をしました。

法人税率	基本税率25%（地方所得税を含んでいます。）
キャピタルゲイン	固定資産の売却によるキャピタルゲインは，他の所得と同様に所得税を課税される他に，不動産の所有権の移転に係る譲渡益について累進税率30〜60%の土地増値税の課税があります。また，外国投資家が中国内国法人の株式又は出資を譲渡した場合，その譲渡益が国外で生じた場合でも，10%の源泉税が課税されます。
外国法人支店税	25%（支店利益送金税はありません。）
源泉徴収	配当，利子，使用料10%（原則は20%ですが，改正企業所得税法により10%に減額されています。）
損失の繰戻	なし
損失の繰越	5年
増値税	17%（標準税率）
個人の居住形態と課税所得の範囲	中国に5年を超えて居住する者は全世界所得課税。1年以上5年以下の間居住する者は中国国内源泉所得及び所定の国外源泉所得が課税対象となる。国外源泉所得のうち中国国内の企業，個人等が支払った部分以外は，税務当局の認可により免税とすることができる。居住期間が1年未満の者は中国国内源泉所得が課税対象となる。
個人所得税	最高税率45%
相続税・贈与税	なし

❷ 租税条約の解説

(1) 日中租税条約の特徴

　中国が最初に締結した租税条約が日中租税条約です。当時の中国は，経済発展の途上であったことから，日中租税条約は現在の両国の経済状況を反映したものではなく，対途上国型の租税条約となっています。現在のところ，この条約改正の動きはありません。

(2) 対象税目（第2条）

日本は，所得税，法人税及び住民税です。中国は，昭和55年（1980年）及び同56年（1981年）当時の税制を反映した，個人所得税，合弁企業所得税，外国企業所得税及び地方所得税です。当時の中国では，法人税率が30％で地方所得税3％（国税の10％）を加算して33％の税率でした。

(3) 居住者（第4条）

個人の双方居住者は，両締約国の権限ある当局の合意により決定し，法人の場合はその本店又は主たる事務所の所在地国の居住者とされます。中国における個人の居住形態の判定は，前出の中国の税制に記述してあります。

(4) 恒久的施設（第5条，議定書1）

建設工事等は6か月を超える期間存続すると恒久的施設（PE）となります。コンサルタントの役務提供の場合は，連続する12か月のうち6か月を超えるとPEとなりますが，機械及び設備の販売又は賃貸に関連する役務提供の場合はPEとはされません（議定書1）。代理人PEには，従属代理人と注文取得代理人（特定企業のために反復して注文を取得する代理人）が含まれます。企業が準備的補助的活動をする限り，PEになりませんが，例えば，駐在員事務所の場合，租税条約の優遇措置を申請する場合，国税発［2009］第124号通達（非居住者が享受する租税協定恩典管理弁法（試行））の手続が必要になります。また，中国子会社へ社員を出向派遣した場合にPEと認定された事例もあります（際便函［2009］103号）。なお，中国では駐在員事務所については課税が強化されています（国税発［2010］18号：外国企業常駐代表機構税収管理暫行弁法）。そしてPEに認定された場合の推定利益率については，国税発［2010］19号（非居住企業所得税査定徴収管理弁法）に規定があります。

- 駐在員事務所の課税（国税発［2010］18号）：原則課税となりました。租税条約の適用を受ける場合（準備的補助的活動），一定の手続が必要です。
- 中国国内法（企業所得税実施条例第5条）では，PEの定義に役務提供の場所が含まれているため，注意が必要です。

(5) 不動産所得（第6条），事業所得（第7条）

いずれもOECDモデル租税条約と同様の規定ですが，本支店間の内部取引について，使用料，所定の手数料及び内部利子については，損金不算入の規定があります（議定書2）。

(6) 国際運輸業所得（第8条，交換公文1）

国際運輸業所得は居住地国課税です。また，第2条に規定のある対象税目にはない日本の事業税，中国では，既に廃止されている工商統一税及び付加税の免税が規定されています（交換公文1）。

(7) 特殊関連企業（第9条）

対応的調整に関する規定はありません。

(8) 配当（第10条），利子（第11条），使用料（第12条）

投資所得の限度税率は次のとおりです。

	限度税率
配当（親子間配当の規定なし）	10%
利子	10%
利子（政府，中央銀行等，政府等の間接融資）	免税
使用料	10%

(9) 譲渡収益（第13条）

不動産，PEの事業用資産は所在地国課税ですが，株式等の譲渡収益は源泉地国課税です。なお，中国国内法における中国企業持分の間接譲渡を規定していた国税函［2009］698号が廃止され，2015年（平成27年）2月3日に，国家税務総局公告［2015］7号が公布され間接譲渡の規制対象が拡大されました。

(10) 自由職業所得（第14条）

医師，弁護士等が源泉地国に固定的施設を有する場合，その固定的施設に帰属する所得又は源泉地国に年間183日を超えた滞在の場合，課税となります。

⑾　給与所得（第15条）
　短期滞在者免税の183日ルールは暦年基準です。

⑿　役員報酬（第16条）
　法人の居住地国でも課税できることが規定されています。

⒀　芸能人等（第17条）
　芸能人等の活動した国でその所得が課税になります。また，芸能人等が法人の使用人となり，その報酬が法人に支払われるような場合であっても，活動地国で課税になります。

⒁　退職年金（第18条）
　退職年金等は居住地国課税です。

⒂　政府職員（第19条）
　政府職員に対する報酬は，接受国の国民である場合を除いて，派遣国が課税します。

⒃　教授（第20条）
　滞在期間が3年以内であれば，教育又は研究に係る報酬は免税です。

⒄　学生・事業修習生（第21条）
　生計，教育又は訓練のために受け取る給与又は所得は免税です。滞在期間及び金額等に関する規定はありません。

⒅　その他所得（第22条）
　原則として，源泉地国が課税します。

(19) **二重課税の排除の方法，みなし外国税額控除（第23条）（平成3年12月交換公文）**

　イ　直接税額控除に係るみなし外国税額控除（本条第3項）

　合弁企業からの配当（10％），その他の配当（20％），利子（10％），使用料（20％）が中国で納付したものとみなされます。

　ロ　合弁企業所得税法第5条，第6条及び同法施行規則第3条（第4項(a)）

　上記第5条は，合弁期間が10年以上の新設合弁企業に対する減免措置を規定し，第6条は，合弁企業から取得した利益を5年以上再投資した場合の投資額の40％還付を規定し，規則第3条は，合弁企業所得税法の付加税である地方所得税の減免が規定されています。この規定は間接税額控除において，上述の課税の減免がなかったならば納付したであろう額をみなし外国税額とするものです。

　ハ　外国企業所得税法第4条及び第5条（第4項(b)）

　外国企業の中国支店等が課税の減免を受けた場合に，その減免がなかったならば納付したであろう額をみなし外国税額とするものです。

　ニ　2008年（平成20年）以降のみなし外国税額控除の継続適用

　2008年3月に日本の財務省は，日中租税条約に規定する中国の経済開発奨励措置に関する「みなし外国税額控除」が，中国の国内法改正後も引き続き適用することを公表しています。

　ホ　みなし間接税額控除の適用期限と外国子会社配当益金不算入制度の影響

　平成3年12月の交換公文により，みなし間接税額控除に係る供与期限は，課税の減免措置を受けた事業年度以降10年間について適用ということになりましたが，平成21年の改正により外国子会社配当益金不算入制度が創設され，間接税額控除は廃止されました。同時に，25％以上を出資する外国子会社からの配当に係る源泉徴収税額は直接税額控除の対象外となりました。

(20) **相互協議（第25条），情報交換（第26条）**

　相互協議の申立ての期限に関する規定はありません。

❸ みなし外国税額控除関連事項のまとめ

(1) 税法改正と租税条約の沿革

昭和55年（1980年）	（中国）合弁企業の課税を定めた「合弁企業所得税法」，「個人所得税法」を制定
昭和56年（1981年）	（中国）外国企業の課税を定めた「外国企業所得税法」を制定
昭和58年（1983年）	日中租税条約締結
平成3年（1991年）	（中国）税制を一元化され「外国投資企業及び外国企業所得税法」が施行されました（以下「旧法」とします。）。
平成20年（2008年）	（中国）中華人民共和国企業所得税法（以下「新法」とします。）が制定されました。
平成20年3月	日中租税条約に規定する「みなし外国税額控除」の適用の継続が合意されました。
平成21年（2009年）	（日本）平成21年度税制改正により外国子会社配当益金不算入制度が創設されました。

(2) 日中租税条約における「みなし外国税額控除」（第23条）関連規定

第3項	2(a)に規定する控除の適用上，中国の租税は，次の率で支払われたものとみなす。 (a) 第10条2の規定が適用される配当については，中華人民共和国の合弁企業が支払う配当である場合には10％，その他の配当である場合には20％ (b) 第11条2の規定が適用される利子については10％ (c) 第12条2の規定が適用される使用料については20％
第4項	2に規定する控除の適用上，「納付される中国の租税」には，次のいずれかのものに従って免除，軽減又は還付が行われないとしたならば納付されたとみられる中国の租税の額を含むものとみなす。 (a) 中華人民共和国合弁企業所得税法第5条及び第6条の規定並びに中華人民共和国合弁企業所得税法施行細則第3条の規定 (b) 中華人民共和国外国企業所得税法第4条及び第5条の規定 (c) この協定の署名の日の後に中華人民共和国の法令に導入される中華人民共和国の経済開発を促進するための他の同様な特別の奨励措

(3) 旧法下におけるみなし外国税額控除

(旧法の規定) 配当:源泉徴収免除 使用料（日中租税条 約の限度税率）10％	（日中租税条約のみなし外国税額控除） • 合弁企業からの配当10％ • その他（独資企業）からの配当20％ • 利子10％ • 使用料20％
（日中租税条約第23 条第4項(c))	• この協定の署名の日の後に中華人民共和国の法令に導入される中華人民共和国の経済開発を促進するための他の同様な特別の奨励措置で両締約国の政府が合意するもの（この規定がなければ納付したとみなされる中国租税に係る間接税額控除）

- 2008年施行の新法以前の累計未処分利益からの外国投資者への配当は，2008年2月22日に施行された「企業所得税の若干の優遇政策についての財政部，国家税務総局による通知」により企業所得税が免税となっています。

(4) 平成3年の交換公文（一部抜粋）

1　中華人民共和国外国投資企業及び外国企業所得税法の次の各条項（以下「奨励規定」という。）に定める措置は，協定第23条4(c)に規定する「この協定の署名の日の後に中華人民共和国の法令に導入される中華人民共和国の経済開発を促進するための他の同様な特別の奨励措置」である。

　(1)　第7条1項及び2項，第7条3項（同項に含まれる規定のうち前記の所得税法の実施細則第73条(1)，(2)，(4)，(5)及び(6)に係る部分に限る。），第8条1項及び3項，第9条並びに第10条

　(2)　第8条2項（同項に含まれる規定のうち前記の所得税法の実施細則第75条(1)から(4)まで及び(6)から(8)までにかかわる部分に限る。）

　ただし，奨励規定が前記の所得税法第8条1項に定める事業並びに当該所得税法の実施細則第72条(1)から(9)まで及び第75条(2)から(4)までに定める事業（国際運輸業を除く。）から生ずる所得に適用される場合に限る。

2　この取極は，この取極が効力を生ずる年の翌年の1月1日以後に開始する各課

> 税年度において生ずる所得について適用する。ただし，この取極は，ここの事案につき奨励規定に従って最初に中国の租税の免除，軽減もしくは還付が行われたたとき又はこの取極が効力を生じたときのいずれか遅い方から10年目の課税年度の後に生ずる所得については適用しない。

- 平成23年度税制改正により外国税額控除の対象外となる「高率な外国法人税」の水準が，従前の50％超から日本の当時の法人実効税率であった「35％超」に改正されていますが，平成3年当時であれば，中国の100％子会社からの配当については，直接（20％），間接（33％：当時の中国法人税率）の合計50％（3％は適用外）相当分のみなし外国税額控除の適用が可能でした。

(5) 新法下におけるみなし外国税額控除（平成20年）

（中国国内法）配当，利子，使用料10％（原則は20％ですが，新法により10％に減額されています。）	（日中租税条約）配当，利子，使用料の限度税率は10％
適用可能なみなし直接外国税額控除	独資・合作企業からの配当（みなし外国税額控除で20％），使用料（みなし外国税額控除で20％）

(6) 外国子会社配当益金不算入制度創設の影響（平成21年）

日本は，平成21年度税制改正において外国子会社配当益金不算入制度を創設しました。

外国子会社配当益金不算入制度の影響（25％以上を出資する外国子会社から受ける配当）	① 配当に係る外国源泉額は控除できないことになりました。 ② 間接税額控除制度が廃止されました。

(7) 現行規定の下で適用可能なみなし外国税額控除

配当に係るみなし直接外国税額控除	外国子会社配当益金不算入制度の適用がある場合はできません。
配当に係るみなし間接税額控除	間接税額控除が廃止されましたので適用できません。

| 使用料に係るみなし外国税額控除 | 日中租税条約の限度税率10%で，みなし外国税額控除が20%のことから，差額の10%に適用可能です。 |

❹ 中国におけるコンサルタントの課税関係―人的役務提供所得がPEと認定される具体例

具体例としては，内国法人の中国子会社へ派遣された管理職が中国子会社に経営上の指導を行った場合PE課税を受けるという事例です。

(1) 中国国家税務総局による2009年7月公布のレター

中国国家税務総局は，2009年7月2日に，「国外機構の派遣人員を通じた国内企業のためのサービス提供に係る企業所得税徴収状況の調査に関する国家税務総局のレター」（際便函 [2009] 103号）を公布しました。

このレターの内容は，外国企業に対する課税強化策の一環として，外国企業が中国国内企業に人員を派遣して行う管理，技術的役務提供により受け取る収入に係る企業所得税納税義務の履行状況に関し，近い将来特別な税務調査（専門項目調査）を実施するというもので，その調査対象先は，製造業及びサービス業，自動車製造企業等です。具体的には，所定の出向者による役務提供がある場合，その親会社のPEが中国にあることを認定するというものです。

この背景には，親会社である外国企業の社員を親会社在籍のまま中国子会社に出向させ，中国子会社から当該出向に関して親会社に支払われる金額について，出向した社員の課税にとどまらず，社員を派遣している出向元の親会社についての課税をするものです。

また，技術を教えるために滞在するコンサルタントのような者が，外国企業との契約で源泉地国に派遣されて役務提供をした場合であっても，源泉地国にPE又は固定的施設がなければ課税関係が生じないことになり，また，給与所得者であれば短期滞在者免税の適用を受ける可能性があります。さらに，派遣元である当該内国法人も当該コンサルタントがもたらす多額の報酬を得ている場合であっても，源泉地国にPEなしで課税関係が生じないことになります。そこで，このような者のうち一定の要件を満たす者に対して，源泉地国にPE

を認定する、いわゆるサービスPEの考え方が生まれ、実際の租税条約にもこの規定が盛り込まれるようになったのです。

(2) 日中租税条約の適用関係

日中租税条約第5条（恒久的施設）第5項において、次のような規定があります。

「一方の締約国の企業が他方の締約国内において使用人その他の職員（7の規定が適用される独立の地位を有する代理人を除く。）を通じてコンサルタントの役務を提供する場合には、このような活動が単一の工事又は複数の関連工事について12か月の間に合計6か月を超える期間行われるときに限り、当該企業は、当該他方の締約国内に「恒久的施設」を有するものとされる。」

そして、同条約の議定書1では、「協定第5条5の規定にかかわらず、一方の締約国の企業が他方の締約国内において使用人その他の職員を通じて機械及び設備の販売又は賃貸に関連するコンサルタントの役務を提供する場合には、当該企業は、当該他方の締約国内に「恒久的施設」を有するものとされない。」と規定されています。この規定は国連モデル型です。なお、中国・香港租税条約第5条第3項(2)には同様の規定があります。中国・香港租税条約において、中国側における6か月のカウント方法がたとえ1日でも1月とすることから、当初の規定である6か月が183日に改正された経緯があります。

(3) 中国の通達75号

中国とシンガポールは、2007年7月11日に改正租税条約に署名し、2008年1月1日から同条約は適用されている。中国は、同条約に対する解釈として国税発［2010］75号（以下「通達75号」とします。）を公布しました。通達75号は、中国・シンガポール租税条約における中国側の条約解釈が示されていますが、中国が締結している他の租税条約に対しても汎用性があるものと考えられています。また、前出の2009年7月公布のレターには、具体的な課税要件が規定されていなかったこともあり、通達75号に規定するPEの判定基準が示されています。

これによれば、PEとならない場合とは、①子会社の要求に基づき派遣され、②子会社のために働き、③子会社に雇用され、④業務に対して子会社が指揮権

を有しており，⑤業務責任及びリスクを子会社が負担している，場合です。PEと認定される場合とは，①親会社が出向者に対する指揮権を有し関連リスク等を負担します。②派遣する人数及び基準を親会社が決定します。③出向者の給与を親会社が負担します。④子会社への人員派遣で子会社が利益を得ている場合で，これらのいずれかに該当すれば，PE認定が行われることになります。

(4) 中国における課税方法

　中国における出向社員による役務提供がPEと認定される場合，中国の税務機関は，外国企業の利益率を査定します。請負工事等は15～30％，管理マネージメント業務は30～50％，その他の経営活動等は15％以上となっています。したがって，中国における役務収入に査定された利益を乗じた金額がPEにおける課税所得となり，その課税所得に企業所得税率25％を乗じて税額を算定することになります。

日本・パキスタン租税条約

❶ 租税条約の基礎データ

(1) パキスタンの概要

国 名	パキスタン・イスラム共和国 Islamic Republic of Pakistan
人口（万人）	18,802（2013／2014年度パキスタン経済白書）
民 族	パンジャブ人，シンド人，パシュトゥーン人，バローチ人
言 語	ウルドゥー語（国語），英語（公用語）
識字率	60%
宗 教	イスラム教（国教）
歴 史	1947年：英領インドより独立 1971年：東パキスタンがバングラデシュとして独立
GDP（億USD）	2,469（2014年）
主要貿易品目	輸出：繊維製品，農産品，食料品 輸入：石油製品，原油，機械類，農業・化学品，食料品，パーム油
主要貿易相手国	輸出：米国，中国，UAE，英国，アフガニスタン，日本 輸入：UAE，中国，サウジアラビア，シンガポール，クウェート，日本
為 替	1米ドル＝102.37ルピー（2015年4月）
日本との経済関係	対日輸出：化学製品，織物用糸及び繊維製品，非鉄金属 対日輸入：自動車及び同部品，一般機械，鉄鋼
日系企業数	69社（2014年）

(2) 租税条約の基礎データ

	現行租税条約	原条約等
パキスタン	（第2次条約） （署名）平成20年1月 （発効）平成20年11月	（署名）昭和34年2月 （発効）昭和34年5月 （一部改正署名）昭和35年6月 （一部改正発効）昭和35年8月
日本・パキスタン租税条約の正式名称	「所得に対する租税に関する二重課税の回避及び脱税の防止のための日本国政府とパキスタン・イスラム共和国との間の条約」	

(3) 租税条約の条文構成

第1条（人的範囲）	第2条（対象税目）	第3条（一般的定義）
第4条（居住者）	第5条（恒久的施設）	第6条（不動産所得）
第7条（事業利得）	第8条（国際運輸業所得）	第9条（特殊関連企業）
第10条（配当所得）	第11条（利子所得）	第12条（使用料所得）
第13条（技術上の役務に対する料金）	第14条（譲渡収益）	第15条（自由職業所得）
第16条（給与所得）	第17条（役員報酬）	第18条（芸能人等）
第19条（退職年金）	第20条（政府職員）	第21条（学生）
第22条（その他所得）	第23条（二重課税の排除）	第24条（無差別取扱い）
第25条（相互協議）	第26条（情報交換）	第27条（外交官）
第28条（見出し）	第29条（発効）	第30条（終了）
議定書		

(4) パキスタンの税制

法人税率	34％（2014年）：パキスタン居住法人は、設立準拠法主義及び管理支配地主義により判定されます。
ミニマム・タックス	居住法人及び非居住金融機関は、法人税の他に、売上金額の1％をミニマム・タックスとして徴収されます。ミニマム・タックスが法人税の納付税額を超える場合、その超過額は、

		翌期以降5年間繰り越しして納付税額と相殺できます。
キャピタルゲイン税 （上場株式）		17.5%（6か月未満の短期：2015年），9.5%（6か月から12か月：2015年），0%（1年超保有）
外国法人支店税		34%
源泉徴収		配当10%（標準税率），利子10%，使用料15%（標準税率），専門的役務提供15%（標準税率），支店送金税10%
損失の繰戻		なし
損失の繰越		6年
売上税		17%
ザカート		2.5%（所定の法人純資産）
個人所得税		最高税率30%（給与所得），35%（自営業）
遺産税・贈与税		なし

② 租税条約の解説

(1) 対パキスタン租税条約の概要

　対パキスタン原条約は，日本が最初に締結した日米租税条約以降，アジア諸国と初めて締結した租税条約であり，対インド租税条約よりも古いのですが，約50年近く改訂されないまま経過し，平成20年に現行の租税条約が署名，発効しています。原条約は，新日米租税条約において使用料所得が条約免税となるまでの間，わが国が締結した租税条約において使用料所得の条約免税を規定している唯一の例でした。また，原条約の事業所得条項は，支店等の恒久的施設が所得源泉地国に存在する場合，源泉地国において生じた当該企業のすべての所得を課税するという総合主義を採用していました。現行条約では，後述のとおり，総合主義が帰属主義に改められていることから，わが国の締結している租税条約の事業所得条項から総合主義が姿を消したということになります。

(2) 対パキスタン租税条約の特徴

　条文では，第13条に「技術上の役務に対する料金」は，日印租税条約第12条（使用料所得）に規定されている「技術上の役務に対する料金」に類似する規

定です。

　第15条は，OECDモデル租税条約において2000年4月以降削除となっている自由職業所得条項ですが，近年改正された日印租税条約，日比租税条約はいずれも自由職業所得を継続して規定しています。第23条の二重課税の排除の規定で，みなし外国税額控除の規定が廃止されています。

(3) 居住者（第4条）

　個人の双方居住者の場合は，本条第2項の振分け規定が適用され，個人以外については，両締約国の権限のある当局が，その者の本店又は主たる事務所の所在地，事業の実質的な管理の場所その他関連するすべての要因について考慮した上で，合意により，この条約の適用上その者が居住者とみなされる締約国を決定することになります。

(4) 恒久的施設（第5条）

　恒久的施設（PE）条項ですが，PEの例示（第2項）では，倉庫がありますがそれ以外では，他の条約例にはみられない特別な例示はありません。建設PE及び建設工事監督等の存続期間は6か月ですので，6か月を超えるとPEになります。また，第5項の代理人PEに関する規定(b)は，「(a)に規定する権限は有しないが，当該一方の締約国内で，物品又は商品の在庫を恒常的に保有し，かつ，当該在庫から当該企業に代わって物品又は商品を反復して引き渡すこと。」として，在庫保有代理人を規定しています。

(5) 事業利得（第7条）

　この規定は基本7項型です。本条第3項の規定について，議定書の1において次のように規定されています。

　「条約第7条3の規定に関し，企業の恒久的施設が当該企業の本店又は当該企業の他の事務所に支払った又は振り替えた支払金（実費弁償に係るものを除く。）で次に掲げるものについては，損金に算入することを認めないことが了解される。

　(a) 特許権その他の権利の使用の対価として支払われる使用料，報酬その他これらに類する支払金

(b) 特定の役務の提供又は事業の管理の対価として支払われる手数料
(c) 当該恒久的施設に対する貸付けに係る利子（当該企業が銀行業を営む企業である場合を除く。）」

　この上記の規定は，企業内の内部利子，内部における使用料等を控除しないということを定めた規定です。現行のOECDモデル租税条約では，上記の処理が異なり，所得を認識する方向（AOAの導入）に改正されています。

(6) 国際運輸業所得（第8条）

　居住地国課税ですが，国際運輸所得に対する地方税に係る規定として，いかなるパキスタンの地方政府又は地方公共団体も日本国の企業が船舶又は航空機を国際運輸に運用することにつき，わが国における住民税又は事業税に類する租税を課さないことを条件として，パキスタンの企業は，船舶又は航空機を国際運輸に運用することにつき日本国において住民税及び事業税を免除される，というものです。議定書の2において，「条約第8条2の規定に関し，同規定は，パキスタンの州政府の租税を課する権限を制限するものと解してはならないことが了解される。」と規定され，連邦制であるパキスタンにおいて中央政府が州政府の課税権を制限することに慎重な姿勢を示しています。

(7) 配当（第10条），利子（第11条），使用料（第12条）

　条約における投資所得の限度税率は次のとおりです。

	限度税率
特定の親子間配当（議決権株式50％以上）	5％
親子間配当（議決権株式25％以上）	7.5％
一般配当	10％
利子所得（特定の政府機関の受取利子等は源泉地国免税）	10％
使用料所得	10％

　なお，配当所得のうち，特定の親子間配当及び親子間配当の規定は，配当を課税所得の計算において控除できる法人の配当には適用されません（第3項）。

(8) 技術上の役務に対する料金（第13条）

　第13条に規定のある「技術上の役務に対する料金」は，日印租税条約では使用料条項に規定されていますが，本条約では独立した条項となっています。

　「技術上の役務に対する料金」の定義（第3項）では，経営上，技術上又はコンサルタントの役務（技術者その他の人員による役務を含む。）の提供の対価として受領されるすべての種類の支払金が含まれますが，建設工事，これらに関連する監督活動の対価，自由職業所得，給与所得は含まれません。限度税率は10％です。

(9) 第13条に関するわが国における課税上の留意点

　技術上の役務がパキスタンで行われた場合，役務提供地に所得源泉地があると判断すると，当該所得は国外源泉所得になる恐れがありますが，所得源泉ルールが債務者主義ですので，その支払者が所在する国に所得源泉があることになります。したがって，内国法人からパキスタンに支払われる「技術上の役務に対する料金」は，所得源泉の置き換え規定（所法162）の適用を受けて，国内源泉所得となり，わが国において源泉徴収されることになります。

(10) 譲渡収益（第14条）

　本条第2項は不動産化体株式の規定，第3項は事業譲渡類似の規定（発行済株式の25％以上所有する場合の株式譲渡収益）があり，源泉地国課税になります。原則は居住地国です。

(11) 自由職業所得（第15条）

　自由職業所得の課税要件は，所得源泉地国における固定的施設の存在又は給与所得における短期滞在者免税と同様の183日ルールが規定され，自由職業者が，当該課税年度において開始し，又は終了するいずれかの12か月の期間において，合計183日以上の期間所得源泉地国内に滞在する場合，所得源泉地国で課税となります。

(12) 芸能人等（第18条）

　芸能人等の活動した国でその所得が課税になります。また，芸能人等が法人

の使用人となり、その報酬が法人に支払われるような場合であっても、活動地国で課税になります。

⒀ **学生（第21条）**
　学生及び事業修習生の滞在地国における役務提供所得に関して暦年で150万円まで租税が課されないことが規定されています。なお、学生の場合はその期間が3年間、事業修習生の場合は1年間の免税期間となっています。

⒁ **その他所得（第22条）**
　源泉地国課税です。本条約には教授条項はありません。

⒂ **二重課税の排除（第23条）**
　原条約では規定されていた利子所得に係るみなし外国税額控除の規定（原条約第14条第3項）が削除され、廃止されました。

⒃ **匿名組合に対する課税（議定書4）**
　議定書4では、日本における匿名組合を利用した租税回避を防止する規定が置かれています。

Q　日本・パキスタン租税条約の平成20年の改正（以下「新条約」とします。）とそのポイントは何ですか。

A　今回の改正のポイントは、事業所得に対する課税方式が総合主義から帰属主義に改正されたこと、技術上の役務に対する料金（新条約第13条）について、技術上又はコンサルタントの役務（技術者その他の人員による役務を含む。）の提供の対価として受領されるすべての種類の支払金を含み、建設、組立て若しくは据付けの工事その他これらに類する工事又はこれらに関連する監督活動の対価、新条約第15条に規定する独立の人的役務の提供の対価、同第16条に規定する勤務の対価を含まないと規定され、その範囲が明確にされるとともに、源泉地国の限度税率が10％となったこと、そして、譲渡収益に関する条項の導入（新条約第14条）、無差別待遇に関する条項の拡充（新条約第24条2項～4項）、匿名組合契約から生ずる所得

の取扱い新条約議定書4）等が規定され，みなし外国税額控除が廃止されたことです。

> **（コラム）金融口座情報の自動交換制度**
>
> 　日本とスイスは，平成28年1月29日に金融口座情報の自動交換制度に関する共同声明に署名しました。この制度は，OECDが，平成26年2月13日に公表した「共通報告基準（Common Reporting Standard：CRS）」に基づき，両国が国内法を改正したことによるものです。平成27年12月に公表されたOECDによる金融口座情報自動交換制度の参加国リストで，97か国がこれに参加を表明しています。国により実施の開始が異なりますが，平成29年或いは平成30年には，海外の金融機関の口座情報が国税庁に届くことになります。金融口座情報自動交換制度のアジア諸国における参加国は，中国，インド，インドネシア，日本，韓国，マレーシアです。

日本・バングラデシュ租税条約

① 租税条約の基礎データ

(1) バングラデシュの概要

国　名	バングラデシュ人民共和国 People's Republic of Bangladesh
面　積	14万4,000 km^2（日本の約4割）
人口（万人）	15,940（2015年バングラデシュ統計局）
民　族	ベンガル人が大部分を占める。ミャンマーとの国境のチッタゴン丘陵地帯には，チャクマ族等の仏教徒系少数民族が居住
言　語	ベンガル語（国語），成人（15歳以上）識字率59.1%
宗　教	イスラム教徒89.7%，ヒンドゥー教徒9.2%，仏教徒0.7%，キリスト教徒0.3%（2001年国勢調査）
歴　史	1947年8月14日：英領インドより東パキスタンとして独立。 1971年12月16日：パキスタンから独立
GDP（億USD）	1,738（2014年）
主要貿易品目 （2012年度，バングラデシュ中央銀行）	輸出：既製品（ニットを除く），ニットウェア，革製品，ジュート製品等 輸入：石油製品，繊維，機械機器，鉄鋼製品等
主要貿易相手国 （2014年度，バングラデシュ中央銀行）	輸出：米国，ドイツ，英国，フランス，イタリア，カナダ，日本 輸入：中国，インド，シンガポール，マレーシア，韓国，日本
為替レート	1米ドル＝77.72タカ（2014年度平均，バングラデシュ中央銀行）

(2) 租税条約の基礎データ

	現行租税条約	原条約等
バングラデシュ人民共和国	（署名）平成3年2月 （発効）平成3年6月	同　左
日本・バングラデシュ租税条約の正式名称	「所得に対する租税に関する二重課税の回避及び脱税の防止のための日本国とバングラデシュ人民共和国との間の条約」	

(3) 租税条約の条文構成

第1条（人的範囲）	第2条（対象税目）	第3条（一般的定義）
第4条（居住者）	第5条（恒久的施設）	第6条（不動産所得）
第7条（事業所得）	第8条（国際運輸業所得）	第9条（特殊関連企業）
第10条（配当所得）	第11条（利子所得）	第12条（使用料所得）
第13条（譲渡収益）	第14条（自由職業所得）	第15条（給与所得）
第16条（役員報酬）	第17条（芸能人等）	第18条（退職年金）
第19条（政府職員）	第20条（学生等）	第21条（教授）
第22条（その他所得）	第23条（二重課税の排除等）	第24条（無差別取扱い）
第25条（相互協議）	第26条（情報交換）	第27条（外交官）
第28条（発効・適用開始）	第29条（終了）	

本条約の構成上の特徴は，議定書及び交換公文がないことです。

(4) バングラデシュの税制

法人税率	上場法人（金融保険業を除く。）27.5％，非上場法人35％，金融保険法人42.5％，商業銀行37.5％，たばこ製造45％，上場たばこ法人40％，携帯電話会社45％，上場携帯電話会社40％
源泉徴収	配当15％（一般法人），10％（株式の25％所有の親子間配当），10％（個人），非居住者25％ 利子10％，使用料10％
付加価値税	基本税率15％
個人所得税	最高税率30％（2014-2015課税年度），その居住の場所により，ミニマム税が3,000，2,000，1,000（タカ）課せられます。

上場法人が利益の20％超を配当すると税率は24.75％となり，配当が15％未満であると留保利益に税率は5％で付加税が課税されます。配当が10％未満の場合，税率は37.5％です。銀行等は，資本等の金額の50％を超過する超過利潤について15％の超過利潤税が課されます。ダイヤモンド加工法人の税率は15％です。織物，ジュート製造法人の税率も15％です。その他，業種等により各種の税率が規定されています。このように，バングラデシュの法人所得税は，法人の業種等により適用税率が細かく分かれている点に特徴があります。なお，バングラデシュの税制の資料は，他国と比較してネット上等で少ないことから，同国の国家歳入庁（National Board of Revenue）のHPに資料があります。

❷　租税条約の解説

(1)　対象税目（第2条）
　日本は所得税と法人税ですが，バングラデシュは所得税です。

(2)　居住者（第4条）
　双方居住者の場合，個人，法人とも権限ある当局の協議により振り分けられます。なお，バングラデシュの個人居住者の判定は，年間182日以上国内に滞在するか，又は，90日以上滞在，かつ，過去4年間の滞在日数が365日を超える場合，居住者と判定されます。

(3)　恒久的施設（第5条）
　恒久的施設（PE）の例示（第2項）に，「保管のための施設を他の者に提供する者に係る倉庫」が規定されています。建設工事等については，建築工事現場又は建設若しくは据付けの工事が6か月を超える期間存続する場合にPEとなります。また，代理人PEに係る規定は，対途上国租税条約にみられるその範囲を広くする傾向がこの条約にはみられず，従属代理人のみが規定され，在庫保有代理人或いは注文取得代理人の規定がありません。準備的補助的活動はPEになりません（第4項）。独立代理人も同様にPEにはなりません（第6項）。

(4) 事業所得（第7条）

締結当時の OECD モデル租税条約における事業所得条項と同じ内容です。

(5) 国際運輸業所得（第8条）

航空機については，源泉地国免税，居住地国課税ですが，船舶については，源泉地国において課される租税の額の50％又は課税対象総収入の4％のいずれか少ない額が源泉地国において課税されます。

(6) 特殊関連企業（第9条）

本条第2項に対応的調整に係る規定があります。

(7) 配当（第10条），利子（第11条），使用料（第12条）

投資所得に係る限度税率は次のとおりです。

	限度税率
親子間配当（議決権株式の25％以上を6か月所有）	10%
上記以外の配当	15%
利子（償還差益を含みます）	10%
利子（政府，中央銀行等の受取利子）	免税
使用料	10%

使用料については，文学上，美術上若しくは学術上の著作物（映画フィルム及びラジオ放送用又はテレビジョン放送用のフィルム又はテープを含む。）の著作権，特許権，商標権，意匠，模型，図面，秘密方式又は秘密工程の譲渡から生ずる収入についても，同様に限度税率が適用されます。ただし，その収入に係る収益について第13条（譲渡収益）第2項（PE の事業用資産に係る規定）の規定が適用される場合は，限度税率の適用外となります。

(8) 譲渡収益（第13条）

譲渡収益は基本的に源泉地国課税です。不動産化体株式，事業譲渡類似に係る規定はありません。株式の譲渡収益は源泉地国課税です。

(9) 自由職業所得（第14条）

　医師，弁護士，技術士，建築士，歯科医師及び公認会計士の独立の活動を含む自由職業者の所得については，その者が自己の活動を行うため通常使用することのできる固定的施設を他方の締約国内に有せず，かつ，その者が当該課税年度を通じ合計183日を超える期間当該他方の締約国内に滞在しない場合は，源泉地国免税です。この固定的施設は，事務所等を指しますが，第5条の恒久的施設と同様です。要するに，物品の製造販売等も自由職業者の役務提供もいずれも事業活動であることから，前者の場合を恒久的施設，後者の場合を固定的施設と名称を変更したにすぎません。現行のOECDモデル租税条約では，この規定は削除され，自由職業者の所得は，第7条の事業所得条項の適用になっています。

(10) 給与所得（第15条）

　給与所得の課税原則は，役務を提供した国に所得源泉があるということです。したがって，基本的には，働いた国で課税を受けることになりますが，本条第2項には，短期滞在者免税が規定され，一定の要件を満たす場合，源泉地国における課税が免除されます。その要件とは，①報酬の受領者が課税年度を通じて合計183日を超えない期間源泉地国に滞在すること，②報酬が源泉地国に居住者により支払われないこと，③報酬が雇用者の源泉地国に有する恒久的施設又は固定的施設によって負担されるものでないこと，です。例えば，給与所得者が課税年度に183日を超えて，源泉地国に滞在する場合は，その日数に対応する給与所得は，源泉地国において課税となります。

(11) 役員報酬（第16条）

　役員報酬は，役務提供地にかかわらず，法人所在地国で課税となります。

(12) 芸能人等（第17条）

　芸能人及び運動家は，活動をする国における滞在期間が短い割に，高額の報酬を得ることから，その活動する国において課税を受けることになります。例えば，芸能人が芸能法人の使用人として活動し，その報酬が当該法人に支払われる場合であっても，その活動を行った国で課税となります。ただし，そのよ

うな所得が両締約国の政府間で合意された文化交流のための特別の計画に基づく活動から生じ，かつ，当該居住者である他の者に帰属する場合には，当該所得については，役務提供地国において免税となります。

(13) 退職年金（第18条）

退職年金は，その受領者の居住地国において課税となります。

(14) 政府職員（第19条）

政府職員の場合は，接受国の国民である場合を除き，派遣国で課税となります。したがって，日本の政府職員でバングラデシュで勤務する者の給与は，その役務提供地ではなく，派遣国である日本で課税になります。ただし，バングラデシュにおいて，同国国民を雇用した場合，その給与は，バングラデシュにおいて課税となります。

(15) 学生等（第20条）

学生，事業修習者の場合，生計，教育，訓練のために受ける海外送金，交付金等は免税となります。本条では，期限等についての規定はありません。

(16) 教授等（第21条）

例えば，日本を訪れる直前にバングラデシュの居住者であった個人で，日本の大学その他の公認された教育機関の招請により，当該教育機関において専ら教育若しくは研究又はその双方を行うため日本を訪れた場合，その教育又は研究に係る報酬は2年を超えない期間日本における租税が免除されます。

(17) その他所得（第22条）

源泉地国において生じたその他所得は，原則として源泉地国課税です。

(18) 二重課税の排除の方法，みなし外国税額控除（第23条）

二重課税の排除方法は外国税額控除方式です。みなし外国税額控除については，次のようになります。

イ　配当，使用料（第3項）

バングラデシュにおいて納付される租税の額が当該配当又は当該使用料の額の10％を下回る場合には，バングラデシュの租税は，当該配当又は当該使用料の額の10％の率でそれぞれ納付されたものとみなされます。

ロ　利子（第4項）

バングラデシュにおいて納付される租税の額が当該利子の額の5％を下回る場合には，バングラデシュの租税は，当該利子が，1976年11月29日付の告示SRO417A-L/76に掲げる(a)から(g)までの規定，又は今後両政府間の合意を条件とした一定の措置の適用を受けるときに限り，当該利子の額の5％の率で納付されたものとみなされます。

ハ　バングラデシュの特別措置に係る優遇措置（第5項）

1989年8月17日付の告示SRO289-L/89に掲げる規定又は両政府間の合意を条件とした一定の措置の適用を受けた場合にバングラデシュにおける租税の減免は納付されたものとみなされます。

⒆ 無差別取扱い（第24条），相互協議（第25条），情報交換（第26条）

相互協議の申立て期限は通知の日から3年以内です。

日本・フィリピン租税条約

❶ 租税条約の基礎データ

(1) フィリピンの概要

国　名	フィリピン共和国　Republic of the Philippines
面　積	29万9,404 km² （日本の約8割）。7,109の島々があります。
人口（万人）	9,234（2010年）
民　族	マレー系が主体。他に中国系，スペイン系等
言　語	国語はフィリピノ語，公用語はフィリピノ語及び英語。
識字率	95.6%（2008年）
宗　教	ASEAN唯一のキリスト教国。国民の83％がカトリック，その他のキリスト教が10％。イスラム教は5％（ミンダナオではイスラム教徒が人口の2割以上）。
歴　史	1946年7月4日：フィリピン共和国独立
貿易品目	輸出：電子・半導体，輸送用機器等 輸入：原料・化学製品等の半加工品，資本財（通信機器，電子機器等），燃料（原油等），消費財
貿易相手国 （2014年）	輸出：日本，米国，中国，香港，シンガポール 輸入：中国，米国，日本，韓国，シンガポール
GDP（億USD）	2,849（2014年）
経済成長率	実質GDP成長率は，2010年に7.6％，2011年は世界経済低迷の影響を受けて3.6％とやや鈍化，2012年に6.8％，2013年には7.2％，2014年6.1％と他のASEAN各国との比較においても高い伸びを記録しており，経済は好調です。
為　替	100円＝40.286フィリピン・ペソ

(2) 租税条約の基礎データ

	現行租税条約	原条約等
フィリピン共和国	（署名）昭和55年2月 （発効）昭和55年7月 （一部改正署名）平成18年12月 （一部改正発効）平成20年12月	同　左
日本・フィリピン租税条約の正式名称	「所得に対する租税に関する二重課税の回避及び脱税の防止のための日本国とフィリピン共和国との間の条約」	

(3) 租税条約の条文構成

第1条（人的範囲）	第2条（対象税目）	第3条（一般的定義）
第4条（居住者）	第5条（恒久的施設）	第6条（不動産所得）
第7条（事業所得）	第8条（国際運輸業所得）	第9条（特殊関連企業）
第10条（配当所得）	第11条（利子所得）	第12条（使用料所得）
第13条（譲渡収益）	第14条（自由職業所得）	第15条（給与所得）
第16条（役員報酬）	第17条（芸能人等）	第18条（退職年金）
第19条（政府職員）	第20条（教授）	第21条（学生）
第22条（その他所得）	第23条（二重課税の排除）	第24条（無差別取扱い）
第25条（相互協議）	第26条（情報交換）	第27条（外交官）
第28条（市民権課税）	第29条（発効）	第30条（終了）
議定書（昭和55年）	交換公文（昭和55年）	改正議定書（平成18年12月署名，平成20年12月発効）

(4) フィリピンの税制

法人税率	30％（2009年1月以降）：内国法人及び居住外国法人は，原則として，事業を開始して4年目以降に納税額が総所得（Gross Income：売上総利益に相当）の2％に満たない場合，総所得額の2％のミニマム・タックスを支払わなければなりません。
キャピタルゲイン税	6％（固定資産），5％又は10％（株式）

支店送金税	10%（日比租税条約議定書5）
非居住者に対する源泉徴収	配当，原則30%で，その外国法人の所在地国が外国税額控除を認める場合又は，外国源泉所得に対して税を課していない場合には税率が15%に軽減されます。利子20%，使用料25%（フィルムの賃貸から生じる所得）等
損失の繰戻	なし
損失の繰越	3年
付加価値税	12%（標準税率）
個人所得税	最高税率32%
遺産税	5～20%
贈与税	最高税率15%

2 租税条約の解説

(1) 平成18年の主要な改正点

イ　配当，利子，使用料の改正前と改正後の限度税率は次のとおりです。

	改正前	改正後
配当（一般配当）	25%	15%
配当（親子間配当）	10%	10%
配当（創始企業）	10%	10%
利　子	一般15%，公社債等10%	10%
使用料（映画フィルム等）	15%	15%
使用料（その他）	25%	10%

　　上記の親子間配当の（10%の限度税率）の適用要件が25%所有から10%以上の株式保有に改正されました。また，政府，中央銀行等の受取利子，政府等の間接誘致等に係る利子の免税は改正なしです。

ロ　コンサルティング等の期間算定方法の改正（第5条第6項）

　　上記の改正は，期間の算定方法の改正です。原条約の条文が，「1課税年度において合計6か月を超える期間」とあるのに対して，「いずれの12か月の間

に合計6か月を超える期間」と改正されました。
　ハ　みなし外国税額控除（原条約第23条第3項）
　みなし外国税額控除の内容の改正はなく，供与期限が改正議定書発効後10年間に設定されました。

(2) 対象税目（第2条）
　日本側は法人税と所得税，フィリピン側は所得税です。現行租税条約締結時のフィリピン所得税は，1977年制定の内国歳入法典（National Internal Revenue Code of 1977）です。

(3) 居住者（第4条）
　双方居住者の場合，両締約国の権限ある当局の合意により振分けが決められます。

(4) 恒久的施設（第5条）
　本条第2項の恒久的施設（PE）の例示として，(a)店舗その他の販売所，が規定されている点が他の条約例とは異なっています。建設工事等は6か月を超える場合，恒久的施設となります。また，本条第6項には，コンサルタントとしての役務提供又は工事等の監督としての役務提供が1課税年度において合計6か月を超える場合，恒久的施設となります。これと同様の規定は，日本・タイ租税条約，日中租税条約等に同様の規定があります。この規定は，コンサルタントが建設工事とは関係していることを要件としていないことが適用の要件ですが，源泉地国において所得を得る場合，恒久的施設の存在を課税の要件とはしていません。
　代理人に関しては，従属代理人，注文取得代理人，在庫保有代理人が恒久的施設となります。また，本条第9項には，「保険業を営む一方の締約国の企業が，使用人又は代表者（(7)に規定する独立の地位を有する代理人を除く。）を通じ，他方の締約国内で保険料の受領（再保険に係る保険料の受領を除く。）をする場合又は当該他方の締約国内で生ずる危険の保険（再保険を除く。）をする場合には，当該企業は，当該他方の締約国内に「恒久的施設」を有するものとする。」という規定があります。これは，外国の保険業者が国内において保険料

の受領又は保険契約を締結する場合，恒久的施設があるものとみなすという内容です。

(5) 事業所得（第7条）

原条約議定書1は，平成18年の改正議定書第8条(1)において「ことが立証された」の規定が削れています。この適用は，例えば，日本企業がフィリピン支店を通さずに，フィリピンにおいて同種の商品等を直接販売した場合，その取引が租税回避のために行われたことが立証された場合は，その本店直取引により利得は支店に帰属することになりますが，立証された場合が適用要件ではなくなりました。

また，原条約議定書2は，本支店間の内部取引である，使用料，管理等に係る手数料，内部利子を支店の損金とはしないことが規定されています。

(6) 国際運輸業所得（第8条）

国際運輸業所得の60％が源泉地国において課税されますので，40％の課税の減免になります。

(7) 特殊関連企業（第9条）

原条約では対応的調整に係る規定がありませんが，改正議定書により対等的調整の規定が新設されました。

(8) 配当（第10条），利子（第11条），使用料（第12条）

JETROのHP（https://www.jetro.go.jp/world/asia/ph/invest_04/：アクセス2015年4月）に記載されている事項ですが，フィリピンにおける配当，使用料に係る租税条約の課税の減免を受ける申請手続では，取引15日前に申請しなければならず，遅れた場合は課税当局により否認されていましたが，2013年8月に，フィリピン最高裁は，事前申請が行えなかったときに租税条約の適用を否認することはできないという判決が出され，課税当局は最高裁に再考を求めましたが，その請求は却下されました。

(9) 譲渡収益（第13条）

本条第4項に，「一方の締約国に存在する不動産を主要な財産とする法人，組合又は信託の株式その他の持分の譲渡から生ずる収益に対しては，当該一方の締約国において租税を課することができる。」という不動産化体株式の規定がありますので，この場合の株式の譲渡収益は源泉地国課税ですが，それ以外の株式の譲渡，その他の譲渡収益は居住地国課税です。

(10) 自由職業所得（第14条）

医師，弁護士等の自由職業者の所得は，源泉地国に事務所等の固定的施設を有する場合にその固定的施設に帰属する所得についてのみ課税及び1課税年度中に120日を超えて滞在の場合にその滞在期間に源泉地国において取得した部分に課税となります。

(11) 給与所得（第15条）

給与所得は役務提供地において課税というのが原則です。この原則の例外となる短期滞在者免税の日数要件は，暦年中183日です。

(12) 役員報酬（第16条）

役員報酬は，法人の居住地国で課税です。議定書4には，使用人兼務役員の場合は，給与所得条項の適用がある旨規定されています。

(13) 芸能人等（第17条）

芸能人，運動家の取得する所得は，その活動した国において課税となります。また，その所得が芸能法人等に支払われた場合であっても，活動した国において課税となります。

(14) 退職年金（第18条）

退職年金，保険年金は，その受領者の居住地国で課税になります。

(15) 政府職員（第19条），教授（第20条）

政府職員への報酬は，接受国の国民等である場合を除き派遣国で課税です。

教授は，教育又は研究を目的とする場合，教育又は研究の報酬は滞在期間2年以内であれば免税です。

⒃ 学生（第21条），その他の所得（第22条）

学生は，生計等のための海外送金分，奨学金等及び人的役務により取得する1,500米ドルが免税点です。免税期間は，学生が5年，その他が3年です。事業修習生・事業習得者等の場合は，役務提供の対価として海外から受領する金額と源泉地国において支払われる金額の合計が4,000米ドルまで免税ですが，その要件は，1年以内の滞在です。その他所得は居住地国課税です。

⒄ 二重課税の排除，みなし外国税額控除（第23条）

創始企業からの配当は20％，公社債等の利子，創始企業からの利子は15％，創始企業からの使用料は15％で支払われたものとみなすというみなし外国税額控除の規定がありますが，供与期限が10年に改正されました。

⒅ 市民権課税（第28条）

フィリピンは市民権課税ですので，日本国の居住者であるフィリピンの市民に対してフィリピンの法令に従って租税を課すフィリピンの権利が規定されています。

（チェックポイント）

外国法人が配当源泉税率の軽減について租税条約の適用を受ける場合，税務当局に対して申請をして承認を取得する必要があります（新興国課税事例12頁）。

日本・ブルネイ租税条約

① 租税条約の基礎データ

(1) ブルネイの概要

国　名	ブルネイ・ダルサラーム国　Brunei Darussalam
面　積	5,765 km² (三重県とほぼ同じ)
人口（万人）	40.6（2013年）
民　族	マレー系65.8％, 中華系10.2％, その他24.0％
言　語	公用語はマレー語
宗　教	イスラム教（国教）67％, 仏教13％, キリスト教10％, その他10％
歴　史	1984年：英国より完全独立
GDP（億USD）	181（2013年）
貿易品目（2013年）	輸出：天然ガス, 原油等 輸入：機械・輸送機器, 工業製品, 食料品等
貿易相手国（2013年）	輸出：日本, 韓国, インド, オーストラリア, ベトナム 輸入：マレーシア, シンガポール, 米国, 中国, 日本
為替レート	1ブルネイ・ドル＝約86.6円（2015年2月下旬時点）

(2) 租税条約の基礎データ

	現行租税条約	原条約等
ブルネイ・ダルサラーム国	（署名）平成21年1月 （発効）平成21年12月	同　左
日本・ブルネイ租税条約の正式名称	「所得に対する租税に関する二重課税の回避及び脱税の防止のための日本国政府とブルネイ・ダルサラーム国との間の協定」	

(3) 租税条約の条文構成

第1条（人的範囲）	第2条（対象税目）	第3条（一般的定義）
第4条（居住者）	第5条（恒久的施設）	第6条（不動産所得）
第7条（事業所得）	第8条（国際運輸業所得）	第9条（特殊関連企業）
第10条（配当所得）	第11条（利子所得）	第12条（使用料所得）
第13条（譲渡収益）	第14条（給与所得）	第15条（役員報酬）
第16条（芸能人等）	第17条（退職年金）	第18条（政府職員）
第19条（学生・事業修習生）	第20条（匿名組合）	第21条（その他所得）
第22条（二重課税の排除）	第23条（無差別取扱い）	第24条（相互協議）
第25条（情報交換）	第26条（徴収共助）	第27条（外交官）
第28条（発効）	第29条（終了）	
議定書		

(4) ブルネイの税制

ブルネイの政府歳入（2005年）在ブルネイ日本大使館 (http://www.bn.emb-japan.go.jp/) 資料（アクセス2015年4月）	歳入に占める税収の割合が62％，税外収入の割合が約38％です。税収の内訳は，法人税が97％を占めていますが，そのうちの約94％が石油・ガス業からの税収であり，それ以外の業種からの法人税収の割合は税収の2％程度です。また，税外収入では，石油等の生産販売に対して12.5％の率で課される石油・ガスの採掘料と石油・ガス業法人からの配当金が税外収入の約87％を占めています。
法人税率	20％，55％（石油所得）
キャピタルゲイン税	なし
外国法人支店税	20％，55％（石油所得）
源泉徴収	配当0％，利子15％，使用料10％，支店送金税0％
損失の繰戻	なし
損失の繰越	6年
個人所得税：	なし

| 遺産税 | 2013年1月に廃止 |

　ブルネイの法人税制の特徴は，英国税制の影響を受けている点です。したがって，やはり英国税制の影響が強い，マレーシア，シンガポールの法人税制と類似しています。その典型的な例が財務会計上の減価償却を認めず，税務上の減価償却を認める取扱いです。
　イ　法人税の課税範囲
　ブルネイ居住法人の判定は，その事業の管理支配が同国内で行われているか否かにより行われ，同国内に管理支配がある場合，当該法人はブルネイ居住法人となります。ブルネイ居住法人は，ブルネイ源泉所得及びブルネイで受領した国外源泉所得に対して課税され，非居住法人（外国法人のブルネイ支店等）は，ブルネイ国内源泉所得のみが課税対象となります。
　ロ　ブルネイの優遇税制
　ブルネイでは，パイオニア産業，ハイテク産業等の技術導入を狙ったパイオニア・サービス企業，パイオニア・サービス企業の優遇延長となるポスト・パイオニア企業，既存の事業の拡張を行う企業に対する優遇措置，輸出向け生産及びサービスを行う企業に対する優遇措置等があります。日本から同国への直接投資の額は現在のところそれほど多くはありませんが，パイオニア産業の要件を満たす企業であれば，11年程度の免税期間の特典を得ることが可能です。

❷　租税条約の解説

(1)　租税条約の構成

　本租税条約の適用は，ブルネイ（居住地国），日本（源泉地国）という図式（ブルネイから日本への投資）における課税関係に対する本条約の適用ということになることから，その意味で，OECDモデル租税条約という国際的にコンセンサスを得ている模範条約と異なる特殊な規定が存在するのではないかという向きもありますが，条文構成等をみる限りでは，日本が締結している租税条約のうち，一般的な租税条約の構成を採用しているといえます。
　本条約の条文のうち，第20条の匿名組合の規定は，最近の日本の締結している租税条約にみられる日本独特の規定ですが，それ以外の項目として，本条約

が他の日本の締結した条約例と比較して特異な規定を設けたものは見当たりません。

本条約の議定書は4項から成り，第1項は，第4条の居住者の規定に関して，「一方の締約国の居住者」には，当該一方の締約国の政府により設置された法令上の組織及び当該一方の締約国の政府が全面的に所有する機関を含むとしています。

第2項では，第13条2の規定（事業譲渡類似に係る規定）に関し，「公認の有価証券市場」とは，(a)日本国の金融商品取引法に基づき設立された金融商品取引所又は認可金融商品取引業協会により設立された有価証券市場，(b)同規定の適用上，両締約国の権限のある当局が公認の有価証券市場として合意するものが該当することが確認されています。

第3項では，第25条5の規定（金融機関に係る情報交換）に関し，(a)同規定は，一方の締約国が公の秩序を理由として，第11条4に規定する機関（中央銀行及び政府系機関）が所有する情報の提供を拒否することを妨げるものと解してはならないことが了解され，(b)一方の締約国は，弁護士その他の法律事務代理人がその職務に関してその依頼者との間で行う通信に関する情報であって，当該一方の締約国の法令に基づいて保護されるものについては，その提供を拒否することができることを了解しています。

第4項では，本条約と経済上の連携に関する日本国とブルネイ・ダルサラーム国との間の協定（以下「経済連携協定」といいます。）との関係に関し，経済連携協定のいかなる規定も，本条約に基づく各締約国の権利及び義務に影響を及ぼすものではなく，本条約と経済連携協定とが抵触する場合には，その抵触の限度において，本条約が優先する，としています。

(2) 通則的規定（第1条から第5条）

第2条の日本の対象税目に住民税が規定されています。また，ブルネイでは，石油利得税が掲げられています。

第4条の居住者条項では，第2項に双方居住者の振分け規定，第3項に個人以外の振分け規定がありますが，個人以外の場合は両締約国の権限ある当局の合意により決定されることが定められています。

第5条の恒久的施設（PE）に係る規定は，OECDモデル租税条約タイプの

規定です。建設工事等は12か月を超えるとPEを構成します。

(3) 事業所得関連条項（第7条から第9条）

本条約における事業所得関連条項は、従来の租税条約とおりの規定です。第8条の国際運輸業所得では、日本の事業税及びブルネイでは日本の事業税に相当する税の免税が規定されています。第9条の特殊関連企業条項では、更正期限が原則7年と定められています。

(4) 配当所得（第10条）、利子所得（第11条）、使用料所得（第12条）

それぞれの所得における限度税率は次のとおりです。

	配当所得	利子所得	使用料所得
限度税率	①親子間配当（10％以上を6か月所有）5％ ②一般配当 10％	①限度税率 10％ ②特定の政府系機関等の受け取る利子等は源泉地国免税	10％

投資所得全体にいえることは、投資所得に係る規定に所得の真の受領者を意味する受益者（beneficial owner）概念が使用されており、日本と租税条約を締結していない国は、オフショア金融センターを目指すブルネイに拠点を設けて日本に投資を行うことで本条約を不正に利用することを妨げられることになります。

第11条（利子所得条項）第4項に規定する源泉地国免税となる中央銀行及び政府系機関としては、日本では、日本銀行、日本政策金融公庫、独立行政法人国際協力機構、独立行政法人日本貿易保険等、ブルネイでは、ブルネイ通貨資金理事会、ブルネイ投資庁、被用者信用基金等です。したがって、ブルネイにおいて海外投資を行う政府系機関であるブルネイ投資庁の有する債権に対する日本からの支払利子は、日本で条約免税ということになります。

(5) 譲渡収益（第13条、議定書第2項）

譲渡収益を規定した第13条では、第2項は不動産化体株式（源泉地国に所在する資産価値の50％以上が不動産である法人等の株式）の譲渡による源泉地国課税を規定しています。また、同条第3項は、事業譲渡類似の規定では、源泉

地国課税となる要件は，発行済株式の25％以上の所有と課税年度中に譲渡した株式総数が発行済株式総数の5％以上です。

(6) 人的役務提供所得（第14条から第19条）

　ブルネイの税制では，個人所得税の課税がないことは既に述べたとおりです。給与所得条項（第14条）における短期滞在者免税の183日ルールは新型（いずれかの12か月）の規定です。そして，第15条（役員報酬），第16条（芸能人及び運動家），第17条（退職年金），第18条（政府職員）のそれぞれの規定は，特に他の条約と異なってはいません。第19条（学生・事業修習者）では，事業修習生の免税となる期間が3年と定められています。なお，本条約には教授条項はありません。

(7) 匿名組合（第20条）

　日米租税条約の議定書13に匿名組合に係る規定が設けられて以降，日英租税条約第20条，日仏租税条約第20条Ａ，日本・パキスタン租税条約議定書4，日豪租税条約第20条及び日本・カザフスタン租税条約第20条と，最近改正された租税条約には匿名組合の組合員が取得する所得等について源泉地国課税（実質は日本における課税権の確保）を規定していますが，本条約にも同様の規定があります。

(8) その他所得（第21条）

　その他所得は居住地国です。

(9) 二重課税の排除（第22条）

　本条約第22条第1項(b)では，間接税額控除に関する規定があります。みなし外国税額控除の規定はありません。

(10) 管理的規定（第23条から第29条）

　第24条の相互協議に関する規定では，申立ての期限が3年とされている。第27条の徴収共助規定は，直近に締結された日本・カザフスタン租税条約の規定と同様である。

⑾ **まとめ**

本条約は，日本と産油国との間の初めての租税条約です。その特徴は，租税条約自体ではなく，条約相手国であるブルネイの税制にあります。すなわち，ブルネイの税制は，中東産油国と同様に個人所得税がなく，法人税が規定されていても優遇税制の適用を受けることで実質的な税負担を回避できます，いわば，実態はタックスヘイブンともいえる税制です。本条約の趣旨が，産油国であるブルネイから日本への投資を促進するためであることは明らかです。

日本・ベトナム租税条約

❶ 租税条約の基礎データ

(1) ベトナムの概要

国　名	ベトナム社会主義共和国　Socialist Republic of Viet Nam
人口（万人）	9,250（2014年）
民　族	キン族（越人）約86％，その他少数民族
言　語	ベトナム語
宗　教	仏教，カトリック，カオダイ教他
歴　史	南北統一，国名をベトナム社会主義共和国に改称（1976年）
GDP（億USD）	1,878（2014年）
主要貿易産品	輸出：携帯電話・同部品，縫製品，PC・電子機器・同部品，履物，原油等 輸入：機械設備・同部品，PC・電子機器・同部品，布地，携帯電話・同部品，石油製品等
貿易相手国	輸出：米国，日本，中国，韓国，マレーシア 輸入：中国，韓国，日本，台湾，シンガポール
為替レート	1ドル＝21,673ドン（2015年5月）

(2) 租税条約の基礎データ

	現行租税条約	原条約等
ベトナム社会主義共和国	（署名）平成7年10月 （発効）平成7年12月	同　左
日本・ベトナム租税条約の正式名称	「所得に対する租税に関する二重課税の回避及び脱税の防止のための日本国政府とヴィエトナム社会主義共和国との間の協定」	

（注）　政府の国名表示は「ヴィエトナム」ですが，本稿では，「ベトナム」と表記します。また，以下では，日本・ベトナム租税条約は「日越租税条約」と表記します。

(3) 租税条約の条文構成

第1条（人的範囲）	第2条（対象税目）	第3条（一般的定義）
第4条（居住者）	第5条（恒久的施設）	第6条（不動産所得）
第7条（事業所得）	第8条（国際運輸業所得）	第9条（特殊関連企業）
第10条（配当所得）	第11条（利子所得）	第12条（使用料所得）
第13条（譲渡収益）	第14条（自由職業所得）	第15条（給与所得）
第16条（役員報酬）	第17条（芸能人等）	第18条（退職年金）
第19条（政府職員）	第20条（学生・事業修習生）	第21条（その他所得）
第22条（二重課税の排除）	第23条（無差別取扱い）	第24条（相互協議）
第25条（情報交換）	第26条（徴収共助）	第27条（外交官）
第28条（発効）	第29条（終了）	議定書
交換公文（平成7年10月，平成10年3月）		

(4) ベトナムの税制

法人税率	22％（2016年より20％）
キャピタルゲイン税	22％
外国法人支店税	22％
源泉徴収	配当0％，利子5～10％，使用料10％，支店送金税0％
損失の繰戻	なし
損失の繰越	5年
付加価値税	10％（標準税率）
個人所得税	最高税率35％（給与所得，事業所得），20％（非居住者）
遺産税率・贈与税	なし（所得税を課税）
現行のベトナムの主要税目	（直接税）：個人所得税，法人所得税 （その他）：天然資源税，土地家屋税，外国契約者税，付加価値税，特別消費税等

法人の居住形態は，ベトナム企業法，国営企業法，投資法，金融機関法，保険事業法，石油ガス法等により設立された法人が居住法人となります。個人の

場合は，ベトナムに恒久的居所を有する者又は暦年或いは連続する12か月のうちに183日以上ベトナムに滞在する者が居住者となります。

❷ 租税条約の解説

(1) ベトナム税制の変遷

　昭和61年（1986年）12月の第6回ベトナム共産党大会において決議されたドイモイ政策により，市場経済，外国からの直接投資への開放などが導入されました。その後，日本からの投資が増加したことを背景に，平成7年（1995年）10月には，わが国とベトナム政府の間に租税条約が締結され，同年12月31日にこの条約は発効し，翌年1月1日に開始する事業年度から適用されることとなりました。その後，ベトナム国内法が改正されて，平成18年（2006年）7月1日より，従前の外国投資法等が廃止されて，共通投資法及び統一企業法が施行されて，外資及び内資企業への処理が共通化しました。そして平成21年（2009年）1月より外国投資企業及び国内企業の標準法人所得税率は25％に統一され，その後税率が引き下げられて現在に至っています。

(2) 対象税目（第2条）

　対象税目は，日本側は所得税，法人税及び住民税です。ベトナム側は個人所得税，利得税，利得送金税，外国契約者税（利得に対する税とみなされるものに限る。），外国石油下請契約者税（利得に対する税とみなされるものに限る。）及び使用料税です。現行のベトナム税制では，ベトナムには日本の住民税及び事業税に類似する地方税はありません。

(3) 外国契約者税（Foreign Contractor Tax）

　上記(1)で述べたように，日越租税条約締結後，ベトナム国内法が改正されていますが，租税条約における見直しは行われていません。特に，対象税目のうち，外国契約者税について，ベトナムの課税当局から2012年4月12日に，同税に関する新ガイドライン（Circular 60/2012/TT-BTC）が発遣されました（これについては，JETROハノイ事務所「外国契約者税の概要と日越租税条約との関係」：http://www.jetro.go.jp/に詳しい解説があります。アクセス：2015年

4月)。この外国契約者税とは、外国の組織或いは個人(外国契約者)がベトナム国内の組織或いは個人との契約に従ってサービスを提供した結果、ベトナム国内で発生した付加価値や所得に対して課される税金です。この税は、付加価値税と法人税から構成されています。この税の課税要件は、ベトナム国内に恒久的施設(PE)を有するか、居住者であるかにかかわらず課されるものです。この税は、日越租税条約の適用を受けて、ベトナムに支店、事務所等のPEがなければ課税されず、利子、使用料の限度税率内の課税であれば問題はなく、株式譲渡益も条約上の規制を受けるというのが一般的な理解といえますが、同税の課税が現地企業による源泉徴収であることから、難しい側面もあるようです。

(4) 居住者(第4条)

双方居住者の振分け規定は、個人については、OECDモデル租税条約と同様の内容であり、法人については、本店又は主たる事務所の所在する国の居住者とされています。

(5) 恒久的施設(第5条、議定書1)

議定書1により、12か月の間に合計30日を超えて天然資源が行われた場合はPEとなります(議定書1)。探査工事監督等を含む建設工事等は、6か月を超えるとPEになります。また、コンサルタント等は、12か月の間の合計が6か月を超えるとPEとなります。PEとなる代理人には、従属代理人と在庫保有代理人が規定されています。保険業を営む企業が、独立代理人以外の者を通じ、源泉地国国内で保険料の受領(再保険に係る保険料の受領を除きます。)をする場合又は源泉地国内で生ずる危険に係る保険(再保険を除く。)を引き受ける場合には、この企業は源泉地国にPEを有するものとされます。

(6) 事業所得(第7条、議定書2)

事業所得条項の規定は、当時のOECDモデル租税条約と同様ですが、議定書2に、外国契約者税又は石油下請契約者税に関する規定があります。その規定は、日本の企業がベトナムにあるPEを通じてベトナムにおいて事業を行う場合、ベトナムがそのPEの総収入に対して外国契約者税又は外国石油下請契

約者税を課することができることを規定しています。ただし，そのPEの所得税額が既に徴収されている外国契約者税又は外国石油下請契約者税の額のうちの所得に対する税とみなされる額を下回る場合，還付請求の手続が確保されていることが条件となります。

(7) 国際運輸業所得（第8条）

この所得は，企業の居住地国のみの課税となります。日本の事業税，ベトナムの同様の税（現在のところありません。）が免税となります。

(8) 特殊関連企業（第9条）

対応的調整に係る規定があります。

(9) 配当（第10条），利子（第11条），使用料（第12条）

投資所得の限度税率は次のとおりです。

	限度税率
配当（親子間配当の規定なし）	10%
利子	10%
利子（政府，中央銀行等の受取利子，政府，中央銀行等により保証された債権，間接融資）	免税
使用料	10%

文学上，芸術上若しくは学術上の著作物（ソフトウェア，映画フィルム及びラジオ放送用又はテレビジョン放送用のフィルム又はテープを含む。）の著作権，特許権，商標権，意匠，模型，図面，秘密方式又は秘密工程からの譲渡収入についても，使用料として課税となります。

(10) 譲渡収益（第13条）

本条第2項には，事業譲渡類似の株式譲渡（発行済株式の25％以上保有で5％以上の譲渡）の場合は法人の所在地国課税，第3項には，不動産化体部式に係る規定があり不動産所在地国で課税となります。原則は居住地国です。

⑾　自由職業所得（第14条）
　医師，弁護士等が役務提供地国に固定的施設を有する場合は，その固定的施設に帰属する所得について課税となります。また，これらの者が，役務提供地国に暦年で183日を超えて滞在する場合，その期間に滞在国で取得した所得について課税となります。

⑿　給与所得（第15条）
　短期滞在者免税は，183日以内の滞在等を規定していますが，滞在期間は暦年基準で判定されます。

⒀　役員報酬（第16条）
　法人の所在地国でも課税することができます。

⒁　芸能人等（第17条）
　芸能人等が活動する国で課税となります。また，芸能人等の所得が芸能法人等に帰属する場合であっても活動する国で課税となります。なお，両国政府間で合意された特別の文化交流事業に係るものは免税です。

⒂　退職年金（第18条）
　退職年金は居住地国課税です。

⒃　政府職員（第19条）
　政府職員への報酬は，接受国の国民等を除いて，派遣国でのみ課税です。

⒄　学生等（第20条）
　学生，事業修習生は，生計，教育又は訓練のための国外源泉分は免税です。また，学生の役務提供に係る規定及び免税期限についての規定はありません。

⒅　その他所得（第21条）
　その他所得の原則は居住地国です。

⑲ 二重課税の排除，みなし外国税額控除（第22条，交換公文・平成7年及び10年）

二重課税の排除は税額控除方式です。みなし外国税額控除は，配当及び使用料について10％で納付したものとみなすとしています（本条第4項）。平成7年の交換公文では，1987年（昭和62年）ベトナム外国投資法（平成2年及び平成4年の改正を含む。）第26条，27条，28条及び32条に規定のある課税の減免について，みなし外国税額控除が認められていました。平成10年3月の交換公文では，1996年（平成8年）11月に同法が改正され，新たに「1996年のベトナム外国投資法」が制定されたことに伴い，ベトナム側から新たな交換公文の交換についての要請を受けて，両国政府の間で交渉が行われた結果，この交換公文により，平成7年の交換公文に定められている措置と同様の措置である「1996年のベトナム外国投資法」の第38条から第40条までの各条及び第42条に定める措置を「ベトナムの経済開発を促進するための特別の奨励措置」として読み替えることで合意しました。みなし外国税額控除については，発効後15年という供与期間が定められているために，平成23年1月1日から開始となる各事業年度には，みなし外国税額控除の適用はありません。

⑳ 相互協議（第24条）

相互協議の申立ては，通知を受けた日から3年以内と規定されています。

㉑ 情報交換（第25条），徴収共助（第26条）

情報交換，徴収共助にそれぞれ規定がありますが，特段他と異なる規定はありません。

日本・香港租税協定

❶ 租税協定の基礎データ

(1) 香港の概要

名　称	香港（中華人民共和国香港特別行政区）Hong Kong
面　積	1,103 km^2（東京都の約半分）
人口（万人）	717（2013年2月）
民　族	漢民族95％
言　語	広東語，英語，中国語（北京語）他
宗　教	仏教，道教，プロテスタント，カトリック，イスラム教，ヒンドゥー教，シーク教，ユダヤ教
歴　史	1842年の南京条約により香港島，次いで1860年の北京条約により九竜半島の先端（約9.7 km^2）が英国領土となりました。さらに1898年に英国は中国との租借条約により235の島を含む新界の99か年にわたる租借を確保しました。1997年7月1日に香港は中国に返還されました。中国政府は，香港返還後50年間（2047年までの期間），香港を現状維持することを表明しています（一国二制度）。
GDP（億USD）	2,436
主要貿易品目	輸出：電気機械，装置及び電化製品 輸入：装置及び電化製品，電子部品
主要貿易相手国	輸入：中国，日本，シンガポール 輸出：中国，米国，日本
為替レート	2005年5月より1米ドル＝7.75～7.85香港ドルの間で変動

(2) 租税協定の基礎データ

	現行租税条約	原条約等
香港 右の書簡交換は発効月です。	（署名）平成22年11月 （発効）平成23年8月 ・香港との租税協定の情報交換規定に関する書簡交換：平成27年7月	同　左
日本・香港租税協定の正式名称	「所得に対する租税に関する二重課税の回避及び脱税の防止のための日本国政府と中華人民共和国香港特別行政区政府との間の協定」	

(3) 租税協定の条文構成

第1条（対象となる者）	第2条（対象税目）	第3条（一般的定義）
第4条（居住者）	第5条（恒久的施設）	第6条（不動産所得）
第7条（事業所得）	第8条（国際運輸）	第9条（関連企業）
第10条（配当）	第11条（利子）	第12条（使用料）
第13条（譲渡収益）	第14条（給与所得）	第15条（役員報酬）
第16条（芸能人及び運動家）	第17条（退職年金及び離婚扶養料）	第18条（政府職員）
第19条（学生）	第20条（匿名組合）	第21条（その他所得）
第22条（二重課税の排除）	第23条（無差別待遇）	第24条（相互協議手続）
第25条（情報の交換）	第26条（減免の制限）	第27条（租税上の特権）
第28条（見出し）	第29条（効力発生）	第30条（終了）
議定書	交換公文（平成26年12月）	

(4) 香港の税制

法人税率	16.5%
キャピタルゲイン税	なし
外国法人支店税	16.5%

源泉徴収	配当0％，利子0％，使用料4.95％
損失の繰戻	なし
損失の繰越	無制限
個人所得税	最高税率17％
相続税・贈与税	2006年2月11日に廃止されました。

２ 租税協定の解説

(1) 日本・香港租税協定の特徴

本協定の特徴としては，次のような事項を挙げることができます。

① 日本とタックスヘイブン（香港）間の最初の包括的所得税租税条約です。
② 中国の特別行政区である香港と租税条約を締結することで，中国に対して，日本と中国本土間の日中租税条約と本協定の２本建ての形となりました（マカオとの間には情報交換規定があります。）。中国本土と香港間に租税条約がありますので，租税条約ネットワークとして，日本・中国本土・香港というトライアングル関係が形成されました。
③ G20等において確認された租税に関する情報交換の一環として，日本と香港間において実効的な情報交換として，日本側からは香港の金融機関情報等に関する情報交換が可能になりました。
④ 相互協議に仲裁の規定が入りました。
⑤ 本協定本文は，全30条の条文と議定書（８項目）から構成されています。交換公文は後日，平成26年12月に作成されています。

(2) 配当，利子，使用料の限度税率

投資所得の限度税率は次のとおりです。

投資所得	限度税率
親子間配当（持株要件：配当支払法人の議決権株式の10％６か月間を直接間接に保有する法人）	5％
一般配当	10％

利　子	政府・中央銀行等：免税 その他：10%
使用料	5％

　日本源泉の投資所得の課税は，上記の限度税率の適用となります。
　香港源泉の投資所得の課税は，上記の限度税率よりも香港の国内法の税率のほうが低いことから，香港における課税は香港の税法の規定が適用となります。

(3) 香港の租税条約網

　香港の締結している租税条約（発効順）は次のとおりです（2015年12月現在）

国・地域名	発　　効
中国本土	1998年4月（原条約） 2006年12月（第1議定書） 2008年6月（第2議定書） 2010年12月（第3議定書） 2015年12月（第4議定書）
ベルギー	2004年10月
タイ	2005年12月
ルクセンブルク	2009年1月（原条約） 2011年8月（議定書）
ベトナム	2009年8月 2015年1月（議定書）
ブルネイ	2010年12月
英　国	2010年12月
オーストリア	2011年1月 2013年7月（議定書）
アイルランド	2011年2月
ハンガリー	2011年2月
リヒテンシュタイン	2011年7月
日　本	2011年8月 2015年7月（書簡交換）

オランダ	2011年10月
ニュージーランド	2011年11月
フランス	2011年12月
チェコ	2012年1月
インドネシア	2012年3月
スペイン	2012年4月
ポルトガル	2012年6月
マルタ	2012年7月
スイス	2012年10月
マレーシア	2012年12月
メキシコ	2013年3月
ジャージー	2013年7月
クウェート	2013年7月
カナダ	2013年10月
ガーンジー	2013年12月
カタール	2013年12月
イタリア	2015年8月
南アフリカ	2015年10月
アラブ首長国連邦	2015年12月

　署名済みで未発効の租税条約は，韓国，ルーマニアです。
・タックスヘイブンである香港が締結している租税条約に注目です。

(4) 対象税目（第2条）

　香港側の対象税目は，利得税（profits tax），給与税（salaries tax），不動産税（property tax）です。利得税は，香港内における事業活動による取得した所得に課される税であり，給与税は，香港内における役務提供の対価としての給与所得に課される税です。不動産税は，固定資産税ではなく，香港内の不動産からの賃貸所得に課される税です。なお，不動産税の課税においては，経費

の実額ではなく，収入金額の20％を原則として必要経費として認めています。なお，不動産税については，日本において外国税額控除の対象とならないとこれまで取り扱われてきたようですが（渡辺淑夫『外国税額控除［改訂版］』55頁，中野百々造『外国税額控除』34頁），今後再度の検討が必要なように思われます。

なお，平成27年7月発効の書簡交換により，上記の対象税目以外に，日本の相続税，贈与税，消費税に関する情報についても交換することが義務付けられることとなりました。

(5) **適用地域（第3条第1項）**

日中租税条約は中国本土と日本には適用となりますが，香港には適用にはなりません。同様に，マカオも日中租税条約の適用外です。その原因は，それぞれ（中国本土，香港，マカオ）の税率が異なることに由来しているからです。

(6) **香港居住者に関する規定（第4条第1項(a)）**

香港の居住者については，次のように規定されています。
① 香港内に通常居住する個人（当該個人が，香港内に実質的に所在し，又は恒久的住居若しくは常用の住居を有し，かつ，香港に人的及び経済的関係を有する場合に限られます。）
② 香港内に1賦課年度（4月～翌年3月）中に180日を超えて滞在し，又は連続する2賦課年度において300日を超えて滞在する個人（当該個人が，香港に人的及び経済的関係を有する場合に限る。）
③ 香港内に事業の管理及び支配の主たる場所を有する法人
④ 香港内に事業の管理及び支配の主たる場所を有するその他の者

また，③及び④に規定のある「事業の管理及び支配の主たる場所」とは，法人又はその他の者の役員及び上級管理者が当該法人又はその他の者のための戦略上，財務上及び運営上の方針について日々の重要な決定を行い，かつ，当該法人又はその他の者の従業員がそのような決定を行うために必要な日々の活動を行う場所をいうこととされています（本協定議定書3）。また，本条に規定する双方居住者の振分け規定（第4条第2項・第3項）では，恒久的住居，重要な利害の中心，常用の住居の順序で判定し，通常の租税条約であれば，この後に国籍による判定があるが，本協定はこれがなく，最終的に権限ある当局間

の協議となっています。個人以外の双方居住者（法人等）の場合，両締約国の権限ある当局の合意により居住者とみなされる締約者を決定することになります。

(7) **恒久的施設（第5条），事業利得（第7条），国際運輸業所得（第8条），関連企業（第9条）**

これらの条項における規定は，日本の租税条約例と同様の内容です。建設工事の12か月超は恒久的施設（PE）となります。国際運輸業所得は相互免税です。移転価格課税の処分に関する期間制限が課税年度終了時から7年です。

(8) **譲渡収益（第13条）**

不動産化体株式の規定があります。金融破綻した金融機関への資金援助があった場合の株式については，源泉地国課税です。その他株式等は居住地国課税です。なお，香港は国内法により株式等の譲渡収益に対する課税はありません。

(9) **給与所得（第14条），役員報酬（第15条），芸能人等（第16条）**

短期滞在者免税は，現行OECDモデル租税条約と同じ要件です。役員報酬は，法人所在地国でも課税です。芸能人等の所得は，役務の提供地国で課税です。

(10) **退職年金（第17条），政府職員（第18条）**

退職年金は，居住地国課税，政府職員は派遣国でのみ課税です。

(11) **学生（第19条），匿名組合（第20条），その他所得（第21条）**

学生が生計，教育又は訓練のために受け取る国外源泉分は免税です。匿名組合からの所得等については，その所得源泉地において課税です。その他所得は，原則居住地国課税です。

(12) **二重課税の排除（第22条第2項）**

税額控除方式が採用されています。

⒀ 相互協議手続における仲裁規定（第24条第5項及び議定書6）

日本と香港の権限のある当局は，平成22年12月7日に仲裁手続の実施のための取決めを定めました。この協定の規定は，新日蘭租税条約に続いて2例目です。

⒁ 情報交換（第25条）

この規定により日本側から香港の金融機関情報の交換が可能になりました。

なお，平成27年7月発効の書簡交換の内容は，両政府が，次の租税に関する情報を，協定第25条の規定に従って交換することを確認するものです。

① 協定第2条の規定により協定の対象となる租税
② 次の日本国の租税（イ相続税，ロ贈与税，ハ消費税）

このイからハまでに掲げる現行の租税に加えて又はこれに代わってこの書簡の署名の日（平成26年12月10日）の後に課される租税であって，イからハまでに掲げる現行の租税と同一であるもの又は実質的に類似するものも対象になります。これまで両政府は，協定の不可分の一部を成す議定書7の規定により，上記①以外の租税に関する情報を交換することを義務付けられていませんでしたが，この書簡の交換による合意の効力発生後は，上記②の租税に関する情報についても交換することが義務付けられることとなりました。

議定書7の規定は次のとおりです。

「7 協定第25条1の規定に関し，一方の締約者は，両締約者の政府が公文の交換により合意するまでは，協定の規定の実施又は他方の締約者の法令の規定の運用若しくは執行のために協定第2条の規定により協定の対象となる租税以外の租税に関する情報を交換することを義務付けられるものではない。当該合意は，効力発生のために必要とされる各締約者の法令上の手続が完了した後に，効力を生ずる。」

⒂ 減免の制限（第26条）

所得が生ずる基因となる権利又は財産の設定又は移転に関与した者が，投資所得の限度税率，譲渡収益の居住地国課税又はその他所得の居住地国課税という特典を受けることを当該設定又は移転の主たる目的とする場合，これらの所得に対しては，これらの規定に定める租税の減免が与えられません。

❸ 日本・香港租税協定の効果

(1) 得をする香港居住者

投資所得の源泉地国における減免の効果は，次のようになります。

① 香港居住者による日本投資における投資所得に対する日本における課税は，この条約がなければ，日本の国内法の適用となるため，おおむね20％の源泉徴収となります。この条約が適用となると，上記の限度税率の適用となり，源泉地国である日本における税負担が減少することになります。

② 日本居住者による香港への投資に係る投資所得の課税は，香港が使用料所得に対して，低率の源泉徴収課税を行うのみで，配当所得，利子所得については国内法で課税がないことから，本条約の適用はないことになります。

（チェックポイント）

この租税条約により，源泉徴収の面で得をするのは，香港居住者のみで，日本居住者は，この条約の適用がなくても香港において所定の使用料所得を除いて，源泉徴収が課されることはありません。

(2) 日本が租税協定を締結した理由

日本は，投資所得の面では，香港居住者に条約上の特典を与えることになりました。日本が税収減までして本租税条約により得たものは，情報交換ではないかと推測できます。現に，平成27年7月発効の書簡交換では，情報交換の対象となる税目が拡大しています。

日本・マカオ租税協定

❶ 租税協定の基礎データ

(1) マカオの概要

地域名	マカオ　Macau Special Administrative Region (SAR) of China（マカオ特別行政区）
面　積	29.9 km^2（東京23区では板橋区が約32 km^{2}です。）
人口（万人）	58.2（2012年）
GDP（億USD）	290（2012年）
１人当たりGDP（USD）	76,588（2012年）
歴　史	1848年：ポルトガルはマカオの行政権を取得。 1888年：ポルトガルは，清朝との間で「友好通商条約」を締結し，ポルトガルのマカオに対する行政権が法的に確立。 1951年：マカオはポルトガルの海外県となりました。 1986年より返還交渉を開始。 1999年12月20日，マカオは中国に返還されました。
主要貿易相手国・地域（2012年）	輸出：香港50.19％，中国16.78％，米国6.81％，日本1.99％ 輸入：中国32.71％，香港11.58％，日本5.98％
カジノ	2012年にはカジノ産業全体の売上げは約375億米ドルに達し，ラスベガスの約４倍の規模に成長しています。
為替レート	１マカオパタカ＝0.12米ドル［2012年平均レート］ 100円＝6.6349マカオパタカ（2015年４月10日）

(2) 租税協定の基礎データ

	現行租税条約	原条約等
マカオ	（署名）平成26年３月 （発効）平成26年５月	同　左

日本・マカオ租税協定の正式名称	「租税に関する情報の交換のための日本国政府と中華人民共和国マカオ特別行政区政府との間の協定」

(3) 租税協定の条文構成

第1条（目的及び適用範囲）	第2条（管轄）
第3条（対象となる租税）	第4条（定義）
第5条（要請に基づく情報の交換）	第6条（海外における租税に関する調査）
第7条（要請を拒否することができる場合）	第8条（秘密）
第9条（費用）	第10条（相互協議手続）
第11条（見出し）	第12条（効力発生）
第13条（終了）	

(4) マカオの税制

法人税率	12%
キャピタルゲイン税	12%
外国法人支店税	12%
源泉徴収	配当0％，利子0％，使用料0％，支店送金税0％
損失の繰戻	なし
損失の繰越	3年（所定の法人）
所得税	最高税率12%
遺産税・贈与税	2001年に廃止

❷ マカオの税制の解説

(1) 税制の概要

　中国政府は，香港とマカオについては，中国本土と異なる制度を返還後50年間続けることを国際的に公約しており，税制も，中国本土，香港，マカオはそ

れぞれ異なっています。例えば，法人税率で比較すると，中国本土は25％，香港は16.5％，マカオは最高税率12％となっています。また，マカオの面積は，東京の板橋区よりも少し狭い程度です。

　マカオにおいて事業活動を行う法人及び個人は，マカオの補完税（complementary tax）の課税を受けます。マカオに施設等を有する場合は，マカオにおいて事業を行っているとみなされてその利益に対して補完税が課されることになります。したがって，外国の事業体がマカオにおいて事業活動を行う場合，又は，マカオに設備等を有する場合は，いずれも課税になります。なお，この補完税という税目は，事業所得に課される税の名称であり，法人及び個人の事業所得が課税対象となっていることから法人税と同様です。

　マカオは，香港と同様に，課税上，属地主義（territorial basis of taxation）であり，国外源泉所得に対する課税はなく，国内源泉所得のみの課税です。この方式の下では，居住者と非居住者を区別する必要性がなく，マカオにおいて課税対象となる所得は，国内源泉所得ということになります。その結果，外国税額控除等の措置はありません。

　また，譲渡収益税（capital gains tax）及び外国法人支店に対する適用税率も最高12％です。非居住者に対して支払われる投資所得に係る源泉徴収については，配当所得に対しては課税がなく，利子及び使用料所得については，マカオにおける事業活動からの所得とみなされて課税されます。

(2) 租税条約

　マカオが締結している租税条約は，対中国本土，対ポルトガル，ベルギーとアフリカの旧ポルトガル領であったカーボベルテ（Cape Verde）及びモザンビークです。また，包括的な租税条約ではない情報交換協定は，デンマーク，フェロー諸島（デンマークの自治領），アイスランド，ノルウェー，フィンランド等と締結されています。

(3) 個人の課税

　属地主義を採用しているマカオの場合，個人を居住者と非居住者に区分する意味はありません。課税対象となる所得は，自営業から生じる事業所得，雇用から生じる所得，不動産賃貸等からの所得（不動産所得）に区分され，個人に

対する譲渡収益税の課税はありません。

　不動産所得は，適用税率がその所得に対して10％，賃貸していない不動産の場合は，課税当局が査定するみなし不動産所得に対して6％の税率の課税です。

　人的役務提供所得は，給与所得と専門職としての所得に区分されていますが，適用される税率は，最高12％です。なお，遺産税及び贈与税は2001年に廃止されています。

(4) マカオ税制の特徴

　マカオの税制の特徴は，香港と同様に，軽課税国であり，タックスヘイブンといえます。また，法人税率が香港よりも低いのは，マカオの財政がカジノからの歳入に大きく依存していることがその理由です。

　マカオはその面積が狭く，製造業等の立地は難しく，重厚長大産業以外の金融等であればこの低税率を享受することが可能です。

3　日本の締結した情報交換協定

　既存の租税条約の情報交換協定等の改正を行った租税条約を除いて，情報交換協定として締結された租税条約は次のとおりです。また，これらとは別に，2011年11月に多国間租税条約である税務行政執行共助条約に署名しています（署名順です。）。

発　効	情報交換協定
2010年8月1日	バミューダ租税協定
2011年8月25日	バハマ情報交換協定
2011年11月13日	ケイマン諸島租税協定
2011年9月1日	マン島情報交換協定
2013年8月1日	ジャージー租税協定
2013年7月25日	ガーンジー租税協定
2012年12月29日	リヒテンシュタイン情報交換協定
2013年7月6日	サモア独立国情報交換協定

140　第2部　アジア諸国との租税条約

2014年5月22日	マカオ租税情報交換協定
2014年10月11日	英領バージン諸島租税情報交換協定

　また，情報交換に係る既存の租税条約の改正としては，対ルクセンブルク租税条約，対ベルギー租税条約，対シンガポール租税条約，対マレーシア租税条約，対スイス租税条約，対オランダ租税条約等があり，香港に関しては，2010年に新租税条約が締結されています。

❹　日本・マカオ情報交換協定の解説

(1)　本協定の意義

　財務省によると，本協定の意義は，租税に関する国際標準に基づく税務当局間の実効的な情報交換の実施を可能とするものであり，一連の国際会議等で重要性が確認されている国際的な脱税及び租税回避行為の防止に資することとなる，ということです。

(2)　対象となる租税（第2条）

　この協定の対象となる租税は，全ての種類の租税について適用され，両締約者の権限のある当局は，各締約者の租税に関する法令について行われた重要な改正を相互に通知することになっています。

(3)　定義（第4条）

　第4条は，定義規定ですが，同条の次の2つが対サモア，対リヒテンシュタインとの情報交換協定にない規定です。
　(q)　「犯則租税事案」とは，要請者の刑事法に基づいて訴追されるべき故意による行為に係る租税事案をいう。
　(r)　「刑事法」とは，租税に関する法令，刑法又はその他の法令のいずれに含まれるかを問わず，要請者の法令の下において刑事法として特定される全ての刑事法をいう。」
　そして本協定第12条（効力発生）の第2項において，
　「2　この協定は，双方の通知が受領された日のうちいずれか遅い方の日の

後30日目の日に効力を生ずるものとし，
(a) 犯則租税事案に関しては，対象となる犯則租税事案に係る課税年度にかかわらず，この協定が効力を生ずる日から適用し，」と規定されています。

(4) 要請に基づく情報の交換（第5条）

本協定の中心となる部分は，第5条から第7条です。

本協定に基づいて要請を受けた被要請者の権限のある当局は，次に掲げる情報を入手し，提供することになります。

① 銀行その他の金融機関及び代理人として活動し，又は受託者の資格で活動する者（名義人及び信託の受託者を含む。）が有する情報
② 法人，組合，信託，財団その他の者の所有に関する情報

なお，上記①及び②に規定する情報は，調査の対象となる行為が被要請者内において行われたとした場合にその法令の下において犯罪を構成するか否かを考慮することなく提供されることになります。

また，要請を受けた場合，次のような措置等が必要となります。

① 要請を受ける者は，保有する情報が情報提供の要請に応ずるために十分でない場合に，要請された情報を要請者に提供するために全ての関連する情報収集のための措置をとることになります。
② 要請者から特に要請があった場合，要請を受ける者は，被要請者の法令によって認められる範囲において，記録の原本の写しに認証を付した形式で，この条の規定に基づく情報の提供を行うことになります。
③ この協定は，株式公開法人又は公開集団投資基金若しくは公開集団投資計画の所有に関する情報を入手する場合に，過重な困難を生じるものまで提供する義務を課していません。
④ 要請者は，要請を受ける者に対して，調査の対象となる者を特定する事項，要請する情報に係る記述，要請する情報を必要とする課税目的等の情報を提供します。
⑤ 要請を受けた者は，要請に不備がある場合，要請者に対し，当該要請の受領の日から60日以内に当該不備を通知し，要請の受領日から90日以内に要請された情報を入手し及び提供することができない場合には，要請者に対してその旨を直ちに通知し，そのような入手及び提供が不可能である理

由，当該障害の性質又はその拒否の理由を説明することになります。

(5) **海外における租税に関する調査（第6条）及び要請を拒否することができる場合（第7条）**

　要請者からの要請があり，要請を受ける者は，租税に関する調査の適当な部分に要請者の権限のある当局の代表者が立ち会うことを認めることが規定されています。また第7条は，要請を拒否することができる条件等が規定されています。例えば，要請された情報が要請者の管轄内にあったとしても要請者の権限のある当局が要請者の法令に基づいて又は要請者の通常の行政上の慣行を通じて入手することができない場合，営業上，事業上，産業上，商業上若しくは職業上の秘密又は取引の過程を明らかにするような情報，公の秩序に反する情報等です。

(6) **秘密（第8条），費用（第9条）**

　この協定に基づき受領した情報は，秘密として取り扱うものとし，この協定の対象となる租税の賦課，徴収，これらの租税に関する執行，訴追，これらの租税に関する不服申立てについての決定に関与する者又は当局（裁判所及び行政機関を含む。）の場合，その受領した国内にあるものに対してのみ，開示することができます。また，発生した費用負担は，両締約者の権限のある当局の間で話し合われて合意されます。

日本・マレーシア租税条約

❶ 租税条約の基礎データ

(1) マレーシアの概要

国　名	マレーシア　Malaysia
面　積	33万 km² （日本の約0.9倍）
人口（万人）	2,995（2013年）
民　族	マレー系67％，中国系25％，インド系７％
言　語	マレー語（国語），中国語，タミール語，英語
宗　教	イスラム教（連邦の宗教）61％，仏教20％，儒教・道教１％，ヒンドゥー教６％，キリスト教９％，その他
歴　史	1948年：英領マラヤ連邦形成 1957年：マラヤ連邦成立 1963年：マレーシア成立 1965年：シンガポール独立
GDP（億USD）	3,035（2012年）
貿易品目（2013年）	輸出：電気製品，パーム油，化学製品，原油・石油製品，LNG，機械・器具製品，金属製品，科学光学設備，ゴム製品等 輸入：電気製品，製造機器，化学製品，輸送機器，金属製品，原油・石油製品，鉄鋼製品，科学光学設備，食料品等
主要貿易相手国（2013年）	輸出：シンガポール，中国，日本 輸入：中国，シンガポール，日本
為替レート	１リンギット＝約34.2円（2014年12月31日終値（マレーシア中央銀行））

(2) 租税条約の基礎データ

	現行租税条約	原条約等
マレーシア	（第3次条約） （署名）平成11年2月 （発効）平成11年12月 （一部改正署名）平成22年2月 （一部改正発効）平成22年12月 第26条（情報交換）のみ改正	（署名）昭和38年6月 （発効）昭和38年8月 （第2次条約署名）昭和45年1月 （同発効）昭和45年12月 平成8年12月：「マレーシアの経済開発を促進するための特別の奨励措置」交換公文
日本・マレーシア租税条約の正式名称	「所得に対する租税に関する二重課税の回避及び脱税の防止のための日本国政府とマレーシア政府との間の協定」	

(3) 租税条約の条文構成

第1条（人的範囲）	第2条（対象税目）	第3条（一般的定義）
第4条（居住者）	第5条（恒久的施設）	第6条（不動産所得）
第7条（事業所得）	第8条（国際運輸業所得）	第9条（特殊関連企業）
第10条（配当所得）	第11条（利子所得）	第12条（使用料所得）
第13条（譲渡収益）	第14条（自由職業所得）	第15条（給与所得）
第16条（役員報酬）	第17条（芸能人等）	第18条（退職年金）
第19条（政府職員）	第20条（学生・事業修習生）	第21条（その他所得）
第22条（二重課税の排除）	第23条（無差別取扱い）	第24条（相互協議）
第25条（情報交換）	第26条（外交官）	第27条（発効）
第28条（有効期限）	議定書	交換公文（平成11年2月）

(4) マレーシアの税制

法人税率	2015賦課年度は25％（2016賦課年度は24％），石油事業所得税については一律38％
不動産キャピタルゲイン税	15％

外国法人支店税	25％（2016賦課年度は24％）
源泉徴収	配当0％，利子15％，使用料10％，支店送金税0％，マレーシア国内で行われる建設等の請負代金を非居住者又は非居住法人へ支払う場合には13％（工事業者分として10％，その従業員分として3％の税率で源泉徴収されます。）。
損失の繰戻	なし
損失の繰越	無制限
個人所得税	最高税率26％
遺産税率・贈与税	なし

マレーシアの税制の特徴は次のとおりです。

① マレーシアの税法は，かつて同国が英国の海外領土であったことから，規定の内容や手続において英国の影響を受けており，隣国であるシンガポールも独立前はマレーシアの前身であるマラヤ連邦の自治領であったことから，両者の税制は類似している点が多い状況です。

② 法人の居住形態の判定は，管理支配地主義が採用されており，マレーシア国外で設立された法人であっても，その事業の管理支配がマレーシアで行われていれば居住法人とされます。

③ 居住法人であっても，特定の事業に従事する法人を除き，原則として国内源泉所得が課税対象です。

④ キャピタルゲインを課税しないという英国税法の特徴を引き継いでいますが，2010年1月1日以降，保有期間に応じ土地・建物に係る不動産及び不動産保有法人（有形資産のうち，不動産又は他の不動産保有法人の株式が75％以上である法人）の株式を売却したことによる利益については，不動産譲渡益税が課税されます。

⑤ 当期に生じた損失額の70％について，他のグループ法人への振替控除が認められるグループリリーフ制度があります。この制度は，英国の制度と類似しています。適用対象となるグループ法人は，マレーシア内国法人で，外国法人は適用外です。株式所有割合は70％で，各会社の会計年度が同一であること，及び各会社の払込済資本金額が2,500,000リンギットを超え

るものであることが要件です。
⑥ パイオニア企業,投資税額控除等の各種租税優遇措置が設けられています。
⑦ 居住者の課税所得は国内源泉所得のみです。シンガポールとは異なり,国外源泉所得は海外からマレーシアへ送金されても免税です。また,マレーシアでの勤務日数が暦年で60日以下の非居住者が受領する給与所得は原則として免税です。
⑧ 地方所得税は法人及び個人双方ともありません。

❷ 租税条約の解説

⑴ 対象税目（第2条）
日本は,所得税,法人税,住民税,マレーシアは,所得税と石油所得税です。

⑵ 適用地域（第3条,議定書5(b)）
本協定の適用地域に関して,マレーシアのラブアン島（Labuan）の問題があります。マレーシア政府は,1990年（平成2年）にラブアン・オフショア事業活動課税特例法を制定しています。この法令により,ラブアン島は,オフショア金融センター,タックスヘイブンとして有名になりました。本協定がこれらオフショア事業活動をする企業に適用になるのか否かが問題になりますが,議定書5(b)により適用にならない旨が規定されています。上記の法令の適用を受けるオフショア法人は,非課税又は法人税率の軽減を受けることになります。ちなみに,平成4年（1992年）に日本のタックスヘイブン対策税制が従来の指定国制度から,トリガー税率に改正された原因の1つが,ラブアン島のタックスヘイブン化といわれています。

⑶ 居住者（第4条）
個人の双方居住者は,OECDモデル租税条約と同様の振分け基準が適用され,法人は,両締約国の協議により振り分けられます。

(4) 恒久的施設（第5条）

建設工事等は6か月を超えると恒久的施設（PE）になります。また，課税となる代理人PEには，在庫保有代理人が含まれています。本協定にはコンサルタントに関する規定はありません。

(5) 不動産所得（第6条，議定書1）

本条第1項に規定のある農業又は林業から生ずる所得には，マレーシアにおける農場又は栽培場から生ずる所得が含まれます。

(6) 事業所得（第7条）

第1項は，帰属主義及びPEなければ課税なしが規定されています。第2項は独立企業の原則，第3項は本店配賦経費，第4項は所得と経費の按分計算，第5項は単純購入非課税の原則，第6項は所得計算方法の継続性に関する規定，第7項は投資所得に係る規定の優先適用，がそれぞれ規定されています。この条は，基本7項型です。

(7) 国際運輸業所得（第8条）

両国間において相互免税として，企業の居住地国課税となります。対象税目として，日本の事業税及びマレーシアにおいて将来課されることのある事業税類似の税が免税です。

(8) 特殊関連企業（第9条）

第2項には対応的調整が規定されています。移転価格税制の更正の期限は，原則10年，不正の場合は無期限になっています（本条第3項）。

(9) 配当（第10条），利子（第11条），使用料（第12条）

投資所得に係る限度税率は次のとおりです。

	限度税率
親子間配当（出資比率25％以上，所有期間6か月）	5％
一般配当	15％

利子	10%
利子（政府，中央銀行等の受取利子）	免税
使用料（裸用船契約による料金，著作権等の譲渡を含みます。）	10%

　マレーシアの国内法では，配当に係る源泉徴収はありませんので，マレーシア法人からの支払配当については，源泉徴収がないことになります（本条第3項）。

⑽　譲渡収益（第13条）

　不動産の譲渡収益は，不動産の所在地国課税ですが，不動産化体株式に係る規定はありません。譲渡収益の課税は，原則，源泉地国課税です。したがって，株式の譲渡収益は源泉地国課税になります。

⑾　自由職業所得（第14条，議定書4）

　医師，弁護士等の自由職業者の所得は，源泉地国に固定的施設を有する場合にその固定的施設に帰属する所得又は暦年に183日超源泉地国に滞在の場合に課税となります。なお，この固定的施設とは，独立の人的役務が行われる活動の中心で，固定的又は恒久的な性格を有するものとされています。

⑿　給与所得（第15条）

　短期滞在者免税にある183日ルールは，暦年基準です。

⒀　役員報酬（第16条）

　法人の居住地国において課税することができます。

⒁　芸能人等（第17条）

　芸能人，運動家の所得は，活動をした国で課税になります。また，その所得が，芸能法人等に受け取られる場合であっても，その活動が行われた国で課税されます。

⒂ **退職年金(第18条),政府職員(第19条,議定書2),学生等(第20条)**

退職年金は,その受領者の居住地国で課税です。政府職員の報酬は,接受国の国民等を除き派遣国でのみ課税です。退職年金は派遣国で課税になります。なお,本協定には教授条項はありません。学生,事業修習生は,生計,教育又は訓練のために国外から支払われたものは免税です。

⒃ **その他所得(第21条)**

課税の原則は源泉地国課税です。

⒄ **二重課税の排除。みなし外国税額控除(第22条,交換公文)**

みなし外国税額控除は,本条第3項,第4項及び交換公文に規定されていますが,供与期限が発効した年の後7年目の年に適用されなくなりますので,平成18年(2006年)の12月31日後に開始する各課税年度に適用できなくなりました。

⒅ **相互協議(第24条),情報交換(第25条)**

相互協議の申立て期限は3年です。情報交換は平成22年2月10日署名の議定書により改正されました。この改正は,改正前の協定では交換対象ではなかった金融機関の情報等が新たに交換の対象となりました。これは,OECDが推進してきた新しい情報交換制度に沿ったものです。

⒆ **濫用防止規定(議定書5⒜)**

この規定は,実体のない法人等を通じて本協定における課税の減免を不当に利用することが防止する目的で,そのような者には協定の特典を適用しないことが規定されています。また,上記2⑵において記述したラブアン島のオフショア法人についても租税条約の特典を両政府が合意した場合に適用しないことが規定されています。

第 3 部
大洋州諸国との租税条約

日本・オーストラリア租税条約

❶ 租税条約の基礎データ

(1) オーストラリアの概要

国　名	オーストラリア連邦　Australia
面　積	769万2,024 km² (日本の約20倍)
人口（万人）	2,391（2015年）
歴　史	1901年：豪州連邦成立
GDP（億USD）	14,427（2014年）
主要貿易相手国	輸出：中国26.1％，日本16.84％，韓国7.5％ 輸入：中国14.6％，米国13.4％，日本7.2％
主要貿易品目	輸出：鉄鉱石，石炭，個人旅行サービス 輸入：個人旅行サービス，原油，精製油
為替レート	1豪州ドル＝84.05円＝0.7010米ドル（2015年9月現在，豪州準備銀行）

(2) 租税条約の基礎データ

	現行租税条約	原条約等
オーストラリア連邦	（第2次条約） （署名）平成20年1月 （発効）平成20年12月	（署名）昭和44年3月 （発効）昭和45年7月
日本・オーストラリア租税条約の正式名称	「所得に対する租税に関する二重課税の回避及び脱税の防止のための日本国とオーストラリアとの間の条約」	

(3) 租税条約の条文構成

第1条（対象となる者）	第2条（対象となる租税）	第3条（一般的定義）
第4条（居住者）	第5条（恒久的施設）	第6条（不動産所得）

第7条（事業利得）	第8条（海上運送及び航空運送）	第9条（関連企業）
第10条（配当）	第11条（利子）	第12条（使用料）
第13条（財産の譲渡）	第14条（給与所得）	第15条（役員報酬）
第16条（芸能人及び運動家）	第17条（退職年金及び保険年金）	第18条（政府職員）
第19条（学生）	第20条（匿名組合）	第21条（その他所得）
第22条（所得の源泉）	第23条（特典の制限）	第24条（減免の制限）
第25条（二重課税の除去）	第26条（無差別待遇）	第27条（相互協議手続）
第28条（情報の交換）	第29条（外交使節団及び領事機関の構成員）	第30条（見出し）
第31条（発効）	第32条（終了）	議定書（23項目）
交換公文（3項目）		

(4) オーストラリアの税制

法人税率	30％
キャピタルゲイン税	30％（法人の場合は法人税を課税）
外国法人支店税	30％
源泉徴収	配当0％（非居住者30％），利子10％（標準税率），使用料30％（非居住者）
支店送金税	0％
損失の繰戻	1年
損失の繰越	無制限
消費税（GST）	10％
フリンジベネフィット税	47％（2014年4月以降）
個人所得税	最高税率45％（2013-2014年）
相続税・贈与税	なし

イ　居住法人の定義と課税所得の範囲

　オーストラリアでは，設立準拠法主義と管理支配地主義の併用に加えて，国外で設立された法人ですが，その事業をオーストラリア国内で営み，同法人の議決権の過半数がオーストラリア居住者により所有されている場合，当該法人は居住法人となります。居住法人の課税所得の範囲は，全世界所得です。

ロ　受取配当

　オーストラリアでは，受取配当に係る二重課税を調整するためにインピュテーション方式が採用されています。この方式は，配当支払法人の支払配当に係る法人税を受取配当の前払所得税としてグロスアップして個人の配当所得を計算し，当該個人の所得税額からグロスアップした税額を控除するものです。

ハ　石油資源使用税

　石油資源使用税は，石油，ガス等から生じた所得に対して適用される税です。その課税単位は，プロジェクトごと又は生産許可ごとに申告することになります。税率は40％で，収入金額から掘削に要した費用等を控除した額を課税の対象とします。この税の納付額は，法人所得税の適用上損金算入することができます。

2　租税条約の解説

(1)　日豪租税条約の特徴

　第2次日豪租税条約（以下「本条約」とします。）の特徴は次のとおりです。
① 　本条約は，日米租税条約をモデルとした日米租税条約追随型であるということです。
② 　オーストラリア側は，本条約適用において，外国法人である日本法人が同国内で資源開発を行い，所得を得る場合を想定しています。
③ 　本条約は，その先行例として，2001年改正の米豪租税条約，2003年改正の日米租税条約があり，これらの租税条約の延長線上にあると考えることができます。

(2)　対象となる租税（第2条，議定書1）

　本条約の対象税目は，日本が所得税と法人税ですが，オーストラリアは，所

得税と前述の石油資源使用税が対象税目に含まれています。この税目に関しては，議定書1において，「石油資源使用税」とは，1987年石油資源使用税法に基づき，石油資源の探査又は開発に関する沖合事業に対して課される資源使用税をいう，と規定されています。

(3) 居住者（第4条，議定書3，4）

本条約第4条（居住者）の第2項（個人）及び第3項（法人）に振分け規定が置かれています。議定書3において，個人の重要な利害関係の中心がある場所を決定するに当たっては，当該個人がいずれかの締約国内に常用の住居を有する事実を考慮することが了解される，という判定基準を示しています。また，法人に関しては，第4条第3項に規定する「その他関連するすべての要因」には，(a)上級管理者による日常の経営管理が行われる場所，(b)その個人以外の者の法的地位を規律する法令を有する締約国，(c)会計帳簿が保存されている場所，(d)事業が遂行されている場所，が含まれ，両国の権限ある当局は合意により締約国の決定に努めることになります（議定書4）。しかし，合意がないときは，双方の締約国の居住者に該当する者は，第26条（無差別待遇）及び第27条（相互協議手続）を除くこの条約により認められる特典を要求する上で，いずれの締約国の居住者ともされないことになります（第4条第4項）。

(4) 事業体課税（第4条第5項）

本条約は日米租税条約第4条に規定のある事業体課税と同様に規定がされています。

(5) 恒久的施設（第5条第4項及び第5項，議定書5）

本条約では，以下の場合に恒久的施設（PE）となることが規定されています。
① 建築工事現場・建設・据付けの工事に関連して源泉地国国内で行う監督活動又はコンサルタントの活動であって12か月を超える期間継続するもの
② 源泉地国内に存在する天然資源を探査し，又は開発する活動（大規模設備の運用を含む。）であって，いずれかの12か月の期間において合計90日を超える期間行われるもの
③ 源泉地国内における大規模設備の運用（②の規定に該当するものを除

く。）であって，いずれかの12か月の期間において合計183日を超える期間行われるもの

　この期間の判定に関して，関連企業の判定基準が同条第5項(c)に規定され，日数の判定は，当該企業とその関連企業の日数の合計で決定され，期間が重複する場合は一度に限り算入することになっています。また，上記③にある大規模設備に該当するものは議定書5に規定があります。

(6)　**代理人PE（第5条第7項，議定書6）**

　代理人PEにおける代理人の権限について，当該企業に代わって実質的に交渉する権限又は当該企業の名において契約を締結する権限を有し，かつ，この権限を反復して行使すること，としている点が第1の特徴です。この「実質的に交渉する」とは，一方の締約国内において代理人により交渉が行われた契約が他方の締約国内において正式に締結される場合において，当該一方の締約国内に恒久的施設があるか否かに関する疑義を排除するために規定されたものであると，議定書6に規定されています。これは，名目上の契約締結権限のみを企業が有して，従属代理人がPEになる要件を逃れることを防止するための規定といえます。また，代理人PEには，当該企業のために当該企業に属する物品又は商品を製造し，又は加工すること，という請負加工の類も含まれています。

(7)　**不動産所得条項（第6条，議定書8）**

　不動産所得の基因となる不動産には，①鉱石，石油，天然ガスその他の天然資源を探査する権利及びこれらを採取する権利，②鉱山，油田，ガス田，採石場その他の天然資源を採取・開発・探査に係る権利の対価としての支払金又はこれらの開発若しくは権利に関する支払金を受領する権利（支払金が変動制であるか固定制であるかを問わない。），が含まれています。

(8)　**事業利得（第7条）**

　第7条第9項に，信託に係る規定が置かれています。この規定によれば，所定の条件に該当する場合，信託の受託者が行う事業は，一方の締約国の居住者が他方の締約国内にある恒久的施設を通じて当該他方の締約国内で行う事業と

みなされ，かつ，当該事業からの所得のうち，当該一方の締約国の居住者の持分に対応するものは，当該恒久的施設に帰せられるものとなります。

(9) 関連企業（第9条第4項，交換公文）

移転価格課税の更正処分期限を課税年度終了時から7年以内に税務調査が開始された場合に制限する規定が置かれています。

(10) 投資所得に係る限度税率（第10条，第11条，第12条）

投資所得に係る限度税率は次のとおりです。

		旧条約	本条約
配当	親子会社間	15%	免税：持株割合80%以上 5%：持株割合10%以上
	その他		10%（REIT等からの配当は15%）
利子		10%	免税：金融機関，政府機関等 10%：その他
使用料		10%	5%

(11) バックトゥバック融資の利子（第11条，議定書15）

利子所得において金融機関の受け取る利子は，条約免税ですが，バックトゥバック融資の利子は課税となり限度税率10%です。本条約に規定する「バックトゥバック融資に関する取決め」とは，例えば，邦銀がオーストラリア国内において生じた利子を受領し，かつ，当該邦銀が当該利子と同等の利子を日本居住者である他の者（オーストラリア国内から直接に利子を受領したならば当該利子についてオーストラリアにおいて租税の免除を受けることができなかったとみられるものに限る。）に支払うように組成されるすべての種類の取決めとされています。

(12) 財産の譲渡（第13条）

不動産化体株式は，法人の資産価値の50%超が不動産により構成される場合で不動産の所在地国課税です。事業譲渡類似株式の譲渡は，発行済株式総数の

25％以上保有で譲渡株数が発行済株式総数の5％超である等の要件を満たし，かつ居住地国課税されないものは源泉地国課税となります。その他は居住地国です。

⒀　**退職年金の一時金（第17条），事業修習生（第19条）**

退職年金・保険年金は，原則，居住地国課税ですが，一時金でまとめて受領した場合は源泉地国でも課税できることが規定されています。また，事業修習者は，訓練開始日から1年以内に限り免税です。

⒁　**その他の所得（第21条）**

源泉地国においても課税できることが規定されています。

⒂　**所得の源泉（第22条）**

配当，利子，使用料，財産の譲渡，給与所得，役員報酬，芸能人及び運動家，退職年金及び保険年金，政府職員までの所得で，学生，匿名組合，その他の所得を除き，源泉地国においてこれらの規定に基づいて課税できるものは，源泉地国に所得源泉があるものとされます。

⒃　**減免の制限（第24条）**

本条第2項は，源泉地国において課税の減免を受けた所得について，個人が居住地国においても課税の免除を受けるときは，当該所得について，居住地国において課税の減免の適用がないことを規定しています。

⒄　**二重課税の排除（第25条）**

日本における外国子会社配当益金不算入制度の株式保有要件が本条約に定める規定により，株式保有割合が10％に読み替えられることになります。

日本・ニュージーランド租税条約

❶ 租税条約の基礎データ

(1) ニュージーランドの概要

国　名	ニュージーランド　New Zealand
人口（万人）	424（2013年）
民　族	欧州系74％，マオリ系14.9％，アジア系11.8％，太平洋島嶼国系7.4％，その他1.7％（2013年）
GDP（億USD）	1,917（2014年末）
主要貿易品目	輸出：酪農製品，食肉，木材 輸入：石油・鉱物燃料，機械類，車両
主要貿易相手国	輸出：中国，豪州，米国，日本 輸入：中国，豪州，米国，日本
為替レート	1 NZドル＝88.01円＝0.8621米ドル（2014年6月平均，NZ準備銀行）

(2) 租税条約の基礎データ

	現行租税条約	原条約等
ニュージーランド	（第2次条約） （署名）平成24年12月 （発効）平成25年10月	（署名）昭和38年1月 （発効）昭和38年4月 （一部改正署名）昭和42年3月 （同発効）昭和42年9月
日本・ニュージーランド租税条約の正式名称	「所得に対する租税に関する二重課税の回避及び脱税の防止のための日本国とニュージーランドの間の条約」	

(3) 租税条約の条文構成

第1条（対象となる者）	第2条（対象となる租税）	第3条（一般的定義）
第4条（居住者）	第5条（恒久的施設）	第6条（不動産所得）
第7条（事業利得）	第8条（海上運送及び航空運送）	第9条（関連企業）
第10条（配当）	第11条（利子）	第12条（使用料）
第13条（財産の譲渡）	第14条（給与所得）	第15条（役員報酬）
第16条（芸能人及び運動家）	第17条（退職年金）	第18条（政府職員）
第19条（学生）	第20条（匿名組合）	第21条（その他所得）
第22条（特典の制限）	第23条（減免の制限）	第24条（二重課税の除去）
第25条（無差別待遇）	第26条（相互協議手続）	第27条（情報の交換）
第28条（租税の徴収における支援）	第29条（外交使節団及び領事機関の構成員）	第30条（見出し）
第31条（効力発生）	第32条（終了）	議定書（18項目）

(4) ニュージーランドの税制

法人税率	28％（2011年4月以降）
キャピタルゲイン税	なし
外国法人支店税	28％
源泉徴収（非居住者）	配当30％（源泉分離の税率），利子15％，使用料15％
損失の繰戻	1年
損失の繰越	無制限
消費税（GST）	15％
フリンジベネフィット税	49.25％
個人所得税	最高税率33％（2011—2012年）
相続税・贈与税	なし

ニュージーランド（以下「NZ」とします。）内国法人が他のNZ内国法人から受け取る配当については課税となりますが，株式を100％所有するグループ法人からの配当については免税です。また，NZ内国法人が外国法人から受け取る配当も一般的に免税となりますが，配当が国外において損金算入処理されている等の所定の外国法人からの配当について2009年7月1日以後に開始となる事業年度以降課税となるように改正されています。NZにおける配当課税の特徴の1つは，インピュテーション方式を採用していることです。また，NZは，株式等の譲渡収益に対する課税がなく，また，相続税，贈与税もないことから，日本の一部の富裕層から相続税等の租税回避が行える国として注目されています。

2 租税条約の解説

(1) 本条約の特徴
本条約の特徴は，次の3点といえます。
① 日本の租税条約としては初めて恒久的施設の条項に，本格的な「みなしPE」の概念を規定したことです。これまで，コンサルタントに関する規定は恒久的施設条項にありましたが，明確な要件を定めた規定はありませんでした。
② 相互協議条項に仲裁に関する規定が創設されました。
③ 日本の租税条約としては初めての税務当局間の徴収共助（いわゆる国際的徴収システム）が導入されたことです。
　旧条約は，昭和38年に署名されたもので，利子条項及び使用料条項のない旧型の条約でしたが，今回の改正により，日本の租税条約としては新しい形の部類に入るものになりました。

(2) 対象税目（第2条，議定書2）
日本側は，所得税，法人税，復興特別所得税，復興特別法人税で，NZは所得税です。

(3) 一般的定義（第3条）

NZの地理的な範囲から，島嶼諸島のトケラウが除かれ，NZの属領で内政自治権を有しているクック諸島は特に規定されていません。

(4) 居住者（第4条，議定書3）

個人の双方居住者は，本条第2項の振分け規定，個人以外の場合は，両締約国の合意により決定されます。また，本条第5項において，日米租税条約と同様に，事業体課税に関する規定があります。なお，本条第4項(b)に規定のある「一時的滞在者」は，NZにおいて，2006年4月以降居住者となった者のことで，一度だけ最大49か月の免税を受けることができます。この場合，源泉地国では居住地国免税分に関して租税の減免等を適用しないことが規定されています。

(5) 恒久的施設（PE）（第5条，議定書4）

建設工事等は12か月の期間を超えて存続するとPEになります。また，天然資源の探査をいずれかの12か月の期間において合計90日を超える期間行う場合，その企業はPEを有し，かつ，PEを通じて事業を行っていることになります。

(6) サービスPE規定（第5条第5項）

日本の締結している租税条約において，建設工事の監督活動の条項に，コンサルタントもPEになることを規定した例はありますが，技術を教えるために滞在するコンサルタントのような者が，外国法人との契約で源泉地国に派遣されて役務提供をした場合であっても，源泉地国にPE又はこれに類する固定的施設がなければ課税関係が生じないことになります。そこで，このような者のうち，一定の要件を満たす者に対して，源泉地国においても課税できるようにするために，源泉地国においてPEを認定するいわゆるサービスPEの考え方が生まれ，実際の租税条約にもこの規定が盛り込まれるようになったのです。実際の租税条約では，米国・インド租税条約，カナダ・インド租税条約のPE条項にサービスPEの概念があり，2007年9月21日に署名された米国・カナダ租税条約第5次議定書にもこの規定が創設されています。また，2001年の「改訂・国連モデル租税条約」に規定され，2006年12月に公表されたOECDの検討試案（OECD, "The Tax Treaty Treatment of Services: Proposed Commentary

Changes"），そしてこの検討を経て，2008年7月17日に公表されたOECDモデル租税条約改訂版において，第5条（PE条項）のコメンタリー（パラ42.11以降）が改正され，サービスPEに関する説明が盛り込まれています。本条約の規定は，第1の要件が183日の物理的滞在と，その期間に，企業の積極的収入（gross active business revenues）の50％超が当該個人による他方の締約国における役務提供から生じる所得から構成されている場合です。第2要件が役務提供の期間が183日を超えるとしています。なお，本条第6項は関連する企業による活動期間を合算する規定です。

(7) 関連企業（第9条）

更正の期間制限は不正の場合を除いて，課税年度終了時から10年以内です。

(8) 配当（第10条），利子（第11条），使用料（第12条），議定書6～12

投資所得の限度税率は次のとおりです。

配当所得	親子間配当（持株要件6か月10％以上）	免税
	一般配当	15％
利子所得	免税（政府，中央銀行等）	免税
	その他	10％
使用料所得		5％

利子条項では，限度税率を10％と定め，政府等及び所定の金融機関については，条約免税とすることが定められていますが（本条第3項），利子条項第5項では，ここに規定する利子については，第3項にかかわらず，10％で課税することが規定されています。この第5項(b)の規定は，バックトゥバック融資に関するものです（議定書10）。この方式は，一般的には，両国の親会社同士が異なる通貨建てのローンを供与し，これを相手国に所在する子会社に転貸する形態ですが，この規定は，利子所得の条約免税を受けることができる金融機関を間に挟むことで租税回避を防止したものです（後述のQ&A参照）。

(9) 財産の譲渡（第13条，議定書14）

不動産化体株式の譲渡（本条第2項），破綻金融機関の株式の譲渡（本条第

3項）等の規定はありますが，原則として，株式の譲渡等は居住地国課税です。

⑽　給与所得（第14条），役員報酬（第15条）

短期滞在者免税，役員報酬の規定等はOECDモデル租税条約と同様です。

⑾　芸能人及び運動家（第16条）

芸能人等の所得は，その活動した国で課税となります。また，その所得が芸能法人等により取得される場合であっても，活動した国で課税です。

⑿　退職年金（第17条）

退職年金（受領者の居住地国における社会保障に関する法令に基づく支払を含みます。）は，その受領者の居住地国のみの課税です。

⒀　政府職員（第18条）

政府職員に支払われる報酬は，その受領が接受国の国民等を除いて，派遣国で課税となります。

⒁　学生（第19条）

専ら教育，訓練を受けることを目的とした学生，事業修習者は，滞在地国の外から支払われる教育又は訓練のための給付について滞在地国で免税となります。ただし，事業修習者は滞在地国内法における免税期間は1年です。

⒂　匿名組合（第20条）

匿名組合契約等に基づいて取得する所得等は，その源泉地国が課税することができます。

⒃　その他所得（第21条）

その他所得は，原則として源泉地国課税です。

⒄　特典の制限（第22条）

利子の免税（第11条第3項），財産の譲渡収益（第13条）に定める所得を取得

する者で，条約上の特典を享受できるのは，条約相手国の居住者のうちの本条に規定する適格要件を満たす者です。

⒅　**減免の制限（第23条）**
　条約上の特典を受けることが主たる目的である行為により生じた所得は，条約上の特典が与えられないことが規定されています。

⒆　**二重課税の排除（第24条）**
　税額控除方式が規定されています。

⒇　**相互協議（第26条，議定書16）**
　相互協議に付された事案が，協議の申立をした日から2年以内に，両締約国の権限のある当局により合意に達することができない場合，申立て者の要請により当該事案の未解決の事項は，仲裁に付託されることになります。ただし，当該未解決の事項についていずれかの締約国の裁判所又は行政審判所が既に決定を行った場合には，当該未解決の事項は仲裁に付託されません。当該事案によって直接に影響を受ける者が，仲裁決定を実施する両締約国の権限のある当局の合意を受け入れない場合を除くほか，当該仲裁決定は，両締約国を拘束するものとし，両締約国の法令上のいかなる期間制限にもかかわらず実施されることになります。なお，仲裁の手続は議定書16に規定されています。

㉑　**情報交換（第27条，議定書17）**
　金融機関の情報についても情報提供拒否について制限があります。

㉒　**租税の徴収における支援（第28条，議定書18）**
　本条は，日本の租税条約史上初めて国際的徴収システムを二国間租税条約において規定したのであり，全10項と議定書18から構成されています。

（Q&A：利子条項の内容）

Q　本条約の利子条項の内容
A　本条約第11条（利子条項）第2項は，源泉地国における限度税率を10％と

定めています。そして同条第3項において利子所得が条約免税となる場合を次のように定めています。

> 第3項　第2項の規定にかかわらず，一方の締約国内において生ずる利子であって，次のいずれかの場合に該当するものについては，他方の締約国においてのみ租税を課することができる。
> (a) 当該利子の受益者が，当該他方の締約国の政府，当該他方の締約国の地方政府若しくは地方公共団体，当該他方の締約国の中央銀行又は当該他方の締約国の政府が全面的に所有する機関である場合
> (b) 当該利子の受益者が当該他方の締約国の居住者であって，当該利子が，当該他方の締約国の政府，当該他方の締約国の地方政府若しくは地方公共団体，当該他方の締約国の中央銀行若しくは当該他方の締約国の政府が全面的に所有する機関によって保証された債権，これらによって保険の引受けが行われた債権又はこれらによる間接融資に係る債権に関して支払われる場合
> (c) 当該利子の受益者が当該他方の締約国の居住者である金融機関であって，当該利子の支払者と関連せず，かつ，当該利子の支払者と全く独立の立場で取引を行うものである場合（この条の規定の適用上，「金融機関」とは，銀行又は金融市場において資金を借り入れ，若しくは有利子預金を受け入れ，かつ，これらの資金を資金の貸付けを行う事業において利用することによってその利得を実質的に取得する他の企業をいう。）

　この第3項の規定の(a)(b)は，政府，地方政府，地方公共団体，中央銀行等の政府が全面的に所有する機関の受け取る利子及び政府系金融機関等により保証された債権等に対して支払われる利子に関して源泉地国免税を規定したものです。

　同項(c)は，ここに規定する金融機関の受け取る利子については，原則として条約免税ということになります。

　利子条項では，限度税率を10%と定め，同条第3項で政府等及び所定の

金融機関については，条約免税とすることが定められています。しかし，利子条項第5項では，ここに規定する利子については，第3項にかかわらず，10％で課税することが規定されています。この規定は，米国・ニュージーランド租税条約の利子条項と同様の規定です。

> (a) ニュージーランドにおいて生ずる利子については，当該利子の支払者が当該利子に関して認定発行者課金を支払わない場合。ただし，ニュージーランドが認定発行者課金を課さない場合，当該利子の支払者が認定発行者課金の支払を選択することができない場合又は当該利子に関して支払われるべき認定発行者課金の率が当該利子の額の2％を超える場合には，この(a)の規定は，適用しない。この条の規定の適用上，「認定発行者課金」には，ニュージーランドにおいて生ずる利子の支払者によって支払われるこれと同一の又は実質的に類似する課金であって，この条約の署名の日の後にこれに代わって制定されるものを含む。
> (b) 当該利子がバックトゥバック融資に関する取決めその他これと経済的に同等であり，かつ，バックトゥバック融資に関する取決めに類似する効果を有することを目的とする取決めの一部として支払われる場合

なお，この上記(b)については，改正条約議定書10において，「「バックトゥバック融資（back-to-back loans）」に関する取決め」とは，特に，一方の締約国の居住者である金融機関が他方の締約国内において生じた利子を受領し，かつ，当該金融機関が当該利子と同等の利子を当該一方の締約国の居住者である他の者（当該他方の締約国内から直接に利子を受領したならば当該利子について当該他方の締約国において租税の免除を受けることができなかったとみられるものに限る。）に支払うことを内容とする全ての種類の取決めをいうことが了解される。」と規定されています。

この(a)の規定は，NZ国内法において，同国から非関連の非居住者からの融資に対して利子を支払う場合，同国において課税免除となるために認定発行者の申請を課税当局に行うことになります。なお，この場合，認定

発行者は，登録された証書の金額の2％を認定発行者課金として支払う義務があります。したがって，同国においてこのスキームに外れる場合は，10％の課税ということになります。

また，(b)の規定は，バックトゥバック融資に関するものである。この方式は，一般的には，両国の親会社同士が異なる通貨建てのローンを供与し，これを相手国に所在する子会社に転貸する形態です。この改正条約の規定は，利子所得の条約免税を受けることができる金融機関を間に挟むことで租税回避を防止したものといえます。なお，日豪租税条約第11条第4項及び同租税条約議定書15にも同様の規定があります。

日本・サモア独立国租税協定

❶ 租税協定の基礎データ

(1) サモア独立国の概要

国　名	サモア独立国　Independent State of Samoa
面　積	2,830 km² (東京都の約1.3倍)
人口（万人）	190,400人（2013年）
民　族	サモア人（ポリネシア系）90％，その他
言　語	サモア語，英語
宗　教	キリスト教
歴　史	1899年：ドイツが西サモア（現在のサモア独立国），米国が東サモア（現在の米国の米領サモア）を領有 1945年：国際連合信託統治地域 1962年：独立 1997年：国名を西サモアからサモア独立国に変更
GDP（億USD）	8（2013年）
主要貿易品目	輸出：魚介類，ノニ製品，ビール，ココナッツクリーム 輸入：食料品・食肉，機械・輸送機器，製造品
主要貿易相手国	輸出：米領サモア，台湾，豪州 輸入：ニュージーランド，フィジー，シンガポール，中国
為替レート	サモア・タラ（Samoan Tala），1タラ＝42.9円（2014年3月）

(2) 租税協定の基礎データ

	現行租税条約	原条約等
サモア独立国	（署名）平成25年6月 （発効）平成25年7月	同　左
日本・サモア独立国租税協定の正式名称	「租税に関する情報の交換のための日本国政府とサモア独立国との間の協定」	

(3) 租税協定の条文構成

第1条（目的及び適用範囲）	第2条（管轄）
第3条（対象となる租税）	第4条（定義）
第5条（要請に基づく情報の交換）	第6条（海外における租税に関する調査）
第7条（要請を拒否することができる場合）	第8条（秘密）
第9条（費用）	第10条（相互協議手続）
第11条（見出し）	第12条（効力発生）
第13条（終了）	

(4) サモア独立国の税制

法人税率	課税対象総収入に対して27%
外国法人支店税	同上
キャピタルゲイン税	27%

(5) 租税協定締結の背景

　サモアは，OECDにおける「有害な税競争」におけるタックスヘイブン・リストに掲げられているように，タックスヘイブンですが，注目すべき点は，英領バージン諸島，ケイマン諸島，モーリシャスとともに，対中国直接投資の多い国として名前が列挙されていることです。対中国直接投資では，サモアとともにモーリシャスも有力な投資国となっています。

　サモアは，ケイマン諸島のように所得税或いは法人税等の税制がない国とは異なり，国内法として，所得税及び法人税等の課税がある国です。例えば，サモア居住法人は，全世界所得に対して27%の税率により課税となることから，この税制では，同国はタックスヘイブンとはいえないことになります。

　同国がタックスヘイブンとなる所以は，サモアに設立された offshore company（以下「OF社」という。）の存在です。OF社は，国外における事業活動から生じた所得についてサモアにおける課税を受けることがなく，その他のキャピタルゲイン等に対する課税もありません。また，税制以外にも，適用

となる会社法が柔軟な規定を設けていることから，OF 社をサモアに置くメリットは十分にあることになります。その結果，外国資本のダミーである OF 社がサモアに設立され，対中国直接投資に利用されているのです。

(6) 他の情報交換協定との比較

日本が締結している情報交換協定は大別して次の2つに分けることができます。

 イ サモア独立国租税協定と同型の協定
  ① マカオ租税協定
  ② 英領バージン諸島協定
  ③ マン島協定
  ④ リヒテンシュタイン協定
 ロ バミューダ協定と同型の協定
  ① 対ケイマン諸島協定
  ② 対バハマ協定
  ③ 対ガーンジー協定
  ④ 対ジャージー協定

上記イとロは，協定の前段部分の条文は類似していますが，ロは後段部分に，「課税権の配分」等の規定がある点でイの協定とは異なっています。

❷ 租税協定の解説

(1) 目的及び適用範囲（第1条）

両締約国の権限のある当局は，この協定の対象となる租税に関する両締約国の法令の運用又は執行に関連する情報の交換を通じて支援を行うことが目的です。交換される情報には，この協定の対象となる租税の決定，賦課及び徴収，租税債権の回収及び執行並びに租税事案の捜査及び訴追に関連する情報が含まれます。情報は，各締約国の法令に従うことを条件として，この協定に従い入手し，交換し，かつ，秘密として取り扱われます。この協定に基づいて被要請国が情報を入手し，及び提供するに際しては，被要請国の法令又は行政上の慣行によって当該情報を有する者に対して保障されている手続上の権利及び保護

は，引き続き適用されますが，これらの権利及び保護が実効的な情報の交換を不当に妨げ，又は遅延させる場合は除かれることになります。

(2) 管轄（第2条）
　被要請国は，その当局によって保有されておらず，かつその領域的管轄内にある者によって保有され，又は管理されていない情報については，それを提供する義務を負いません。

(3) 対象となる租税（第3条）
　この協定は，一方の締約国又はその地方政府若しくは地方公共団体のために課される全ての種類の租税について適用されます。また，各締約国の租税に関する法令について行われた重要な改正を相互に通知することになっています。

(4) 要請に基づく情報の交換（第5条）
① 被要請国の権限のある当局は，要請に応じて情報を入手し，提供するが，その情報とは，銀行その他の金融機関等が有する情報，法人，組合，信託，財団その他の者の所有に関する情報です。
② 被要請国は，保有する情報が情報提供の要請に応ずるために十分でない場合，自己の課税目的のために必要でないときであっても，要請された情報を要請国に提供するために全ての関連する情報収集のための措置をとります。
③ 要請国から特に要請があった場合，被要請国は，記録の原本の写しに認証を付した形式で，この条の規定に基づく情報の提供を行います。
④ 株式公開法人又は公開集団投資基金若しくは公開集団投資計画の所有に関する情報については，これらの情報を入手し，又は提供する義務を負わないこととなっています。
⑤ 要請国は，情報の提供を要請する際に，求める情報とその要請との関連性を示すため，被要請国に対して，調査の対象となる者を特定する事項，要請する情報に係る記述，要請する情報を必要とする課税目的，要請する情報を被要請国が保有しているか又は被要請国の領域的管轄内にある者が保有し，若しくは管理していると認める根拠，要請する情報を保有し，又

は管理していると認められる者の名称及び住所，要請が要請国の法令及び行政上の慣行に従って行われており，要請する情報が要請国の領域的管轄内にあったとしたならば要請国が要請国の法令に基づいて，又は要請国の通常の行政上の慣行を通じて当該情報を入手することができ，並びに当該要請がこの協定に従って行われている旨の記述，要請する情報を入手するために要請国が自国の領域的管轄内において利用可能な全ての手段（過重な困難を生じさせるものを除く。）をとった旨の記述，を提供します。

⑥　被要請国は，できる限り速やかに要請された情報を要請国に提供する。迅速な対応を確保するため，要請国に対し，要請の受領を書面によって確認すること及び当該要請に不備がある場合には，要請国に対し，当該要請の受領の日から60日以内に当該不備を通知することになります。また，要請の受領の日から90日以内に要請された情報を入手し，及び提供することができない場合には，要請国に対し，そのような入手及び提供が不可能である理由，当該障害の性質又はその拒否の理由を説明するため直ちに通知することになります。

(5) 海外における租税に関する調査（第6条）

被要請国は，要請国から要請があったときは，被要請国内における租税に関する調査の適当な部分に要請国の権限のある当局の代表者が立ち会うことを認めることができます。この要請に応ずる場合には，できる限り速やかに，要請国に対し，当該調査の時間及び場所，当該調査を行う当局又は職員並びに当該調査を行うために被要請国が求める手続及び条件を通知することになります。なお，租税に関する調査の実施についての全ての決定は，当該調査を実施する被要請国が行います。

(6) 要請を拒否することができる場合（第7条）

　イ　要請を拒否できる場合

被要請国は，要請された情報が要請国の領域的管轄内にあったとしても要請国の権限のある当局が要請国の法令に基づいて，又は要請国の通常の行政上の慣行を通じて入手することができない場合には，当該情報を入手し，又は提供することを要求されません。また，被要請国は，要請国の要請がこの協定に従

って行われていない場合には，支援を拒否することができます。
　ロ　営業上等の秘密
　この協定は，営業上，事業上，産業上，商業上若しくは職業上の秘密又は取引の過程を明らかにするような情報を提供する義務を課してはいません。
　ハ　公序良俗に反する情報
　被要請国は，要請された情報を公開することが被要請国の公の秩序に反することとなる場合には，情報提供の要請を拒否することができます。
　ニ　係争中の租税債権
　情報提供の要請は，当該要請を行う契機となった租税債権が係争中であることを理由として，拒否されることはありません。
　ホ　無差別的取扱いに反する情報
　被要請国は，要請国が要請国の租税に関する法令の規定又はこれに関連する要件であって，同様の状況にある要請国の国民との比較において被要請国の国民を差別するものを運用し，又は執行するために情報の提供を要請する場合には，その要請を拒否することができます。

(7) 秘密（第8条），費用（第9条）

　この協定に基づき一方の締約国が受領した情報は，秘密として取り扱いますが，この協定の対象となる租税の賦課若しくは徴収，これらの租税に関する執行若しくは訴追又はこれらの租税に関する不服申立てについての決定に関与する者又は当局（裁判所及び行政機関を含む。）には開示することができます。また，費用の負担については，両締約国の権限のある当局の間で合意されることになります。

(8) 相互協議手続（第10条）

　両締約国の権限のある当局は，この協定の実施又は解釈に関し困難又は疑義が生ずる場合には，その問題を合意によって解決するよう努めることになります。

日本・フィジー租税条約

① 租税条約の基礎データ

(1) フィジーの概要

国　名	フィジー共和国　Republic of Fiji
面　積	1万8,270 km^2（四国とほぼ同じ大きさ）
人口（万人）	88.1（2013年）
民　族	フィジー系57％，インド系38％，その他5％（2007年）
言　語	英語（公用語），フィジー語，ヒンディー語を使用
宗　教	全人口に占める割合はキリスト教52.9％，ヒンドゥー教38.2％，イスラム教7.8％
歴　史	1970年10月10日：英国より独立
GDP（億USD）	40.4（2013年）
主要貿易相手国	輸出：米国，豪州，サモア，英国 輸入：シンガポール，豪州，ニュージーランド，中国
為替レート	1フィジードル＝52.3円（2014年3月）
進出日本企業数	17社（2014年）

(2) 租税条約の基礎データ

	現行租税条約	原条約等
フィジー共和国	日英租税原条約 （署名）昭和37年9月 （発効）昭和38年4月	同　左
日本・フィジー間における租税条約適用関連文書	「連合王国が国際関係について責任を負っている若干の地域に対する租税条約の適用に関する書簡の交換の告示」昭和45年9月25日（昭和45年10月30日　外務省告示第216号） 「所得に対する租税に関する二重課税の回避及び脱税の防止のための日本国政府とグレート・ブリテン及び北部アイルランド	

| | 連合王国政府との間の条約のフィジーに対する適用に関する告示」（昭和45年10月30日　外務省告示第217号） |

(注)　フィジーとの租税条約が存続している理由は，日英租税原条約第22条に日英租税条約の適用拡大に関する規定があり，交換公文により次の地域にこの日英租税原条約が基本的に適用されることになりました（「連合王国が国際関係について責任を負っている若干の地域に対する租税条約の適用に関する書簡の交換の告示」昭和45年10月30日，外務省告示第216号）。
　①　英領バージン諸島（昭和50年9月6日，外務省告示第188号）
　②　フィジー（昭和45年10月30日，外務省告示第217号）
　③　モントセラット（昭和45年12月15日，外務省告示第257号）
　④　セイシェル（昭和50年10月18日，外務省告示第222号）
　日英租税条約が改正されて第2次日英租税条約が発効後も，日英租税原条約の適用地域拡大の規定は有効でしたが，セイシェルの適用終了（昭和57年12月21日，外務省告示第447号）の告示があり，平成12年6月21日に日本国政府は英国政府に対し，日英租税原条約の適用拡大地域とされていた英領バージン諸島及びモントセラットに対する同条約の適用を終了する旨の通告をしたことにより，平成13年1月1日以後に開始する各課税年度の所得及び各賦課年度の租税について日英租税原条約はこれらの地域に対してその効力を失うことになりました。結果として，通告の対象外であったフィジーに対する日英租税原条約の適用が継続したのです。

(3)　租税条約の条文構成

第1条（対象税目）	第2条（定義・居住者・恒久的施設）	第3条（事業所得）
第4条（特殊関連企業）	第5条（国際運輸業所得）	第6条（配当所得）
第7条（利子所得）	第8条（使用料所得）	第9条（譲渡収益）
第10条（自由職業所得・給与所得・芸能人等）	第11条（政府職員）	第12条（退職年金）
第13条（教授）	第14条（学生）	第15条（個人居住者の権利）
第16条（所得源泉）	第17条（二重課税の排除）	第18条（プリザベーション・クローズ）
第19条（情報交換）	第20条（相互協議）	第21条（無差別取扱い）
第22条（適用拡大）	第23条（発効）	第24条（終了）

(4) フィジーの税制

法人税率	20%
キャピタルゲイン税	10%
外国法人支店税	20%
源泉徴収	配当15%，利子10%，使用料15%
付加価値税	15%
フリンジベネフィット税	20%
個人所得税	最高税率29%
相続税・贈与税	なし

(5) 外務省告示第216号による修正

① フィジーの対象税目は，普通税及び付加税，基本税及び配当税です。

② フィジーについては，第6条（親子間配当10%，一般配当15%）及び第7条（利子10%）の規定は適用されません。したがって，配当，利子に係る限度税率の適用はなく，使用料（第8条）の限度税率10%のみが適用されます。

第4部
米州諸国との租税条約

日本・米国租税条約

❶ 租税条約の基礎データ

(1) 米国の概要

国　名	アメリカ合衆国　United States of America
面　積	963万 km^2（50州・日本の約25倍）
人口（万人）	30,875（2010年）
主要貿易相手国	輸出：カナダ，メキシコ，中国，日本，英国 輸入：中国，カナダ，メキシコ，日本，ドイツ
GDP（億USD）	174,189（2014年）
為替レート	1米ドル＝117.74円（2016年1月12日）

(2) 租税条約の基礎データ

	現行租税条約	原条約等
アメリカ	第3次条約 （署名）平成15年11月 （発効）平成16年3月 （一部改正署名）平成25年1月 （一部改正発効）（未発効）	（署名）昭和29年4月 （発効）昭和30年4月 第2次条約 （署名）昭和46年3月 （発効）昭和47年7月
日本・米国租税条約の正式名称	「所得に対する租税に関する二重課税の回避及び脱税の防止のための日本国政府とアメリカ合衆国との間の条約」	

　　（注）　日米間には，上記の所得税租税条約以外に後述する日米相続税・贈与税租税条約があります。

(3) 租税条約の条文構成

第1条（一般的範囲）	第2条（対象税目）	第3条（一般的定義）
第4条（居住者）	第5条（恒久的施設）	第6条（不動産所得）
第7条（事業所得）	第8条（国際運輸業所得）	第9条（特殊関連企業）

第10条（配当所得）	第11条（利子所得）	第12条（使用料所得）
第13条（譲渡収益）	第14条（給与所得）	第15条（役員報酬）
第16条（芸能人等）	第17条（退職年金）	第18条（政府職員）
第19条（学生）	第20条（教授）	第21条（その他所得）
第22条（特典制限条項）	第23条（二重課税の排除）	第24条（無差別取扱い）
第25条（相互協議）	第26条（情報交換）	第27条（徴収共助）
第28条（外交官）	第29条（条約改正協議）	第30条（発効）
第31条（終了）	議定書	交換公文

(4) 米国の税制

法人税率	35％（州所得税の課税は州により異なる。）
選択的ミニマム税	20％
源泉徴収	配当・利子・使用料（非居住者への適用税率：30％）
損失の繰戻	2年
損失の繰越	20年
州所得税	0～13％
州売上税	州により異なります。
個人所得税	最高税率39.6％（2014年）
遺産税・贈与税	最高税率40％（相続税を課す州もある。）

2 租税条約の解説

　第3次条約は、平成25年に一部改正されていますが、改正議定書に関して米国議会の手続が終了していませんので、現在、未発効の状況です。平成25年度の改正事項は、親子間配当要件緩和、利子所得原則免税、仲裁制度及び徴収共助制度新設等、教授条項の削除等です。したがって、以下は、第3次日米租税条約の解説です。なお、第3次日米租税条約については、拙著『解説 改正租税条約』（平成19年　財経詳報社）に、平成25年改正については、拙著『改正租

条約のすべて』（平成25年　財経詳報社）にそれぞれ解説があります。

(1) 一般的範囲（第1条）

　第1項は，租税条約の適用対象となる人的範囲として，一方又は双方の締約国の居住者であることを規定しています。第2項は，租税条約よりも国内法が有利な場合はそちらが適用されるというプリザベーション・クローズを規定したものです。第3項は，「サービスの貿易に関する一般協定」との適用関係等を規定しています。第4項は，米国が締結する租税条約の特徴であるセービングクローズの規定です。このセービングクローズは，米国市民が条約相手国の居住者になる場合であっても，当該市民に対して租税条約上の課税の減免を適用せずに米国国内法どおり確保しようとする旨を規定したものです。

(2) 対象税目（第2条，議定書1）

　日本は，所得税と法人税，米国は，連邦所得税で，州税及び社会保障税は対象外です。

(3) 一般的定義（第3条）

　本条約適用対象地域は，米国の場合50州とコロンビア特別区です。

(4) 居住者（第4条）

　米国市民権を有する個人はその住所にかかわらず米国で全世界所得課税ですが，本条第2項に市民権課税と居住者の関連が規定され，米国市民であっても日本居住者である個人は，条約適用上，日本居住者となります。なお，個人はOECD基準により振り分け，法人は協議により振り分けられます。本条第6項には，両国において取扱いが同一でない事業体（LLC，パートナーシップ）についての適用関係の規定があります。

(5) 恒久的施設（第5条）

　建設工事等は12か月を超える恒久的施設（PE）となります。また，代理人PEには，在庫保有代理人，注文取得代理人は含まれません。

(6) 事業所得（第7条，議定書4，交換公文2）

本条の各項は，第1項帰属主義，第2項独立企業の原則，第3項本店配賦経費，第4項所得配分によりPE利得の算定，第5項単純購入非課税の原則，第6項所得計算の継続性，第7項他の規定との関係，です。特に他の租税条約と変わった点はありません。

(7) 国際運輸業所得（第8条）

この所得は，相互免除で居住地国でのみ課税です。免税対象税目には，日本側は住民税及び事業税，米国側は住民税類似及び事業税類似の税が追加されています。国際運輸業所得には，付随的な裸用船料，コンテナ及びその運送のための関連設備の使用，保持又は賃貸から取得する利得も含まれます。

(8) 特殊関連企業（第9条，議定書5，交換公文3）

米国の移転価格税制に係る財務省規則（§1.482-1(d)）では，この比較可能性の要素として，①機能分析，②契約条件，③危険，④経済的条件，⑤財産又は役務，の5つを挙げている。議定書5に掲げられている要因は，上述の米国財務省規則の規定とほぼ類似しているといえる。ここに掲げられた要因は，日米ともに共通の認識としてこの議定書において確認されたものと思われる。また，交換公文は，OECD移転価格ガイドラインを尊重することを両国が確認したものである。

(9) 配当所得（第10条，議定書6，7），利子所得（第11条，議定書8，交換公文5），使用料所得（第12条）

以下は，現行租税条約と平成25年改正（未発効）の限度税率です。

	現行租税条約	平成25年改正（未発効）
特定の親子間配当	源泉地国免税0％	免税要件改正（50％超⇒50％以上）
親子間配当	5％	同左
一般配当	10％	同左
利子所得	10％	0％，10％
使用料所得	源泉地国免税0％	同左

平成25年改正（未発効）では，利子所得条項が全面的に改正され，現行租税条約第11条の第3項，第4項及び第10項が削除されています。また，交換公文5も削除されています。また，議定書8はレポ取引に係る規定です。

(10) 譲渡収益（第13条）

原則として居住地国課税ですので，株式等の譲渡収益は居住地国で課税ということになりますが，源泉地国課税の例として，本条第2項には不動産化体株式，第3項には国から金融支援を受けた金融機関の株式の譲渡収益に係る規定があります。

(11) 給与所得（第14条，議定書10）

給与所得についてはOECDモデル租税条約と同様の規定です。議定書10はストックオプションに関する規定です。

(12) 役員報酬（第15条）

役員報酬は，法人の所在地国で課税できるのですが，日米間で役員に関する解釈に相違があったことから，平成25年改正（未発効）では，正文の英語表記には改正せずに，日本語訳が「取締役の構成員の資格」という文言に改正されています。

(13) 芸能人等（第16条）

芸能人等の活動した国において課税であること，芸能法人等がその所得を取得する場合であっても源泉地国課税となります。また，報酬が年間10,000ドルまでは源泉地国免税です。

(14) 退職年金（第17条）

退職年金，保険年金は，その受領者の居住地国で課税となります。離婚に伴う手当については，米国から日本に支払うと，米国（所得控除），日本（非課税）ですが，日本から米国に支払うと，日本（所得控除不可），米国（課税）ということになりますので，当該支払金額が所得計算上控除できない場合は，双方の締約国で課税できないことを定めています。

⒂ **政府職員（第18条）**

接受国の国民である場合を除いて，政府職員の報酬は，派遣国で課税です。

⒃ **学生（第19条）**

学生及び事業修習者が，生計，教育又は訓練のための国外から受け取る金銭等はその滞在地国で免税です。事業修習者の免税期間は1年です。

⒄ **教授（第20条）**

条約相手国にある大学等の教育機関において，教育又は研究を行うためにその国に一時的に滞在する個人で，その本国において租税条約上の居住者である場合，その教育等により取得する報酬について，条約相手国に到着した日から2年間，その条約相手国の課税が免除されます。なお，この規定は，平成25年改正（未発効）では削除されています。

⒅ **その他所得（第21条，議定書13）**

その他所得は居住地国課税です。議定書13では，(b)では，条約のいかなる規定も，日本が，匿名組合契約等に基づいて支払う利益の分配でその者の日本国における課税所得の計算上控除されるものに対して，国内法に従って，源泉課税することを妨げるものではないとしています。これは，平成14年度の国内法の改正を有効にするための規定です。本条約では匿名組合に関する規定は，議定書に規定されていましたが，最近の日本の租税条約例では，条約本文に匿名組合の規定があります。

⒆ **特典制限条項（第22条）**

第22条は，租税条約の不正利用防止のための規定です。第1項は，租税条約上の特典を受ける居住者とみなされる者の通則的な規定と適格居住者の個別規定です。第2項は，第1項の適格居住者に該当しない者に対して，当該者が取得する所得に要件を課してその状況に応じて特典を享受する資格を与えることを規定したものです。この項は，第1項の適用対象外となる者が取得する所定の所得により適格者を定めた規定であり，第1項の代替的な機能を持つものです。第3項は，源泉徴収に関する規定です。第4項は，第1項及び第2項の規

定により租税条約上の特典を与えられなかった一方の締約国の居住者に対する権限ある当局による救済規定です。この項は，第1項及び第2項に定める判定基準に該当しない者に対して，最終的な判定を権限ある当局の裁量とした最終的な救済規定です。

第5項は，第22条に規定する公認の株式取引所等を定義した規定です。

⒇ 二重課税の排除（第23条）

本条は，この条約の規定に従って他方の締約国において課された租税は，当該締約国の源泉から生じたものとみなすという所得源泉に係る規定があります。

第1項(b)により日本の外国子会社配当益金不算入制度の株式保有要件は10%になります。

㉑ 相互協議（第25条）

平成25年改正（未発効）では仲裁規定が創設されました。この仲裁規定は，移転価格税制の適用を受けて，対応的調整を租税条約に基づく相互協議として両国間で行った場合に，合意に達しないことがあることから，納税義務者に対する次の救済手段として1990年ごろから検討されてきた事項です。その主たる効果としては，移転価格税制の適用を受けた者に対する救済手段が拡大したことです。そして，相互協議の申立てをした日から2年以内に，両締約国の権限のある当局が合意に達しない場合，当該事案の未解決の事項は仲裁に付託されることになるということです。これは，相互協議にデッドラインを設けたもので，相互協議が促進される効果を持つことになります。

㉒ 情報交換（第26条）

日米間では，本条約以外に2012年（平成24年）6月に金融庁，財務省，国税庁は，米国の財務省とともに，「米国の外国口座税務コンプライアンス法（FATCA）実施の円滑化と国際的な税務コンプライアンスの向上のための政府間協力の枠組みに関する米国及び日本による共同声明」を発表しています。これは，日本の金融機関が米国人等の口座情報を米国財務省に報告するということです。また，平成25年改正（未発効）において，本条第1項及び第4項が改正され，第5項は2003年交換公文8から移項されています。

⑵ 徴収共助（第27条）

国際的徴収共助に係る規定が平成25年改正（未発効）において創設されました。日本の租税条約例では対ニュージーランド租税条約に次いで2番目の改正です。

③ 改正議定書の米国議会における動向

(1) 改正議定書の動向

現行日米租税条約は平成25年1月に，一部改正された内容の議定書が署名されました。日本側は，既に平成25年中に議会手続を終了しています。米国は日本のように議会の両院の承認ではなく，条約は上院の承認を得ることになっていますが，米国では，署名した租税条約に関しても議会の承認待ちの状態が続いているようです。特に今回の改正議定書の焦点の1つは，利子所得の原則として源泉地国免税，免税となる配当の要件の緩和等です。したがって，この改正議定書の発効を待ち望む声が多いのです。さらに，今回の改正は，相互協議における仲裁等の新しい規定を含む内容であることから，多くの者が適用のタイミングに注目しています。

(2) 米国側の動向

問題は米国側の議会手続の遅れの原因です。現条約の場合は，署名日が2003（平成15）年11月6日で，発効日が2004（平成16）年3月30日と，わずか半年に満たない期間に発効して，源泉徴収に係る条約の適用は，2004年7月から適用されました。

これに比べて，改正議定書は，ほぼ2年間店ざらしの状況です。その原因は，米国のR上院議員の反対といわれています。R議員は共和党から大統領候補として名乗りを上げています。R議員は，上院議員に2010年に当選後，租税条約の発効にはことごとく反対しているため，米国では，署名が済んだ租税条約が議会手続を待つ状態が続いています。

R上院議員が反対している理由は，租税条約に規定する情報交換規定の適用であり，条約相手国が米国の税務情報に租税条約に基づいてアクセスできるようになることに反対ということです。

米国では，外国との条約は，米国上院（議員数100名）の3分の2の賛成を得れば，議会が承認したことになりますが，全員賛成を慣行としているようです。そのため，強硬な反対者がいると，条約の承認手続は停滞せざるを得ないようです。

(3) 米国上院委員会の動向

　米国上院の外交委員会（Senate Foreign Relations Committee）が条約の審議を行うのですが，同委員会は，2011年6月（第112議会）に，ハンガリー，ルクセンブルクとスイスとの租税条約を承認しましたが，本会議において前出のR上院議員の反対にあい上院の承認が得られず，続く第113議会においても，チリとの租税条約，スペイン及びポーランドとの改正議定書が同様にR上院議員の反対にあったことから，第114議会において委員会で再度審議するように差し戻しされたのです。要するに，上院委員会を条約案が通過してしても，本会議等で決議承認されず，委員会差し戻し等の措置となっていることから，このままの状態が継続するものと思われます。

　2015年4月27日付で米国国務省が公表した米国上院において上院議会の承認待ち等をしている条約数は38あり，そのうち，租税条約関連は6あります。6の内訳は，①ルクセンブルク，②スイス，③税務行政執行共助条約改正議定書，④スペイン，⑤ポーランド，⑥日本です。

(4) 改正議定書上院へ

　改正議定書が動き始めた理由は，2015年4月末から安倍首相が米国を公式訪問することが決まったため，オバマ大統領が上院に改正議定書の承認を求めたのです。
　改正議定書が上院に送られるまでの経緯は次のとおりです。
① 2014年2月6日に米国国務省は改正議定書をホワイトハウス・大統領宛てに送付しました（Letter of Submittal）。
② 2015年4月13日にホワイトハウスは米国上院に改正議定書を送付しています（Letter of Transmittal）。

　手続としては，米国側は外交委員会と米国上院本会議の承認後に，大統領の署名が終わると，日本と批准書の交換が行われて改正議定書は発効することに

なります。例えば，2015年の秋に発効したとすると，その適用は，2016年1月からということになりますが，現状では，改正議定書の適用時期については，不透明な状態といえます。

上記の日付からも明らかなように，改正議定書がホワイトハウスに送られるまでに，約1年が経過し，ホワイトハウスが上院に送るのにさらに1年余が経過しています。したがって，改正議定書が上院に送られたことは以前よりも半歩程度の前進ですが，その手続は，安倍首相の公式訪問に間に合わなかったのです。今後の見通しは今のところ不明ということになります。

このように，米国議会（上院）における租税条約承認手続のパイプが詰まった状態が続くと次のような問題が生じます。

その1は，OECDにより提唱されたAOA導入です。日英租税条約は既にその改正を終えています。日米租税条約は，その意味で後れをとっているのです。

第2は，OECDのBEPSにより提唱されている租税条約改正について，米国議会の手続の遅れのような事態になった場合，BEPSの活動契約の実施の障害になるのではないかということです。

(5) 米国のFATCAの影響

米国の外国口座税務コンプライアンス法（Foreign Account Tax Compliance Act：FATCA）という法律は2010年3月18日にオバマ大統領の署名により成立した法案（H. R. 2847：the Hiring Incentives to Restore Employment Act）の一部です。

この法律には，2つのポイントがあります。第1は，外国金融機関に対して米国人口座の情報を米国財務省に報告することにしたことです。わが国も2012年（平成24年）6月21日に金融庁，財務省，国税庁が，米国の財務省とともに，「米国の外国口座税務コンプライアンス法実施の円滑化と国際的な税務コンプライアンスの向上のための政府間協力の枠組みに関する米国及び日本による共同声明」を発表してこの制度に協力しています。第2は，課税年度中に個人が外国に50,000ドルを超える資産を有する場合，米国における納税申告書に，銀行口座の場合には金融機関名及びその所在地，証券等の場合には発行者名とその所在地等の書類を添付する義務を課しています（内国歳入法典第6038D条）。

上記の第2の点が，日本の国外財産調書の先例となったものと思われますが，

富裕者数では、米国が世界1位と日本が2位であり、富裕層の国外財産の把握には課税当局が苦心している状況は、日米共通です。

2014年（平成26年）FATCA施行段階で、約100か国が協力することになりました。預金者の秘密保護で有名であったスイスが、2013年（平成25年）9月に、FATCAに関する協定を批准しています。その背景には、2013年1月に、スイスのプライベートバンクであるウェゲリンが米国において脱税のほう助をしたとして多額の罰金を科せられ廃業に追い込まれたこと等があり、スイスはこのFATCAに係る協定の批准をすることで、米国に対して預金者の秘密保護の一部を既に放棄したのです。

また、FATCA実施の際に、欧州においてこれを推進した英国、フランス、ドイツ、イタリア、スペインが、2013年4月9日に多国間情報交換協定に合意し、欧州委員会に対して共同書簡を提出しています。この5か国税務情報交換協定が、2014年5月にパリにおけるOECD閣僚理事会で採択された「租税に係る金融情報の自動交換の宣言」のベースになったものと思われます。

(6) 米国の情報交換協定

OECD情報交換モデル租税条約制定以前から独自にタックスヘイブンと情報交換協定を締結していたのは米国です。米国は、1980年代に租税条約のタックスヘイブン等への適用拡大を終了しています。この租税条約の適用拡大とは、締結している租税条約をその条約相手国の海外領土等に適用を拡大するものですが、その結果として、その海外領土等がタックスヘイブンである場合、そのタックスヘイブンが租税条約のネットワークに入ることになります。例えば、タックスヘイブンA国と先進諸国B国と租税条約が締結されているとします。B国に投資を行う企業は、A国に子会社等を設立し、B国における租税条約に基づく課税の減免と、A国における無税又は低税率の課税という2つの恩典を享受するという租税回避を行うことになります。しかし、他方において、タックスヘイブンにある自国の納税義務者等の税務情報は有用であると先進諸国の課税当局は考えています。このギャップを埋めるのが、情報交換に特化した情報交換協定です。

米国はOECDの活動に先駆けてこの種の情報交換に関して、主として米国と租税条約を締結していないタックスヘイブン国等（主としてカリブ海諸国）

を対象として情報交換協定の締結を1983年から開始しています。この背景には，米国の置かれている地理的条件がありました。すなわち，米国から近いカリブ海にタックスヘイブンが多く存在したことから，米国納税者がこれらのタックスヘイブンを多用したからです。

　米国は，観光収入に多くを依存しているカリブ海諸国の弱みを突いて，米国企業の会議をこれらの諸国で開催した場合の旅費について，通常要する費用ではないとして，この旅費を税法上損金不算入としていましたが，情報交換協定を締結した国を米国国内とみなすことで会議の旅費を損金算入としました。これにより，カリブ海諸国は，米国企業の会議を誘致することができる一方，米国に対して税務関連情報の提供を義務付けられることになりました。したがって，米国は，OECDの活動に先立って，タックスヘイブン国等と有効な情報交換の手段を確立していたことになります。

　米国が締結している情報交換協定は，アンティグア（2001年），バハマ（2002年），バルバドス（1984年），バミューダ（1988年），ケイマン（2001年），コスタリカ（1989年），ドミニカ（1989年），ドミニカ共和国（1989年），グレナダ（1987年），ガイアナ（1992年），ホンジュラス（1990年），ジャマイカ（1986年），マーシャル諸島（1991年），メキシコ（1989年），ペルー（1990年），セントルシア（1987年），トリニダードトバゴ（1989年）等です。

　このうち，米国・バルバドス情報交換協定の概要は次のとおりです。

第1条：対象税目	第2条：諸定義	第3条：情報交換
第4条：相互協議手続と費用	第5条：協定のその他の適用	第6条：発効
第7条：終了		

　この情報交換協定の主たる条項は第3条ですが，各条項の概要は次のとおりです。

　第1項において，双方の締約国の権限ある当局は，一方の締約国の居住者又は国民にかかわらず情報交換できることが規定されています。

　第2項では，要請を受けた締約国は，最大限の努力を払いこの要請に対応する義務を負うとしています。なお，この提供する情報には金融機関からの情報が含まれます。

　第3項では，特別な要請の場合，要請を受けた国は，証明を付した原資料の

写しの提供に努力をしなければなりません。

第4項は，通常の租税条約における情報交換条項における制限に係る規定とほぼ同様の内容です。

第5項は，要請を受けた国の裁量により，第4項により制限された情報について取得し，送付することができることを規定しています。

第6項は，情報を受領した国の守秘義務に関する規定です。

(7) 技術的説明書の公開

2015年（平成27年）10月29日付で，改正議定書（平成25年1月署名：未発効）に関する米国側の対議会用説明資料である「技術的説明書」（Technical Explanation）が米国財務省のHPにアップされました。改正議定書の解釈において，この「技術的説明書」（以下「説明書」とします。）は重要な資料であることから，以下では，その要点を検討します。

説明書によるポイント

(イ) 利子（第11条）

利子条項（第11条）は，第3次条約が第11項を規定しているのに対して，改正議定書は全7項となり全文が改正されていますが，改正部分は，第1項及び第2項(a)のみで，他は，現条約からの条文の組み替えです。

本条項に関する改正のポイントは，第1項において源泉地国免税を規定し，第2項に限度税率10%の対象となる(a)(b)を規定したことです。

第1項において源泉地国免税となる利子は，「他方の締約国の居住者が受益者である利子」と規定されていますが，説明書では，受益者は条約上の定義がないことから源泉地国の国内法により定義されるとしています。そして，利子の受益者とは，源泉地国の法令の下で所得が帰属（attributable）する者がこれに該当し，名義人或いは代理人は除かれています。

しかし，利子の受益者判定上，導管となる事業体の利子については特例措置があり，説明書では次のような例を挙げて説明しています。

日本居住法人FCoが，日本で設立された組合FP（説明書ではpartnershipと表記）の50%の持分を有しています。FPは，米国源泉の利子を受領しました。日本の国内法では，FPは構成員課税です。FPを通じてFCoが受領した所得の種類と源泉地は，当該所得をFCoが直接取得したものとして決定します。

この場合，第3次条約第4条第6項に規定のある「課税上の取扱いの異なる事業体の課税関係」の条項が適用となり，第4条第6項(a)或いは(c)の規定により，構成員課税となる事業体の日本構成員は，条約適格者ということになります。

この例にコメントしますと，所得源泉地は米国であることから，米国の国内法により受益者の判定を行うことになります。米国には，利子の受益者に関する判例としてエイキン事案（Aiken Industries, Inc. v. Commissioner, 56 TC 925（1971））があります。

(ロ) 譲渡収益（第13条）

日本は，第3次条約（現条約）改正（平成16年発効）に不動産化体株式の規定が創設されたことを受けて，平成17年度税制改正において「不動産関連法人株式の譲渡の課税」の規定を創設しています。

改正議定書により第13条では，第2項が新設され，「他方の締約国内に存在する不動産」に，当該他方の締約国が合衆国である場合には，米国不動産持分（United States real property interest）が規定されました。この用語は，内国歳入法典第897条(c)に定義されています。

この米国不動産持分には，米国所在の不動産（米領バージン諸島分を含む。）と米国不動産保有法人（U.S. real property holding corporation）の株式も含まれます。この米国不動産保有法人の判定は，次の算式（①÷②）の結果が50％以上であることが要件となっています（内国歳入法典第897条(c)(2)）。

① （分子）：米国不動産持分の時価
② （分母）：米国不動産持分の時価＋米国国外不動産持分の時価＋事業用資産の時価

なお，米国不動産保有法人の判定において，株式処分前の5年間のいずれかの時点において上記の割合が50％以上である場合，米国不動産保有法人に該当することになることに留意が必要です（米国内国歳入法典第897条(c)(1)(A)(Ⅱ)）。米国が所得源泉地国となる場合，上記の米国国内法の適用を受けることになります。

(ハ) 役員（第15条）

第3次条約の正文である英文と日本側の訳文は次のように規定しています。

「Directors' fees and other similar payments derived by a resident of a Contracting State in his capacity as a member of the board of directors of a

company which is a resident of the other Contracting State may be taxed in that other Contracting State.」
（日本文）
「一方の締約国の居住者が他方の締約国の居住者である法人の役員の資格で取得する役員報酬その他これに類する支払金に対しては，当該他方の締約国において租税を課することができる（筆者下線）。」

そして，改正議定書により，第15条は上記の英文表記に変更はなく，日本文表記が次のように改正されました。

「一方の締約国の居住者が他方の締約国の居住者である法人の取締役会の構成員の資格で取得する報酬その他これに類する支払金に対しては，当該他方の締約国において租税を課することができる（筆者下線）。」

この上記の改正について，説明書は，日本側の事情による改正であると述べています（The restatement was necessary in order to provide an opportunity to correct an error in the Japanese language text of the existing Convention.）。

さらに説明書では，以下に掲げる改正日米租税条約交換公文3に第15条について両国間に2つの了解事項があり，それが規定されているとしています。

① 一方の締約国の居住者が法人の取締役会の構成員として役務を提供しない場合には，当該居住者の役職又は地位にかかわらず，同条の規定は，当該居住者が取得する報酬について適用しないことが了解される。

② 法人の取締役会の構成員が当該法人における他の職務（例えば，通常の被用者，相談役又はコンサルタントとしての職務）を兼ねる場合には，同条の規定は，当該他の職務を理由として当該構成員に支払われる報酬について適用しないことが了解される。

㈡ 相互協議（第25条）における仲裁

改正議定書により第25条第5項から第7項までに仲裁の規定が創設されました。この仲裁手続とは，条約の規定に適合しない課税を受けた事案に係る相互協議手続において，両国の税務当局間の協議により2年以内に事案が合意に至らない場合，納税義務者からの要請に基づき，第三者から構成される仲裁委員会の決定（仲裁決定）に基づいた事案の解決を行う手続のことです。また，改正議定書第14条により，第3次条約議定書の第14条が改正され，仲裁に関する

事項が規定されています。
   a 仲裁の性格と位置付け
第25条に規定された仲裁は，次のような性格と位置付けです。
① この仲裁は強制的拘束力のある仲裁（mandatory binding arbitration）です。
② 仲裁の規定は，相互協議手続に規定された権限ある当局間の協議の延長です。
   b 仲裁の対象となる事案
仲裁の対象となる事案は，次のとおりです。
① 無差別取扱い条項（第24条）第1項の国籍無差別の規定に抵触する課税を受けた者
② 権限ある当局が事案解決のための合意に至らなかった場合
③ 第5項から第7項までに規定された条件を満たす場合

なお，改正後の2003年議定書14(a)に規定する課税を受けた状態とは，租税の納付，査定及びその他更正の通知或いは米国では税務調査終了後調査官から調査結果としての追徴税額，加算税等の記載のある30日レターのような追徴案が発出される場合です。

また，2013年交換公文4において，租税の徴収手続が停止される場合，一方又は双方の締約国の措置により条約の規定に適合しない課税を受けたか否かの判断に影響を及ぼさないことが規定されています。

   c 仲裁の対象とならない事案
仲裁の対象とならない事案に係る規定は，第25条第6項です。
   d 仲裁手続等
現在，日本は，既に締結している租税条約において，①対オランダ租税条約，②対香港租税条約，③対ポルトガル租税条約，④対ニュージーランド租税条約，⑤対英国租税条約，⑥対スウェーデン租税条約に仲裁が規定され，それぞれに仲裁に関する具体的な詳細を定めた「仲裁に関する実施取決め」が定められています。また，仲裁の要請を行う書類として，国税庁は「仲裁要請書」を定めています。上記以外の未発効の締結済租税条約は，⑦日米租税条約，⑧日独租税条約，⑨日本・チリ租税条約です。
  (A) 米国における「開始日」の解釈

「開始日」は，その日から2年以内に相互協議が合意に至らない場合，仲裁手続に入ることになることから，第25条第7項(b)に相互協議の開始日については，「ある事案に係る「開始日」とは，両締約国の権限のある当局の合意のための実質的な検討を開始するために必要な情報を両締約国の権限のある当局が受領した最初の日をいう」と規定しています。米国は，Rev. Proc. 2006-54 (Procedures for Requesting Competent Authority Assistance Under Tax Treaties) に基づいて提出された情報を受領した日としています。

(B) 仲裁手続の開始

仲裁手続の開始（第25条7(d)）は，①当該事案の開始日の後2年を経過した日（両締約国の権限ある当局が異なる日とすることについて合意し，かつ，その旨を申立者に通知をした場合には，その異なる日），②本条第5項に定める書面が提出された日のいずれか遅い日に開始されることになります。上記①のカッコ書きの例ですが，説明書では，少し時間をかければ合意が成立する見込みがある場合，権限ある当局が合意してその期間内に合意する見込みを申立者に通知した場合と記述されています。

(C) 仲裁決定の拘束力

仲裁決定は，仲裁申立者がその決定を受け入れない場合を除いて，権限ある当局間の合意により事案解決となり，両締約国を拘束します。両締約国は，仲裁決定による解決を，国内法上の期間制限及び手続制限（当該解決を実施するための手続上の制限を除く。）にかかわらず，実施しなければなりません（第25条7(e)）。

(D) 仲裁委員会（arbitration panel）の概要

仲裁委員会は3名から構成され，その選定方法，委員としての適格性等は改正議定書第14条第3項(b)の規定どおりです。

(E) 仲裁手続の決定プロセス

仲裁決定は，両締約国の権限ある当局が提出する事案の解決策のいずれか一つを選択することにより行われます（改正議定書14(i)）。この方式は，米国における司法上の和解手続と同様のもので，ベースボール方式ともいわれるものです。

(ホ) 徴収共助（第27条）

本条により，両締約国は，この条の規定に従い，租税（その課税がこの条約

又は両締約国が当事国となっている他の協定の規定に反しない場合に限られます。）並びに利子，徴収の費用，当該租税に対する付加税及び当該租税に関連する民事上又は行政上の金銭罰の徴収につき相互に支援を行うことになりますが，この支援は，第1条1及び第2条の規定による制限を受けません。

　本条第3項は，本条第2項の規定にかかわらず，第1項に規定する徴収共助は，この条約に基づいて認められる租税の免除又は税率の軽減が，このような特典を受ける権利を有しない者によって享受されることがないようにするために必要な租税債権の徴収について行われます。ただし，被要請国が，特典が不当に付与されたと認定することに同意する場合に限る，という規定です。

　米国側の例としては，米国源泉の配当の支払者が，Form W-8 BEN（個人非居住者の免税申請書）等を受け取った場合，源泉徴収義務者は軽減税率の15％を一般に適用します。しかし，源泉徴収義務者は，その受領者が第三国居住者に代わって名義人として活動していることを発見した場合，上記第3項の適用により，日本に対して，米国の正規の源泉徴収税額を徴収して米国に送金するように要請することになります。

日米相続税・贈与税租税条約

❶ 日米相続税・贈与税租税条約の基礎データ

	現行租税条約	原条約等
米国	（署名）昭和29年4月 （発効）昭和30年4月	同　左
正式名称	「遺産，相続及び贈与に対する租税に関する二重課税の回避及び脱税の防止のための日本国とアメリカ合衆国との間の条約」	
実施特例法	遺産，相続及び贈与に対する租税に関する二重課税の回避及び脱税の防止のための日本国とアメリカ合衆国との間の条約の実施に伴う相続税法の特例等に関する法律（昭和29年6月23日法律第194号）	
実施特例法の省令	遺産，相続及び贈与に対する租税に関する二重課税の回避及び脱税の防止のための日本国とアメリカ合衆国との間の条約の実施に伴う相続税法の特例等に関する法律の施行に関する省令（昭和44年6月17日大蔵省令第36号）	

❷ 日米相続税・贈与税租税条約の条文構成

第1条（対象税目）	第2条（一般的定義）	第3条（財産の所在地）
第4条（制限納税義務者に対する控除の配分）	第5条（二重課税排除の方法）	第6条（情報交換及び，徴収共助）
第7条（相互協議の申立て）	第8条（本条約の解釈）	第9条（発効，終了）

❸ 租税条約の解説

(1) 第1条（対象税目）

　米国は，連邦遺産税及び連邦贈与税で，日本は，相続税（贈与税を含む。）が

対象税目となっており，米国の場合，州税として相続税等はこれに含まれていません。

(2) 第2条（一般的定義）

本条第3項に，次のような規定があります。

「この条約の適用上，各締約国は，被相続人若しくは被相続人の遺産の受益者が被相続人の死亡の時に又は贈与者若しくは贈与の受益者がその贈与の時に自国内に住所を有していたかどうか又は自国の国籍を有していたかどうかを，自国の法令に従って決定することができる。」

この規定は，被相続人がその死亡時に自国内に住所或いは国籍の有無の判定は自国の法令に基づいて行われ，被相続人の遺産の受益者又は相続人の相続開始時の住所或いは国籍の有無は自国の法令に基づいて行われます。

(3) 第3条（財産の所在地）

本条約は財産の所在地について次のように定めています。

財産の種類	所在地
不動産又は不動産に関する権利	不動産に係る土地の所在地
有体動産（通貨等）	現実にある場所，運送中の場合は目的地
債権（債券，約束手形，為替手形，銀行預金及び保険証券を含み，債券等で持参人払いのもの及び本条において特別の規定がある債権を除く。）	債務者が居住する場所
法人の株式又は法人に対する出資	その法人が設立され，又は組織された準拠法が施行されている場所
船舶及び航空機	登録されている場所
資産としての「のれん」	その営業，事業又は専門職業が営まれている場所
特許権，商標権，実用新案権及び意匠権	登録されている場所（登録されていない場合にはそれらが行使される場所）

著作権，地域的独占権（フランチャイズ），芸術上又は学術上の著作物に対する権利及び著作権のある著作物，芸術上若しくは学術上の著作物，特許発明，商標，実用新案若しくは意匠を使用する権利又はこれらの使用を許諾された地位	これらのことを行使することができる場所
漁業権	その権利の行使について管轄権を有する国
前各号に規定されていない財産	課税する場合はその締約国の法令で定めている場所にあるものとし，そうでない場合は各締約国の法令で定めている場所にあるものとする。

　この上記の規定は，所得税租税条約における所得源泉ルールに相当するものです。

(4) 第4条（制限納税義務者に対する控除の配分）

　制限納税義務者に対して一定の人的控除を認める規定です。その算式は，日本の場合，人的控除の額に課税対象となる相続財産総額に占める日本所在の財産の価額の割合を乗じた金額です。租税条約実施特例法の省令では，「未成年者控除の特例の適用を受ける者の届出」と「障害者控除の特例の適用を受ける者の届出」に係る規定があります。

　米国の場合，米国市民ではない非居住者の遺産税申告では，申告書はForm706-NAで，控除額は60,000ドル（税額控除換算13,000ドル）です。

(5) 第5条（二重課税排除の方法）

　イ　両締約国のいずれかに財産が所在する場合

　日本が外国税額控除を行う例としては，被相続人が米国に不動産を保有していたことにより遺産税の課税があり，相続人が日本の無制限納税義務者として，当該米国の財産が日本においても課税になる場合です。この場合，日本において外国税額控除できる控除限度額は，日本の相続税額に課税財産総額に占める米国の課税財産の割合を乗じた金額です。

ロ　両締約以外の第三国に財産が所在する場合

本条第2項には、いくつかの例が示されています。

その例は、被相続人が米国居住者であり、相続人が日本居住者の場合で、被相続人が米国以外の国（第三国：以下「X国」という。）に財産を所有している場合です。

それ以外に、次のような例が示されています。

① 各締約国が自国の領域内にあるとする財産
② 一方の締約国が自国内にあるとし、他方の締約国が第三国にあるとする財産
③ 各締約国が他方の締約国にあるとする財産

上記を例として述べますと、日米双方に無制限納税義務者がいることになります。そして、X国の財産4,000万円について、日本の相続税率40％で税額1,600万円、米国の税率30％で税額1,200万円とし、X国の税額は800万円とします。

この例では、日本が1,600−800＝800万円、米国が1,200−800＝400万円、いずれか少ない額という規定から米国の400万円を日本と米国で按分します。日本は、400×1,600/2,800＝229万円、米国は、400×1,200/2,800＝171万円となります。

以上の他に、次の点が定められています。

① 本条約の外国税額控除の規定が各締約国の国内法に優先適用となりますが、金額は本条約と国内法のいずれか多い額となります。
② 外国税額控除の適用は申告期限後5年以内に限られています。

(6) 第6条（情報交換及び徴収共助）

両締約国は、詐欺及び脱税の防止のために、情報を交換します。交換された情報は秘密として扱われ、租税の賦課徴収に関与した者又は異議審査、裁判所以外に漏らしてはならないことになっています。なお営業上、事業上、産業上若しくは専門職業上の秘密又は取引の過程を明らかにする情報は交換の対象になりません。

(7) 第7条（相互協議の申立て）

　納税義務者は，この条約の規定に反して二重課税が生じたこと又は生ずるに至ることを証明する時は，相互協議を申し立てることができます。

(8) 第8条（本条約の解釈）

　本条1項は外交官特権の免税に係る規定です。2項は，プリザベーションクローズという内容です。そして，条約の解釈等に問題が生じた場合は，両締約国の権限のある当局は，合意によって問題を解決することができます。

日本・カナダ租税条約

① 租税条約の基礎データ

(1) カナダの概要

国　名	カナダ　Canada
面　積	998.5万 km^2（世界第2位，日本の約27倍）
カナダの地方自治	10の州（province）と3つの準州（territory）に区分
人口（万人）	3,540（2014年7月）
言　語	英語，仏語が公用語
宗　教	ローマ・カトリック（カナダ国民の約半分近く）
GDP（億 USD）	17,796（2014年）
主要貿易品目	輸出：石油及び瀝青油（原油に限る），乗用車，金（未加工品），石油及び瀝青油（原油除く），天然ガス，軽質油及びその調整品，瀝青炭，塩化カリウム，針葉樹 輸入：石油及び瀝青油（原油に限る），乗用車，金（未加工品），軽質油及びその調整品，輸送車両，医薬品，石油及び瀝青油（原油除く），内燃機関
主要貿易国	輸出：米国，中国，英国，日本 輸入：米国，中国，メキシコ，ドイツ，日本
為替レート	1カナダ・ドル＝92円（2015年12月中適用）

(2) 租税条約の基礎データ

	現行租税条約	原条約等
カナダ	（第2次条約） （署名）昭和61年5月 （発効）昭和62年11月 （一部改正議定書署名）平成11年2月 （以下「平成11年議定書」とします。） （一部改正議定書発効）平成12年12月	（署名）昭和39年9月 （発効）昭和40年4月

日本・カナダ租税条約の正式名称	「所得に対する租税に関する二重課税の回避及び脱税の防止のための日本国政府とカナダ政府との間の条約」

(3) 租税条約の条文構成

第1条（人的範囲）	第2条（対象税目）	第3条（一般的定義）
第4条（居住者）	第5条（恒久的施設）	第6条（不動産所得）
第7条（事業所得）	第8条（国際運輸業所得）	第9条（特殊関連企業）
第10条（配当所得）	第11条（利子所得）	第12条（使用料所得）
第13条（譲渡収益）	第14条（自由職業所得）	第15条（給与所得）
第16条（役員報酬）	第17条（芸能人等）	第18条（政府職員）
第19条（学生）	第20条（その他所得）	第21条（二重課税の排除）
第22条（無差別取扱い）	第23条（相互協議）	第24条（情報交換）
第24条A（徴収共助）	第25条（プリザベーション・クローズ）	第26条（外交官）
第27条（発効）	第28条（終了）	議定書（昭和61年5月）

　平成11年署名の議定書により改正された事項は，①国際運輸業所得の免税対象項目の拡充（第8条全文改正），②移転価格課税に関する改正（第9条全文改正），③親子間配当の限度税率の引き下げ（第10条第2項全文改正），④徴収共助規定（第24条A追加）

(4) カナダの税制

法人税率	基本税率は38％ですが，税率の軽減等を行うと実質基本税率は15％（連邦税）＋地方所得税（実効税率20〜31％）
キャピタルゲイン税	7.5％（キャピタルゲインの50％が課税対象）
外国法人支店税	15％，支店利益送金税25％
源泉徴収	配当25％（非居住者），利子0％，25％（非居住者），使用料25％（非居住者）
損失の繰戻	3年

損失の繰越	20年
消費税（GST）	5％
個人所得税	最高税率29％（2013年）
遺産税・贈与税	所得税として課税

　カナダにおける法人の居住形態は，設立準拠法主義と管理支配地主義です。なお，最近のトピックスとしては，カナダの実効税率の低さに注目した米国法人がカナダ法人との組織再編を通じてその納税地をカナダに移す動きがあります（tax inversion）。

❷　租税条約の解説

(1)　対象税目（第2条）

　日本は，所得税と法人税，カナダは所得税で地方税は含まれていません。

(2)　一般的定義（第3条，議定書1）

　本条第1項カナダの「者」は，遺産及び信託財産を含みます。

(3)　居住者（第4条，議定書2）

　双方居住者については，個人及び法人の双方ともに権限ある当局の協議により振分けが行われますが，議定書2にOECDモデル租税条約タイプの振分け規定があります。

(4)　恒久的施設（第5条）

　建設工事は12か月を超えると恒久的施設（PE）になります。なお，本条約には，建設工事監督及びコンサルタントに関する規定はありません。代理人PEについては，在庫保有代理人及び注文取得代理人に関する規定はありません。

(5)　事業所得（第7条，議定書4）

　当時のOECDモデル租税条約における事業所得条項（基本7項型）と同様の内容です。議定書4には，源泉地国に所在する支店等の恒久的施設が源泉地

国における事業をやめた後，その恒久的施設に帰せられる利得を得たときは，その利得に対して，条約第7条に定める原則に従って，源泉地国において租税を課することを規定しています。

(6) **国際運輸業所得（第8条，議定書8，平成11年議定書第1条，第8条）**

国際運輸業所得は居住地国課税です。また，カナダの地方政府が日本の事業税に類似する税を課さないことを条件にして，カナダ企業は，日本における住民税及び事業税が免除されます（平成11年議定書第1条）。平成11年議定書第8条では，国際運輸業所得の適用を受ける付随所得として，①船舶又は航空機の賃貸（裸用船であるか否かを問わない。）から取得する利得，②国際運輸に使用されるコンテナ（コンテナの運送のためのトレーラー及び関連設備を含む。）の使用から取得する利得，が含まれます。

(7) **特殊関連企業（第9条，平成11年議定書第2条）**

平成11年議定書の改正により，更正の期限が7年（不正に租税を免れた場合は無期限）となり，対応的調整が規定されました。

(8) **配当所得（第10条，平成11年議定書第3条，第8条），利子所得（第11条，平成11年議定書第4条），使用料所得（第12条，平成11年議定書第5条）**

投資所得等に関する限度税率は次のとおりです。

	限度税率
親子間配当（議決権株式の25%，6か月保有）	5%
一般配当	15%
カナダの非居住投資法人からの配当	10%
カナダの支店税	5%
利子（政府，日銀等の受取利子及び政府等の間接融資等による利子は免税）	10%
使用料	10%

議定書9によれば，第10条第3項に規定する「配当」には，利得の分配として取り扱われる債券又は社債から生じた所得が含まれます。また，使用料の定義（第12条第3項）には，産業上，商業上若しくは学術上の設備の使用の対価が含まれます。

(9) 譲渡収益（第13条）

不動産化体株式の譲渡益に関する規定はありません。株式等の本条に別段の定めのない譲渡収益については，源泉地国で課税することができます。議定書3に，本条約第6条及び第13条に関し，カナダにおいては，不動産の譲渡から生ずる所得は，条約第6条1の規定に従って課税される旨の規定があります。

(10) 自由職業所得（第14条）

医師，弁護士等の自由職業所得者は，源泉地国に事務所等の固定的施設を有する場合，その固定的施設に帰属する所得に課税が行われます。

(11) 給与所得（第15条）

給与所得は役務提供地において課税ですが，短期滞在者免税の要件を満たす場合は，源泉地国免税です。短期滞在者免税の第1の要件である183日ルールは，暦年基準です。

(12) 役員報酬（第16条）

法人の居住地国においても課税することができます。

(13) 芸能人等（第17条）

芸能人，運動家等の所得は，活動した国において課税となります。また，これらの者の所得が，芸能法人等に帰属する場合であっても，活動した国において課税することになります。なお，その活動が両政府間による特別な文化交流計画によるものの場合は免税となります。

(14) 政府職員（第18条）

政府職員に対する報酬は，その者が接受国の国民である場合を除いて，派遣

国が課税します。

⒂　学生（第19条）

　学生，事業修習生が国外から支払われる生計，教育又は訓練のための金額は免税となります。本条約では，免税の期間及び源泉地国における役務提供の対価に係る規定がありません。

⒃　その他所得（第20条）

　本条約には，退職年金に係る規定がありません。この所得は，通常，居住地国課税ですが，本条約ではその規定がありませんので，その他所得ということになります。その他所得の規定では源泉地国課税です。また，教授条項は条約本文にはありませんが，議定書6に「条約第15条1及び2並びに第25条2の規定にかかわらず，一方の締約国内にある大学，学校その他の教育機関において教育を行うため条約の効力発生の日の前に当該一方の締約国に入国し，かつ，2年を超えない期間滞在する教授又は教員であって，現に他方の締約国の居住者であり，又はその入国の直前に他方の締約国の居住者であったものに対しては，その教育に係る報酬につき当該一方の締約国において租税を免除する。」という規定があります。

⒄　二重課税の排除（第21条）

　カナダ及び日本における二重課税排除の方式は税額控除です。カナダでは，特定の配当を控除（益金不算入）することが認められています。

⒅　相互協議（第23条）

　相互協議については，この条約の規定に適合しない課税に係る措置の最初の通知の日から2年以内となっています。

⒆　情報交換（第24条），徴収共助（第24条A）

　徴収共助は，平成11年議定書により新設された条文です。この条約により課税が減免された租税を対象に，この特典を受ける権利のない者がこれを享受した場合に，その者から租税を徴収するというものです。

⒇ プリザベーション・クローズ（第25条）

　租税条約は，国際的二重課税を排除することを第1の目的としています。そのために，所得の源泉地国において課税の減免をすることになります。しかし，源泉地国において，国内法の規定のほうが租税条約よりも税負担の軽い場合が生じます。その場合は，国内法を適用することになります。要するに，租税条約を締結することにより税負担の増加がないというのが原則です。このプリザベーション・クローズは，租税条約に内在する法理といわれていますが，本条約はこれを規定しています。

㉑ カナダの支店税（議定書7）

　この規定は，内国法人のカナダ支店の所得に対して，通常の税額の他に，付加税として支店の収益に税を課すことができる旨を規定しています。ただし，国際運輸業による収益はこの適用外です。この収益とは，次の①から③までに額を超える額のことです。①そのいずれかの課税年度及びその課税年度の前の数年度において当該恒久的施設に帰せられる事業上の損失（当該恒久的施設の事業用資産の一部を成す財産の譲渡から生じた損失を含む。），②カナダにおいて当該利得に対して課されたすべての租税（この7の規定にいう付加的な租税を除く。），③カナダの国内で再投資された利得，です。

　その適用となる金額は，いずれかの課税年度及びその課税年度の前の数年度におけるその法人及びその法人と同一又は類似の事業を行うその法人と関連する法人の収益の総額が50万カナダ・ドル（500,000カナダ・ドル）又は両締約国の権限のある当局間で随時合意する額を超える場合にその超過分についてのみ適用されます。税率は，付加的な租税を課されていない収益の額の5％を超えないものとされています。

日本・メキシコ租税条約

① 租税条約の基礎データ

(1) メキシコの概要

国　名	メキシコ合衆国　United Mexican States
面　積	196万 km^2（日本の約5倍）
人口（万人）	12,233（2013年）
民　族	欧州系（スペイン系等）と先住民の混血60％，先住民30％，欧州系（スペイン系等）9％，その他1％
言　語	スペイン語
宗　教	カトリック（国民の約9割）
歴　史	1821年　スペインより独立 1994年　NAFTA（北米自由貿易協定）発効 2005年　日墨経済連携強化のための協定（EPA）
GDP（億USD）	12,827（2014年）
経済関係	対メキシコ進出企業数約814社（2014年10月現在）
為替レート	1ドル＝約16.9ペソ（2015年9月　墨中銀）

(2) 租税条約の基礎データ

	現行租税条約	原条約等
メキシコ	（署名）平成8年4月 （発効）平成8年11月 平成19年12月：対象税目に関するメキシコ当局からの通知	同　左
日本・メキシコ租税条約の正式名称	「所得に対する租税に関する二重課税の回避及び脱税の防止のための日本国とメキシコ合衆国との間の条約」	

(3) 租税条約の条文構成

第1条（人的範囲）	第2条（対象税目）	第3条（一般的定義）
第4条（居住者）	第5条（恒久的施設）	第6条（不動産所得）
第7条（事業所得）	第8条（国際運輸業所得）	第9条（特殊関連企業）
第10条（配当所得）	第11条（利子所得）	第12条（使用料所得）
第13条（譲渡収益）	第14条（自由職業所得）	第15条（給与所得）
第16条（役員報酬）	第17条（芸能人等）	第18条（退職年金）
第19条（政府職員）	第20条（学生）	第21条（その他所得）
第22条（二重課税の排除）	第23条（無差別取扱い）	第24条（相互協議）
第25条（情報交換）	第26条（徴収共助）	第27条（外交官）
第28条（発効）	第29条（終了）	議定書（20項目）

(4) メキシコの税制

法人税率	30%
キャピタルゲイン税	30%
外国法人支店税	30%，支店送金税なし
源泉徴収	配当10%（2014年改正），利子10〜35%，使用料5〜35%
損失の繰戻	なし
損失の繰越	10年
付加価値税	16%（標準税率）
個人所得税	最高税率35%（2014年）
遺産税・贈与税	なし

　平成19年12月に，日本・メキシコ租税条約の対象税目について，メキシコ当局から通知があり，メキシコの企業単一税（IETU）を対象税目とすることになりましたが，2014年（平成26年）のメキシコの税制改革によりこの税は廃止されました。

(5) マキラドーラと税制

　この制度は、当初、メキシコに低賃金の豊富な労働力があることから、米国とメキシコ間の関税について優遇措置を講じて、米国とメキシコの国境地帯に米国企業を誘致して製品の組立て等を行い、米国に輸出することを目論んだのですが、実際には、米国以外の企業（日本企業の進出も多い）が多く進出してしまいました。2014年度のメキシコの税制改正では、マキラドーラ企業への適用税率が従前の17.5％から通常の法人税率である30％に改正されるとともに、マキラドーラ企業は移転価格税制の適用上、課税所得に関するセーフハーバールールか、APAの要件のいずれかを満たすことが必要となりました。

❷ 租税条約の解説

(1) 対象税目（第2条）

　日本は、所得税、法人税、住民税であり、メキシコは所得税です。平成19年に企業単一税が追加されましたが、同税は平成26（2014）年に廃止されています。

(2) 居住者（第4条）

　個人の双方居住者はOECDモデル租税条約にある振分け規定と同様の規定によります。また、個人以外の場合は、両締約国の合意により決定されます。

(3) 恒久的施設（第5条、議定書1、2）

　建設工事現場、建設等の工事、監督活動を含み、その期間が6か月を超える場合は、恒久的施設（PE）となります。代理人PEは、従属代理人だけです。また、本条第6項に、保険料の受領又は保険契約を引き受ける保険業者は、PEとなります。また、議定書2では、独立代理人に関して、①経済的に、自己の事業の範囲ではなく企業の事業の範囲に属する活動を、当該企業に代わって行う者は、通常の方法でその業務を行っているものとみなされないこと、②ある者が企業のために行う商業上の活動が当該企業による詳細な指示若しくは包括的な管理に従っている場合又はその者の事業上の危険が当該企業により負担される場合には、当該者は当該企業から独立しているものとみなされない、こと

が了解されています。

(4) 事業所得（第7条，議定書3，4，5）

　この条項では，帰属主義の採用，独立企業の原則，本店配賦経費，単純購入非課税の原則，所得計算の継続適用等が規定されています。議定書3では，帰属主義の濫用による租税回避防止規定として，本店が直取引により支店販売の商品と類似の商品を販売する場合で，その本店直取引に支店等が交渉及び締結に主要な役割を担っているときは，支店等の貢献度に応じて本店直取引の所得を支店等に帰属させることが規定されています。議定書4は，PEの存続した期間に生じた所得は，PE廃止後も源泉地国に課税権があることを規定しています。

(5) 国際運輸業所得（第8条，議定書6，7）

　国際運輸業所得は相互免税で居住地国課税となります。また，事業税（メキシコには現在ありません。）の相互免税が規定されています。議定書6は，国際運輸業所得に含まれない所得が規定され，議定書7には，日本国の居住者で同条の規定によりメキシコにおいて取得するその利得がメキシコによって課税されないものは，当該利得を取得するために使用する資産に対しメキシコの資産税を課されないことが規定されています。

(6) 特殊関連企業（第9条）

　対応的調整に係る規定がありますが，更正の期間制限の規定はありません。

(7) 配当所得（第10条，議定書8），利子所得（第11条議定書9，10，11），使用料所得（第12条，議定書12，13）

　投資所得の限度税率は，次のとおりです。

	限度税率
特定の親子間配当[注1]	免税
親子間配当[注2]	5%
一般配当	15%

金融機関等の受取利子(注3)	10%
一般利子	15%
政府等，政府系金融機関の間接融資の利子	免税
使用料(注4)	10%

（注１） 親会社が，子会社の議決権株式の25％以上を６か月所有する場合で，その親会社が居住地国の上場法人であり，親会社の議決権株式の50％以上が，①親会社の居住地国の政府等の所有する機関，②親会社の居住地国の居住者である個人，③親会社の居住地国の公認の証券市場で通常取引されているもの又はその発行済株式の50％を超える株式がその国の居住者である個人により所有されているもの，④①から③までの組み合わせ，です。この規定は，現行の日米租税条約の特典制限条項にある適格者基準等と同様の内容で，第三国の居住者による条約濫用を防止する規定です。
（注２） 親会社が子会社の議決権株式の25％以上を６か月所有する場合です。
（注３） ①銀行，保険会社の受取利子，②公認の証券取引所において通常かつ実質的に取引されている債券及び証券から取得される利子，③銀行からの支払利子，④信用供与による設備及び機械の販売に関して支払われる利子，です。
（注４） 第12条第５項に著作権等の譲渡から生ずる所得は，使用料所得として課税になります。ただし，著作権等の全ての権利を譲渡する真正なものであるときは，その譲渡収益には，第13条（譲渡収益）の適用となります。

　投資所得に関連する議定書の規定は，8が「公認の証券取引所」に係る規定，9が間接融資に係る利子で期間が３年未満のものは免税とされないことを規定しています。10は，利子の源泉地国に関するもので，本店による異なる国に所在する複数のPEのために借入をした利子については，当該源泉地国のPEにより負担された部分の利子のみがその国の源泉となります。11は，利子条項が適用されない場合について規定しています。12は使用料の所得源泉に係るもので，議定書10と同様の内容です。

(8) 譲渡収益（第13条）

　本条第２項に事業譲渡類似の規定（発行済株式の25％所有で５％以上の譲渡）があります。第３項は不動産化体株式の規定（法人の財産が源泉地国の不動産から主として構成されている場合）です。原則は居住地国課税です。

(9) 自由職業所得（第14条）

　医師，弁護士等の自由職業者の所得は，源泉地国に固定的施設を有するか，又は継続するいずれかの12か月の期間に合計183日を超える期間滞在する場合，固定的施設に帰属する所得又は滞在期間に対応する所得が源泉地国課税となります。

⑽　**給与所得（第15条）**
　短期滞在者免税の規定は，OECDモデル租税条約と同様です。

⑾　**役員報酬（第16条，議定書16）**
　役員報酬を支払う法人の居住地国で課税できることが規定されています。議定書16では，メキシコについては，同条の規定は日本国の居住者がメキシコの居住者である法人の「取締役」又は「監査人」（それぞれメキシコの関係法令に定める意義を有する。）の資格で取得する報酬その他これに類する支払金についても適用されることが了解されました。

⑿　**芸能人等（第17条，議定書17）**
　芸能人等の所得は，その活動をした国で課税になります。また，その所得が芸能法人等に帰属する場合でも，PEの有無にかかわらず，活動した国で課税になります。ただし，そのような活動が両締約国の政府間で合意された文化交流のための特別の計画に基づき当該一方の締約国の居住者である個人により行われる場合には，当該所得については，源泉地国免税です。なお，議定書17において，一方の締約国において他方の締約国の居住者である個人が芸能人又は運動家としての名声に関連する個人的な活動により取得するものを含むことが了解されています。

⒀　**退職年金（第18条）・政府職員（第19条）**
　退職年金はその受給者の居住地国で課税です。また，政府職員に対する報酬は原則として派遣国で課税です。

⒁　**学生（第20条）**
　学生，事業修習生は，教育，訓練のために国外から支払われるものは滞在地国免税です。

⒂　**その他所得（第21条）**
　源泉地国課税が規定されています。

(16) 外国税額控除，みなし外国税額控除（第22条，議定書18, 19）

議定書19の規定は，日本における間接税額控除に係る規定です。また，本条第3項及び第4項はみなし外国税額控除の規定ですが，供与期限の制限があり，2006年1月1日以後に開始となる課税年度からは適用されません。

(17) 相互協議（第24条，議定書20）

相互協議の申立て期限は3年以内です。なお，議定書20では，メキシコについては，本条第2項の規定は，メキシコに対し，その居住者の租税の申告期限又は租税の申告の日のうちいずれか遅い方の日から10年を経過した後に成立する合意を当該居住者に対して実施する義務を課するものではないことが了解されています。

(18) 情報交換（第25条）

日本が改正している租税条約では，「提供を要請された情報が銀行その他の金融機関，名義人，代理人若しくは受託者が有する情報又はある者の所有に関する情報であることのみを理由として，一方の締約国が情報の提供を拒否することを認めるものと解してはならない。」という規定がありますが，この条約にはありません。

(19) 徴収共助（第26条）

条約を不正に利用して租税の減免を受けた場合，両締約国は協力してその徴収に努めることが規定されています。

日本・ブラジル租税条約

❶ 租税条約の基礎データ

(1) ブラジルの概要

国　名	ブラジル連邦共和国　Federative Republic of Brazil
面　積	851.2万 km^2（日本の22.5倍）
人口（万人）	20,040（2014年）
民　族	欧州系48％，アフリカ系 8 ％，東洋系1.1％，混血43％，先住民0.4％
言　語	ポルトガル語
宗　教	カトリック約65％，プロテスタント約22％，無宗教 8 ％
歴　史	1822年　ポルトガルより独立
GDP（億USD）	23,461（2014年）
貿易品目	輸出：一次産品（鉄鉱石，原油，大豆等），工業製品（燃料油，航空機，自動車部品等），半製品（粗糖，木材パルプ，鉄鋼半製品等） 輸入：原材料及び中間材（化学・医薬品，鉱産物，輸送用機器付属品等），資本財（工業用機械，事務・科学用機器等），燃料及び潤滑油，非耐久消費財（医薬品，食料品等），耐久消費財（乗用車，家庭用機械器具等）
貿易相手国	輸出：中国，米国，アルゼンチン，オランダ，日本，ドイツ，チリ，インド 輸入：中国，米国，アルゼンチン，ドイツ，ナイジェリア，韓国，インド，イタリア，日本
為替レート	1 米ドル＝約3.37レアル（2015年 7 月31日現在）（ 1 レアル＝約36.83円）

(2) 租税条約の基礎データ

	現行租税条約	原条約等
ブラジル	（署名）昭和42年1月 （発効）昭和42年12月 （一部改正署名）昭和51年3月 （一部改正発効）昭和52年12月	同　左
日本・ブラジル租税条約の正式名称	「所得に対する租税に関する二重課税の回避及び脱税の防止のための日本国とブラジル連邦共和国との間の条約」	

　昭和51年の一部改正は，議定書の形で行われています（昭和52年12月12日条約第16号）。

(3) 租税条約の条文構成

第1条（対象税目）	第2条（一般的定義）	第3条（居住者）
第4条（恒久的施設）	第5条（事業所得）	第6条（特殊関連企業）
第7条（国際運輸業所得）	第8条（不動産所得）	第9条（配当所得）
第10条（利子所得）	第11条（使用料所得）	第12条（譲渡収益）
第13条（自由職業所得）	第14条（給与所得）	第15条（芸能人等）
第16条（教授）	第17条（学生）	第18条（役員報酬）
第19条（政府職員）	第20条（退職年金）	第21条（その他所得）
第22条（二重課税の排除）	第23条（無差別取扱い）	第24条（情報交換）
第25条（相互協議）	第26条（外交官）	第27条（発効）
第28条（終了）	改正交換公文(注)	

　（注）　原条約時の交換公文は，昭和51年の一部改正時に終了しておりますので，以下の記載は，昭和51年の改正交換公文により表記しています。

(4) ブラジルの税制

法人税率	15%（課税所得が24万レアルを超えると10%の付加税）
キャピタルゲイン税	15%（課税所得が24万レアルを超えると10%の付加税）
外国法人支店税	15%（課税所得が24万レアルを超えると10%の付加税）

源泉徴収	配当0％，利子15％，使用料15％（いずれも標準税率）
支店送金税	0％
損失の繰戻	なし
損失の繰越	無制限
州付加価値税	0～25％
連邦付加価値税	0～330％
個人所得税	最高税率27.5％
遺産税・贈与税	連邦8％，州4％

　ブラジルの税制は複雑で，連邦税として，個人及び法人の所得税，工業製品税，輸入税，輸出税，金融取引税等があり，州税として，消費税である商品流通サービス税，相続譲渡税等があり，それ以外に市税があります。

❷　租税条約の解説

(1)　対象税目（第1条）

　本条約には，他の条約にある人的範囲の規定がなく，対象税目が第1条です。対象税目は，日本側が所得税，法人税，ブラジル側が連邦所得税です。

(2)　居住者（第3条，改正交換公文1）

　ブラジル国内法では，ブラジルで設立され，かつ管理されている法人が居住法人となり，全世界所得が課税範囲です。個人は，ブラジルに居住する者及び永住ビザを所有する外国人が居住者となります。本条約では，法人及び個人ともに協議により振り分けることになりますが，昭和51年の一部改正に係る交換公文（以下「改正交換公文」とします。）1において個人の双方居住者の振分けが規定されています。

(3)　恒久的施設（第4条，改正交換公文2）

　6か月を超えて存続する建設工事等は，恒久的施設（PE）となります。準備的補助的活動に係る規定（本条第3項）では，(a)から(e)までの規定を組み合わ

せた場合の規定がありません。代理人については，在庫保有代理人がPEになります。また，本条第7項に，芸能人の役務提供がPEになると規定しています。なお，改正交換公文2において，本条第3項(c)及び(d)に関し，「もっぱら保管し，展示し，又は引き渡すため」とは，施設が存在する国において販売活動が行われていない場合をいう，と規定されています。

(4) **事業所得（第5条，改正交換公文3）**

他の条約例では，不動産所得が先に規定されていますが，本条約はその順序が異なっています。この条項では，帰属主義の採用，独立企業の原則，本店配賦経費，単純購入非課税の原則，所得計算の継続適用等が規定されています。なお，改正交換公文3では，本条の本店配賦経費に関して，「費用で，その恒久的施設のために生じたもの」とは，その恒久的施設が存在する締約国内で生じたか又は他の場所で生じたかを問わず，実際に生じたすべての費用であって当該恒久的施設に合理的に配分することができ，かつ，利得の取得に寄与したものをいう，と規定されています。

(5) **特殊関連企業（第6条）**

対応的調整の規定がありません。

(6) **国際運輸業所得（第7条，改正交換公文4）**

相互免税で居住地国課税が規定されています。また，ブラジル企業は，国際運輸業所得について日本の住民税と事業税が免除されることが規定されています。また，改正交換公文4では，ブラジル側が日本の住民税，事業税に類似する税を設ける場合は，本条第2項を改正するための協議を行うことが規定されています。

(7) **配当所得（第9条，改正議定書第1条，改正交換公文5），利子所得（第10条，改正議定書第2条，改正交換公文6），使用料所得（第11条，改正議定書第3条，改正交換公文6）**

	限度税率
配当所得	12.5%
利子所得	12.5%
政府，地方公共団体，日銀等の受取利子	免税
使用料所得（一般）	12.5%
使用料所得（商標権）	25%
使用料所得（映画フィルム）	15%

改正交換公文5では，配当所得第9条第6項に規定する「重要性の少ない経済活動に対する税」及び「超過送金税」とは，1975年9月2日の政令第76186号により統合されたブラジル所得税法第346条及び第348条に基づきそれぞれ課されるブラジルの租税をいう，と規定されています。

また，改正交換公文6では，使用料所得条項第6項の使用料に係る移転価格について，その対価の決定について，自国の税法の規定を適用できることが規定されています。

(8) **譲渡収益（第12条）**

不動産化体株式，事業譲渡類似に係る規定はありません。株式等の譲渡収益は居住地国課税です。

(9) **自由職業所得（第13条）**

医師，弁護士等の自由職業者の所得については，源泉地国に事務所等の固定的施設を有しない限り課税されません。本条約には，滞在日数に関する規定はありません。

(10) **給与所得（第14条）**

短期滞在者免税の183日ルールは，暦年基準です。

⑾ 芸能人等（第15条）

芸能人等は，その活動をした国で課税となります。本条約第4条第7項に，芸能人の役務提供がPEになると規定していますので，芸能法人等に芸能人等の所得が帰属する場合であっても，源泉地国において課税は行われることになります。

⑿ 教授（第16条）

教育又は研究を目的とする教授は，滞在期間2年以内，教育，研究の報酬について免税となります。

⒀ 学生（第17条）

学生及び事業修習生は，生計，教育又は訓練のための国外源泉分として受け取る金額は免税です。ただし，3課税年度以内で，年間1,000米ドルまでは免税です。

⒁ 役員報酬（第18条）

通常の租税条約では，給与所得の次に役員報酬の規定がありますが，本条約は離れて規定されています。役員報酬は，それを支払う法人の居住地国でも課税ができます。

⒂ 政府職員（第19条）

政府職員に対する報酬。退職年金等は，派遣国で課税になります。

⒃ 退職年金（第20条）

退職年金及び保険年金はこれらを受け取る個人の居住地国で課税になります。

⒄ その他所得（第21条）

源泉地国において生じた所得については，両国で課税することができると規定されていますので，源泉地国課税ということです。

⒅　二重課税の排除，みなし外国税額控除（第22条，改正議定書第4条，改正交換公文7）

　二重課税の排除は外国税額控除方式です。また，本条約では，間接税額控除の株式保有割合が10％（本条第2項(a)(ⅱ)）と規定されていることから，日本における外国子会社配当益金不算入制度の株式保有要件が租税条約に定める規定に読み替えられることになります。なお，同様に，10％となる租税条約は，日米租税条約第23条第1項(b)，日豪租税条約第25条第1項(b)，日本・カザフスタン租税条約第22条第2項(b)です。日仏租税条約第23条第2項(b)の規定は15％ですので，これも保有割合が軽減されています。

　みなし外国税額控除は，配当（25％），利子（20％），使用料（25％）について，固定スペアリングとなっている。

　本条(b)(ⅱ)では，日本における外国税額控除の適用上，ブラジルの租税は，ブラジルの経済開発を促進するための特別の奨励措置であって1976年3月23日に実施されているもの又はその修正若しくはそれへの追加としてブラジルの租税に関する法令にその後導入されることがあるものに従って免除又は軽減が行われないとしたならば納付されたであろうブラジルの租税の額を含むものとみなしますが，両締約国の政府が当該奨励措置によって納税者に与えられる特典の範囲について合意することを条件としています。そして，(b)(ⅱ)の規定の適用上，いかなる場合においても，特別の奨励措置に基づく租税の免除又は軽減がなかったならば1976年3月23日において有効なブラジルの租税に関する法令の適用の結果課されることとなる租税の額よりも多額の租税が納付されたものとはみなされません。なお，本条第2項の「日本国の租税」には住民税が含まれます。

⒆　情報交換（第24条），相互協議（第25条）

　情報交換は，条約の実施のために必要な情報のみが対象となります。相互協議については，申立ての期限の規定はありません。また，徴収共助に関する規定はありません。

日本・バミューダ租税協定

❶ 租税協定の基礎データ

(1) バミューダの概要

地域（英国の海外領土）	バミューダ（Bermuda）
面積	533 km^2
人口	65,455人（2014年）
言語	英語とポルトガル語
GDP（億USD）	48.5（2005）
為替レート	1＄＝1バミューダドル

(2) 租税協定の基礎データ

	現行租税条約	原条約等
バミューダ	（署名）平成22年2月 （発効）平成22年8月	同 左
日本・バミューダ租税協定の正式名称	「脱税の防止のための情報の交換及び個人の所得についての課税権の配分に関する日本国政府とバミューダ政府との間の協定」	

(3) 租税協定の条文構成

第1条（一般的定義）	第2条（目的及び適用範囲）
第3条（管轄）	第4条（対象となる租税）
第5条（要請に基づく情報の交換）	第6条（海外における租税に関する調査）
第7条（要請を拒否することができる場合）	第8条（秘密）
第9条（保護）	第10条（費用）
第11条（対象となる者）	第12条（対象となる租税）

第13条（居住者）	第14条（退職年金）
第15条（政府職員）	第16条（学生）
第17条（相互協議手続）	第18条（不利益な又は制限的な租税に係る課税措置の禁止）
第19条（見出し）	第20条（効力発生）
第21条（終了）	議定書1から6

(4) バミューダの税制

法人税率	0
キャピタルゲイン税	0
外国法人支店税	0
源泉徴収	0
給与税	源泉徴収により給与から徴収します。最高税率5.25%

(5) 米国からバミューダへの投資

　米国の官庁資料（U.S. Bureau of Economic Analysis）における米国多国籍企業にみる海外投資先の国別順位（2005年）は次のとおりです。

　1位：英国（15.6%），2位：カナダ（11.3%），3位：オランダ（8.8%），4位：オーストラリア（5.5%），5位：バミューダ（4.4%），6位：ドイツ（4.2%），7位：カリブ海に所在する英領（4.1%），8位：スイス（4%），9位：日本（3.6%），10位：メキシコ（3.5%）となっています。この統計数値から推測すれば，3位のオランダ（持株会社等に対する優遇税制），7位：カリブ海に所在する英領（タックスヘイブン）及び8位：スイス（持株会社等に対する優遇税制）は，米国からの投資を迂回していることは明らかです。米国と第5位であるバミューダとの間に2つの租税条約（租税情報交換協定，保険所得租税条約）が締結されています。バミューダは，タックスヘイブンであり，オフショア金融センターです。また，地理的に，この島はカリブ海に所在する英領（ケイマン諸島等）とは離れて大西洋上に所在しています。その点で，米国多国籍企業がバミューダを利用するケースが多いようです。

(6) 米国・バミューダ保険所得租税条約

イ 米国・バミューダ保険所得租税条約の概要

バミューダは大西洋上にある英国の海外領土であり，その税制は，所得税，譲渡所得税，源泉徴収税等がなく，給与を支払う雇用者に対する給与税 (payroll taxes) のみが課されるタックスヘイブンです。また，バミューダは，タックスヘイブンという条件のほかに，キャプティブ保険業法が施行されていることから，キャプティブ保険会社（captive insurance company：以下「キャプティブ」という。）が多いことでも有名です。

米国とバミューダ間では，1986年に保険所得租税条約（Insurance Income Tax Treaty：以下「保険条約」という。）が署名されています。バミューダは，タックスヘイブンであることから，米国法人がバミューダにおいて課税を受ける事態は想定できず，バミューダにあるキャプティブが米国を源泉地国として課税を受ける場合に，保険条約が適用されることになるものと思われます。なお，日米租税条約の議定書に規定のある外国保険業者に対する米国消費税（excise tax）については，米国国内法の規定により保険条約が優先して適用となります（P. L. No. 100-647 Sec. 6139）。この米国消費税は，税負担の軽いタックスヘイブン等を本拠とする外国保険会社が米国国内に恒久的施設を有していないで事業活動を行う場合，米国保険会社との税負担のバランスをとるために課される税です。したがって，外国保険会社が米国国内に恒久的施設を有する場合はこの税の課税はないことになります。

保険条約は，第1条（一般的定義），第2条（居住者），第3条（恒久的施設），第4条（保険会社への課税），第5条（相互協議），第6条（守秘義務），第7条（適用開始と終了）の全7条から構成されています。

ロ キャプティブとは何か

キャプティブは，自社のリスクの一部又は全部を引き受けるために設立された保険子会社のことです。したがって，キャプティブは，一般の損害保険会社等のように不特定多数の顧客を対象とはせずに，企業が単独で或いは企業グループ等が設立するもので，これらの特定企業等のリスクを専ら再保険として引き受けるために当該特定企業等が設立した再保険会社ということになります。なお，再保険とは，保険者が自己の負担すべき保険責任の一部又は全部を他の保険会社に転嫁する取引のことで，再保険を付保することを「出再する」とい

い，再保険を引き受けることを「受再する」といいます。

　キャプティブは，キャプティブ保険業法という特別法が施行されている国等において設立されています。この国等とは，バミューダ，シンガポール，アイルランド，ルクセンブルク，米国のハワイ州等です。日本は，国内にキャプティブを設立することが難しいことから，海外にキャプティブが設立されています。さらに，日本は，国内の資産の賠償責任の保険を直接に海外の会社に付保することが禁止されているために，いったん，日本に所在する元受保険会社に保険リスクを引き受けてもらい，その対価としての保険料を支払い，当該元受保険会社に移転している保険リスクの一部をキャプティブに出再し，さらに，キャプティブは，一部を自己保有してその残りの部分を他の再保険会社に出再することになる（再保険キャプティブ）。

(7) 本協定と同型の協定

国　　名	現行租税条約	原条約等
ケイマン諸島	（発効）平成23年11月	同　左
バハマ	（発効）平成23年8月	同　左
ガーンジー	（発効）平成25年8月	同　左
ジャージー	（発効）平成25年8月	同　左

2　租税協定の解説

(1) 本協定の特徴

　本協定は日本が最初に締結した情報交換を主とする協定です。情報交換協定は，その後，増加しますが，協定の内容から本協定と同様のバミューダ型とマン島型に分かれます。前者は，個人の特定の所得についての課税権の配分に関する規定があり，後者にはこれらがありません。

(2) 一般的定義（第1条）

　国民の定義としては，バミューダについては，バミューダにおいて施行されている法令によってその地位を与えられたすべての権利能力を有する者（バミ

ューダの国民である個人），組合，法人，信託，財団又は団体と規定されています。バミューダは国ではありませんが，国民という定義が便宜的に置かれています。

(3) 目的及び適用範囲（第2条）

両締約国の権限のある当局は，この協定の対象となる租税に関する両締約国の法令の規定の運用又は執行に関連する情報の交換を通じて支援を行うことが目的です。交換される情報には，この協定の対象となる租税の決定，賦課及び徴収，租税債権の回収及び執行並びに租税事案の捜査及び訴追に関連する情報が含まれます。情報は，各締約国の法令に従うことを条件として，この協定に従い入手し，交換し，かつ，秘密として取り扱われます。

(4) 管轄（第3条）

被要請国は，その当局によって保有されておらず，かつその領域的管轄内にある者によって保有され，又は管理されていない情報については，それを提供する義務を負いません。

(5) 対象となる租税（第4条）

日本については，所得税，法人税，住民税，相続税及び贈与税についても，適用となります。

(6) 要請に基づく情報の交換（第5条）

① 被要請国の権限のある当局は，要請に応じて情報を入手し，提供することになります。

② 被要請国は，保有する情報が情報提供の要請に応ずるために十分でない場合，自己の課税目的のために必要でないときであっても，要請された情報を要請国に提供するために全ての関連する情報収集のための措置をとります。

③ 要請国から特に要請があった場合，被要請国は，記録の原本の写しに認証を付した形式で，この条の規定に基づく情報の提供を行います。

④ 被要請国の権限のある当局の提供する情報とは，銀行その他の金融機関

等が有する情報，法人，組合，信託，財団その他の者の所有に関する情報です。
⑤ 入手，提供する義務を生じさせない情報として，上場法人に関する情報，調査対象となっている課税期間が6年前に生じたものが規定されています。
⑥ 要請国は，情報の提供を要請する際に，その要請が必要であることを証明することを規定しています。
⑦ 要請者の権限ある当局が要請する際に提供する情報が規定されています。
⑧ 要請に不備がある場合の被要請者への通知が規定されています。

(7) 海外における租税に関する調査（第6条）

　被要請国は，要請国から要請があったときは，被要請国内における租税に関する調査の適当な部分に要請国の権限のある当局の代表者が立ち会うことを認めることができます。この要請に応ずる場合には，できる限り速やかに，要請国に対し，当該調査の時間及び場所，当該調査を行う当局又は職員並びに当該調査を行うために被要請国が求める手続及び条件を通知することになります。なお，租税に関する調査の実施についての全ての決定は，当該調査を実施する被要請国が行います。

(8) 要請を拒否することができる場合（第7条）

　本条では，次の事項が規定されています。
　イ　要請を拒否できる場合
① 要請が協定に従っていない場合
② 要請者が要請する情報に関して自己の管轄内において利用可能なすべての手段をとらなかった場合
③ 公序良俗に反する情報の場合
④ 調査対象の納税義務者以外の者が保有管理する情報で，当該納税義務者に直接関連しないものを要請する場合
⑤ 要請者が，自らが被要請者の立場にあったとしても次の(i)又は(ii)に該当することを目的として自己の法令に基づいて要請された情報を入手することができなかったであろう場合として，
　(i)自己の租税に関する法令の規定を運用し，又は執行すること。

(ii) この協定に基づく有効な要請に応ずること,

が規定されています。
- ロ　営業上等の秘密
- ハ　係争中の租税債権
- ニ　無差別的取扱いに反する情報

(9) 秘密（第8条），保護（第9条），費用（第10条）

　この協定に基づき一方の締約国が受領した情報は，秘密として取り扱われますが，この協定の対象となる租税の賦課若しくは徴収，これらの租税に関する執行若しくは訴追又はこれらの租税に関する不服申立てについての決定に関与する者又は当局（裁判所及び行政機関を含む。）には開示することができます。また，費用の負担については，両締約国の権限のある当局の間で合意されることになります。

(10) 第3章（第10条から第16条）

　本協定は，第3章に課税権の配分の見出しで，人的交流促進の見地から退職年金等の個人所得に関する課税の免除を規定しています。

(11) 第4章（第17条から第20条）

　第18条に規定する「不利益な又は制限的な租税に係る課税措置」には，所得控除，税額控除又は免税の否認，租税又は課徴金の賦課及び特別な報告に関する義務の賦課が含まれます。この規定の趣旨は，一般の租税条約に規定する無差別取扱い条項と同様の趣旨と理解できます。

(情報)

　バミューダは，米国IT産業による租税回避（ダブル・アイリッシュ・ダッチ・サンドイッチ）スキームに利用されたことで有名です。

日本・ケイマン諸島租税協定，日本・バハマ租税協定

❶ 租税協定の基礎データ

　標題の協定は個々に締結されたものですが，その内容に類似する点が多いことから，ここに一括して解説します。

(1) ケイマン諸島の概要

地　域	ケイマン諸島　Cayman Islands（英国の海外領土）
面　積	首都のあるグランドケイマン島：196.8 km^2
人口（万人）	57,570人（2012年）
為替レート	ケイマン・アイランド・ドル。US$1＝CI$0.8（2012年8月現在）
タックスヘイブン	ケイマン諸島，バハマはいずれも所得等に課税のないタックスヘイブンです。

(2) バハマの概要

国　名	バハマ国 Commonwealth of the Bahama
面　積	13,878 km^2（700余りの小島から成る。福島県とほぼ同じ。）
人　口	38.3万人（2014年）
民　族	アフリカ系85％，欧州系白人12％，アジア系及びヒスパニック系3％
言　語	英語（公用語）
宗　教	キリスト教（プロテスタント，英国国教会，カトリック等）等
歴　史	1964年：英国自治領 1973年：独立
名目GNI（億USD）	80（2014年）

主要貿易品目	輸出：化学製品，工業製品，粗製塩，ザリガニ，ポリエスチレン製品 輸入：鉱物・燃料，工業製品，輸送機器，食品
主要貿易相手国	輸出：米国，EU，カナダ，ガーナ，アルゼンチン 輸入：米国，EU，バルバドス，トリニダード・トバゴ，日本
為替レート	1米ドル＝1バハマ・ドル（固定相場制）

(3) 租税協定の基礎データ

	現行租税条約	原条約等
ケイマン諸島	（署名）平成23年2月 （発効）平成23年11月	同　左
バハマ	（署名）平成23年1月 （発効）平成23年8月	同　左
日本・ケイマン諸島租税協定の正式名称	「脱税の防止のための情報の交換及び個人の所得についての課税権の配分に関する日本国政府とケイマン諸島との間の協定」	
日本・バハマ租税協定の正式名称	「脱税の防止のための情報の交換及び個人の所得についての課税権の配分に関する日本国政府とバハマ政府との間の協定」	

(4) 日本・ケイマン諸島租税協定（ケイマン協定），日本・バハマ租税協定（バハマ協定）の条文構成（両協定共通）

第1条（一般的定義）	第2条（目的及び適用範囲）
第3条（管轄）	第4条（対象となる租税）
第5条（要請に基づく情報の交換）	第6条（海外における租税に関する調査）
第7条（要請を拒否することができる場合）	第8条（秘密）
第9条（費用）	第10条（対象となる者）
第11条（対象となる租税）	第12条（居住者）
第13条（退職年金）	第14条（政府職員）

第15条（学生）	第16条（相互協議手続）
第17条（見出し）	第18条（効力発生），第19条（終了）

(5) ケイマン協定，バハマ協定と同系の協定

国　　名	現行租税条約	原条約等
バミューダ	（発効）平成22年8月	同　左
ガーンジー	（発効）平成25年8月	同　左
ジャージー	（発効）平成25年8月	同　左

❷　租税協定の解説

　以下は，両協定が同様の規定であることから，相違がある場合のみ，それに言及します。

(1) 一般的定義（第1条）

　地理的意味のケイマン，バハマの相違と国民の表記が異なりますが他は同じです。

(2) 目的及び適用範囲（第2条）

　両締約国の権限のある当局は，この協定の対象となる租税に関する両締約国の法令の規定の運用又は執行に関連する情報の交換を通じて支援を行うことが目的です。交換される情報には，この協定の対象となる租税の決定，賦課及び徴収，租税債権の回収及び執行並びに租税事案の捜査及び訴追に関連する情報が含まれます。情報は，各締約国の法令に従うことを条件として，この協定に従い入手し，交換し，かつ，秘密として取り扱われます。この協定に基づいて被要請国が情報を入手し，及び提供するに際しては，被要請国の法令又は行政上の慣行によって当該情報を有する者に対して保障されている手続上の権利及び保護は，引き続き適用されますが，これらの権利及び保護が実効的な情報の交換を不当に妨げ，又は遅延させる場合は除かれることになります。

(3) 管轄（第3条）

　被要請国は，その当局によって保有されておらず，かつその領域的管轄内にある者によって保有され，又は管理されていない情報については，それを提供する義務を負いません。

(4) 対象となる租税（第4条）

　この協定は，一方の締約国又はその地方政府若しくは地方公共団体のために課される全ての種類の租税について適用されます。また，各締約国の租税に関する法令について行われた重要な改正を相互に通知することになっています。

(5) 要請に基づく情報の交換（第5条）

① 被要請国の権限のある当局は，要請に応じて情報を入手し，提供することになります。

② 被要請国は，保有する情報が情報提供の要請に応ずるために十分でない場合，自己の課税目的のために必要でないときであっても，要請された情報を要請国に提供するために全ての関連する情報収集のための措置をとります。

③ 要請国から特に要請があった場合，被要請国は，記録の原本の写しに認証を付した形式で，この条の規定に基づく情報の提供を行います。

④ 被要請国の権限のある当局は，要請に応じて情報を入手し，提供しますが，その情報とは，銀行その他の金融機関等が有する情報，法人，組合，信託，財団その他の者の所有に関する情報です。

⑤ 要請国は，情報の提供を要請する際に，求める情報とその要請との関連性を示すため，被要請国に対して，調査の対象となる者を特定する事項，要請する情報に係る記述，要請する情報を必要とする課税目的，要請する情報を被要請国が保有しているか又は被要請国の領域的管轄内にある者が保有し，若しくは管理していると認める根拠，要請する情報を保有し，又は管理していると認められる者の名称及び住所，要請が要請国の法令及び行政上の慣行に従って行われており，要請する情報が要請国の領域的管轄内にあったとしたならば要請国が要請国の法令に基づいて，又は要請国の通常の行政上の慣行を通じて当該情報を入手することができ，並びに当該

要請がこの協定に従って行われている旨の記述，要請する情報を入手するために要請国が自国の領域的管轄内において利用可能な全ての手段（過重な困難を生じさせるものを除く。）をとった旨の記述を提供します。
⑥　被要請国は，できる限り速やかに要請された情報を要請国に提供する。迅速な対応を確保するため，要請国に対し，要請の受領を書面によって確認すること及び当該要請に不備がある場合には，要請国に対し，当該要請の受領の日から60日以内に当該不備を通知することになります。また，要請の受領の日から90日以内に要請された情報を入手し，及び提供することができない場合には，要請国に対し，そのような入手及び提供が不可能である理由，当該障害の性質又はその拒否の理由を説明するため直ちに通知することになります。

(6) 海外における租税に関する調査（第6条）

　被要請国は，要請国から要請があったときは，被要請国内における租税に関する調査の適当な部分に要請国の権限のある当局の代表者が立ち会うことを認めることができます。この要請に応ずる場合には，できる限り速やかに，要請国に対し，当該調査の時間及び場所，当該調査を行う当局又は職員並びに当該調査を行うために被要請国が求める手続及び条件を通知することになります。なお，租税に関する調査の実施についての全ての決定は，当該調査を実施する被要請国が行います。

(7) 要請を拒否することができる場合（第7条）

　　イ　要請を拒否できる場合
　被要請国は，要請された情報が要請国の領域的管轄内にあったとしても要請国の権限のある当局が要請国の法令に基づいて，又は要請国の通常の行政上の慣行を通じて入手することができない場合には，当該情報を入手し，又は提供することを要求されません。また，被要請国は，要請国の要請がこの協定に従って行われていない場合には，支援を拒否することができます。
　　ロ　営業上等の秘密
　この協定は，営業上，事業上，産業上，商業上若しくは職業上の秘密又は取引の過程を明らかにするような情報を提供する義務を課してはいません。

ハ　公序良俗に反する情報

被要請国は，要請された情報を公開することが被要請国の公の秩序に反することとなる場合には，情報提供の要請を拒否することができます。

ニ　係争中の租税債権

情報提供の要請は，当該要請を行う契機となった租税債権が係争中であることを理由として，拒否されることはありません。

ホ　無差別的取扱いに反する情報

被要請国は，要請国が要請国の租税に関する法令の規定又はこれに関連する要件であって，同様の状況にある要請国の国民との比較において被要請国の国民を差別するものを運用し，又は執行するために情報の提供を要請する場合には，その要請を拒否することができます。

(8)　秘密（第8条），費用（第9条）

この協定に基づき一方の締約国が受領した情報は，秘密として取り扱いますが，この協定の対象となる租税の賦課若しくは徴収，これらの租税に関する執行若しくは訴追又はこれらの租税に関する不服申立てについての決定に関与する者又は当局（裁判所及び行政機関を含む。）には開示することができます。また，費用の負担については，両締約国の権限のある当局の間で合意されることになります。

(9)　第3章（第10条から第15条）

ケイマン，バハマ両協定は，第3章に課税権の配分の見出しで，人的交流促進の見地から退職年金等の個人所得に関する課税の免除を規定しています。

(10)　対象となる者（第10条）

日本又は協定相手国の居住者及び双方の締約国の居住者です。

(11)　対象となる租税（第11条）

ケイマン協定では日本側は所得税，バハマ協定では日本側は，所得税と住民税です。

⑿　居住者（第12条）

　ケイマン居住者とは，ケイマン諸島に合法的かつ通常の居所を有する個人です。また，バハマ居住者とは，バハマに住所を有する個人で，バハマ市民又はバハマ移民法第4部又は第6部の規定によりバハマに居住若しくは滞在することを許されている個人です。この規定ある居住者とは，日本及びケイマン，バハマにおいて居住者となる個人のことで，双方居住者となる個人の振分け規定は本条第2項に規定があります。

⒀　退職年金（第13条）

　政府職員の場合を除いて，退職年金はその他これに類する報酬は，受益者の居住地国で課税になります。

⒁　政府職員（第14条）

　政府職員への報酬は，原則として，派遣国で課税になります。接受国で課税となる場合は，その報酬の受領者がその国の国民である場合，又は，専ら役務提供のため接受国の居住者となった者でないもの，です。なお，政府職員の退職年金も派遣国課税です。なお，国又は地方が行う事業に関連して提供される給与等は，上記の原則が適用されません。

⒂　学生（第15条）

　専ら教育又は訓練を受けるため一方の締約者内に滞在する学生又は事業修習者で，現に他方の締約者の居住者であるもの又はその滞在の直前に他方の締約者の居住者であったものがその生計，教育又は訓練のために受け取る給付（当該一方の締約者外から支払われるものに限る。）については，滞在地国では免税です。なお，事業修習者についての免税期間は最初に訓練を開始した日から1年です。

⒃　相互協議手続（第16条）

　相互協議の申立て期限は最初の通知の日から3年以内です。

日本・英領バージン諸島租税協定

❶ 租税協定の基礎データ

(1) 英領バージン諸島の概要

地　域	英領バージン諸島　British Virgin Islands（英国の海外領土）
面　積	153 km^2
人　口	31,912人（2013年）
為替レート	US$

(2) 租税協定の基礎データ

	現行租税条約	原条約等
英領バージン諸島	（署名）平成26年6月 （発効）平成26年10月	同　左
日本・英領バージン諸島租税協定の正式名称	「租税に関する情報の交換のための日本国政府と英領バージン諸島政府との間の協定」	

(3) 租税協定の条文構成

第1条（目的及び適用範囲）	第2条（管轄）
第3条（対象となる租税）	第4条（定義）
第5条（要請に基づく情報の交換）	第6条（海外における租税に関する調査）
第7条（要請を拒否することができる場合）	第8条（秘密）
第9条（保護）	第10条（費用）
第11条（相互協議手続）	第12条（見出し）
第13条（効力発生）	第14条（終了）

(4) 英領及び米領バージン諸島の概要

バージン諸島（Virgin Islands）はカリブ海の西インド諸島にある約160の火山性の島と岩礁からなる島々で，西側半分は約50の島々からなる米国領，東側半分は約60の島々からなる英領（略称：BVI）になっています。英領バージン諸島は，英国の海外領土で人口が約3万1千人です。米国バージン諸島は，アメリカ合衆国自治領バージン諸島（Virgin Islands of the United States）で人口約10万人で，観光が主要産業ですが，セントクロイ（Saint Croix）島の製油所は世界でも最大規模です。

(5) 英領バージン諸島が税金に関して報道された事件

日本では，ライブドア事件において英領バージン諸島の組合が利用されたことが報道されました。また，外国では，タイのタクシン前政権関係者の不正蓄財を調査する資産調査委員会は，前首相一族の株の売却益に関して前首相の長男と長女が，2006年1月に同国最大の通信グループ，シン・コーポレーション株をシンガポールの投資会社に売却した際，前首相が英領バージン諸島に設立した投資会社を経由する等の手段で税を免れたとして，追徴課税も含めて総額274億バーツ（約900億円）の支払を命じる決定を行っています（毎日新聞2007年4月24日）。

(6) 中国或いは台湾の企業・個人等による英領バージン諸島の利用

中国に対する投資上位10か国は次のとおりです。①香港，②英領バージン諸島，③韓国，④日本，⑤米国，⑥台湾，⑦ケイマン諸島，⑧シンガポール，⑨サモア，⑩ドイツ，です（データでみる中国経済と日中関係：www.ndl.go.jp/jp/data/publication/refer/200502_649/064904.pdf　アクセス2015年5月）。

この対中投資上位10か国のうち，2位が英領バージン諸島です。2004年における対中投資の総額67億3千万ドル，対中投資におけるシェアーが約11％です。第7位のケイマン諸島は，国際税務においては有名なタックスヘイブン国です。そして，第9位がサモアです。いずれも，これらの国の企業等が投資をしているのではなく，他の先進諸国の企業がこれらの国等を経由して中国に投資を行っているのです。

例えば，上記の順位では6位の台湾企業がこのような間接投資を行っている

可能性も推測できるのです。なお，税制の点から検討すると，英領バージン諸島，ケイマン諸島及びサモアは，いずれもOECDによる有害な税競争におけるタックスヘイブン国のリストに掲載されたことのある国です。

(7) 英領バージン諸島の税制

英領バージン諸島の税制は次のようになっています（www.lowtax.net/lowtax/html/jbvpetx.html アクセス2015年5月）。

英領バージン諸島は，2002年に所得税（個人及び法人）の税率をゼロとしました。また，キャピタルゲインに対する税等もありません。給与所得者には，給与税（payroll tax）が課されます。その他に，印紙税，土地税，家屋税等があります。

(8) 英領バージン諸島と日本との税務における関連

日英租税原条約は，1962年9月4日に署名され，1963年4月23日に行われた批准書の交換により同日に発効しています。この日英租税原条約（以下「原条約」とします。）第22条には日英租税条約の適用拡大に関する規定があり，この租税条約は，英領バージン諸島他に適用拡大していました。この原条約は，1969年2月に改正されていますが，第2次日英租税条約が発効後も，原条約の適用地域拡大の規定は有効でした。2000年6月21日に日本国政府は英国政府に対し，原条約の適用拡大地域とされていた英領バージン諸島及びモントセラットに対する同条約の適用を終了する旨の通告をしました。一時期，原条約が英国領バージン諸島にも適用された時期があったことになります。

(9) 他の情報交換協定との比較

国　　名	現行租税条約	原条約等
マカオ	（発効）平成26年5月	同　左
サモア独立国	（発効）平成25年7月	同　左
ケイマン諸島	（発効）平成23年11月	同　左
バハマ	（発効）平成23年8月	同　左
バミューダ	（発効）平成22年8月	同　左

ガーンジー	（発効）平成25年8月	同　左
マン島	（発効）平成23年9月	同　左
ジャージー	（発効）平成25年8月	同　左
リヒテンシュタイン	（発効）平成24年12月	同　左

　イ　対マン島協定と同型の租税協定

　　①　対マカオ租税協定

　　②　対英領バージン諸島租税協定

　　③　対サモア独立国租税協定

　　④　対リヒテンシュタイン租税協定

　ロ　対バミューダ協定と同型の租税協定

　　①　対ケイマン諸島租税協定

　　②　対バハマ租税協定

　　③　対ガーンジー租税協定

　　④　対ジャージー租税協定

　上記イとロは，協定の前段部分の条文は類似していますが，ロは後段部分に，「課税権の配分」等の規定ある点でイの協定とは異なっています。また，協定ごとに条文に多少の差異があります。

❷　租税協定の解説

(1)　目的及び適用範囲（第1条）

　両締約国の権限のある当局は，この協定の対象となる租税に関する両締約国の法令の運用又は執行に関連する情報の交換を通じて支援を行うことが目的です。そのような情報には，この協定の対象となる租税の決定，賦課及び徴収，租税債権の回収及び執行並びに租税事案の捜査及び訴追に関連する情報を含みます。情報は，各締約者の法令に従うことを条件として，この協定に従い入手し，交換し，かつ，秘密として取り扱われます。

(2)　管轄（第2条）

　被要請国は，その当局によって保有されておらず，かつその領域的管轄内に

ある者によって保有され，又は管理されていない情報については，それを提供する義務を負いません。

(3) 対象となる租税（第3条）

この協定は，一方の締約者のために課される全ての種類の租税について適用され，両締約者の権限のある当局は，各締約者の租税に関する法令について行われた重要な改正を相互に通知することになります。ただし，この協定は，一方の締約者の地方政府又は地方公共団体のために課される租税については，適用されません。

(4) 定義（第4条）

英領バージン諸島の国民は，2007年バージン諸島憲法令に基づいて英領バージン諸島に属し，又は移民旅券令（第130章）に基づいて英領バージン諸島の居住証明書を有する全ての者及び英領バージン諸島において施行されている法令によってその地位を与えられた全ての法人，組合又は団体，と規定されています。

(5) 要請に基づく情報の交換（第5条）

① 被要請者は，第1条に定める目的のため，要請者の書面による要請に応じて情報を入手し，提供します。その情報は，銀行その他の金融機関等が有する情報と法人，組合，信託，財団その他の者の所有に関する情報（所有の連鎖における全ての者の所有に関する情報を含むものとし，信託については委託者，受託者及び受益者に関する情報，財団については設立者，理事会の構成員及び受益者に関する情報を含みます。）です。

上記に規定する情報は，調査の対象となる行為が被要請者内において行われたとした場合にその法令の下において犯罪を構成するか否かを考慮することなく提供されます。

② 被要請国は，保有する情報が情報提供の要請に応ずるために十分でない場合，自己の課税目的のために必要でないときであっても，要請された情報を要請国に提供するために全ての関連する情報収集のための措置をとります。

③ 要請国から特に要請があった場合，被要請国は，記録の原本の写しに認証を付した形式で，この条の規定に基づく情報の提供を行います。
④ 株式公開法人又は公開集団投資基金若しくは公開集団投資計画の所有に関する情報については，これらの情報を入手し，又は提供する義務を負わないこととなっています。
⑤ 要請国は，情報の提供を要請する際に，求める情報とその要請との関連性を示すため，被要請国に対して，調査の対象となる者を特定する事項，情報の対象期間，要請する情報の性格と受領する形式，要請する情報を必要とする課税目的等，要請する情報を被要請国が保有しているか又は被要請国の領域的管轄内にある者が保有し若しくは管理していると認める根拠，要請する情報を保有し，又は管理していると認められる者の名称及び住所，要請が要請国の法令及び行政上の慣行に従って行われており，要請する情報が要請国の領域的管轄内にあったとしたならば要請国が要請国の法令に基づいて，又は要請国の通常の行政上の慣行を通じて当該情報を入手することができ，並びに当該要請がこの協定に従って行われている旨の記述，要請する情報を入手するために要請国が自国の領域的管轄内において利用可能な全ての手段（過重な困難を生じさせるものを除く。）をとった旨の記述，を提供します。
⑥ 被要請国は，できる限り速やかに要請された情報を要請国に提供します。迅速な対応を確保するため，要請国に対し，要請の受領を書面によって確認すること及び当該要請に不備がある場合には，要請国に対し，当該要請の受領の日から60日以内に当該不備を通知することになります。また，要請の受領の日から90日以内に要請された情報を入手し，及び提供することができない場合には，要請国に対し，そのような入手及び提供が不可能である理由，当該障害の性質又はその拒否の理由を説明するため直ちに通知することになります。

(6) 海外における租税に関する調査（第6条）

被要請国は，要請国から要請があったときは，被要請国内における租税に関する調査の適当な部分に要請国の権限のある当局の代表者が立ち会うことを認めることができます。この要請に応ずる場合には，できる限り速やかに，要請

国に対し，当該調査の時間及び場所，当該調査を行う当局又は職員並びに当該調査を行うために被要請国が求める手続及び条件を通知することになります。なお，租税に関する調査の実施についての全ての決定は，当該調査を実施する被要請国が行います。

(7) 要請を拒否することができる場合（第7条）

要請を拒否できる場合とは，要請者の要請がこの協定に従って行われていない場合，要請する情報を入手するために要請者が自己の領域的管轄内において利用可能な全ての手段をとらなかった場合（そのような手段をとることが過重な困難を生じさせる場合を除きます。），要請された情報を公開することが被要請者の公の秩序に反することとなる場合，です。また，被要請者は，要請された情報が要請者の領域的管轄内にあったとしても要請者の権限のある当局が要請者の法令に基づいて，又は要請者の通常の行政上の慣行を通じて入手することができない場合には，当該情報を入手し，又は提供することを要求されません。また，営業上等の秘密，公序良俗に反する情報，係争中の租税債権，無差別的取扱いに反する情報も要請を拒否することができるものです。

(8) 秘密（第8条），保護（第9条），費用（第10条），相互協議手続（第11条）

情報は秘密として取り扱いますが，この協定の対象となる租税の賦課若しくは徴収，これらの租税に関する執行若しくは訴追又はこれらの租税に関する不服申立てについての決定に関与する者又は当局（裁判所及び行政機関を含む。）には開示することができます。

日本・チリ租税条約

① 租税条約の基礎データ

(1) チリの概要

国名	チリ共和国　Republic of Chile
面積	756,000 km^2
人口（万人）	1,762万人（2013年世銀）
民族	スペイン系75%，その他の欧州系20%，先住民系5%
言語	スペイン語
宗教	カトリック
GDP（億USD）	2,041億ドル（2014年チリ中銀）
環太平洋パートナーシップ（TPP）協定	オーストラリア，ブルネイ，カナダ，チリ，日本，マレーシア，メキシコ，ニュージーランド，ペルー，シンガポール，米国及びベトナムの合計12か国による経済連携協定
主要貿易相手国	輸出：中国，米国，日本，韓国，ブラジル 輸入：中国，米国，ブラジル，アルゼンチン，ドイツ，メキシコ，日本
対日貿易	輸出：銅，サケ・マス，木材・チップ，モリブデン等 輸入：自動車・同部品，自動車用タイヤ，建設・鉱山用機械等
為替	1米ドル＝626ペソ（2015年1月）

(2) 租税条約の基礎データ

	現行租税条約	原条約等
チリ	（署名）平成28年1月22日（未発効）	同　左
日本・チリ租税条約の正式名称	「所得に対する租税に関する二重課税の除去並びに脱税及び租税回避の防止のための日本国とチリ共和国との間の条約」	

(3) 租税条約の条文構成

第1条（対象となる者）	第2条（対象となる租税）	第3条（一般的定義）
第4条（居住者）	第5条（恒久的施設）	第6条（不動産所得）
第7条（事業利得）	第8条（海上運送及び航空運送）	第9条（関連企業）
第10条（配当）	第11条（利子）	第12条（使用料）
第13条（譲渡収益）	第14条（独立の人的役務）	第15条（給与所得）
第16条（役員報酬）	第17条（芸能人及び運動家）	第18条（退職年金）
第19条（政府職員）	第20条（学生）	第21条（その他所得）
第22条（減免の制限）	第23条（二重課税の除去）	第24条（無差別待遇）
第25条（相互協議手続）	第26条（情報の交換）	第27条（外交使節団及び領事機関の構成員）
第28条（見出し）	第29条（効力発生）	第30条（終了）
議定書1～10		

(4) チリの税制

チリの税制の概要は次のとおりです。

法人税率	21％（2014年），22.5％（2015年），24％（2016年），25％又は27％（2017年・2018年）
キャピタルゲイン税	22.5％又は35％
外国法人支店税	22.5％，支店送金税なし
源泉徴収	配当35％，利子35％，使用料0～30％
損失の繰戻	認められない（2017年以降）
損失の繰越	制限なし
付加価値税	19％（標準税率）
個人所得税	0～35％（2017年）

チリでは，2014年（平成26年）第2次政権となったミチェレ・パチェレ大統領が教育改革，社会保障政策等の財源確保のために，大規模な税制改革を行っています。その後に，日本との間の租税条約交渉が始まったことになります。

❷ チリとの租税条約締結

　日本は，現在，南米12か国のうちブラジルとのみ租税条約を締結しています。日本と多くの南米諸国が租税条約を締結していない理由は，日本との経済的交流の少なさ等が考えられますが，その他にも，南米の国のいくつかが国外源泉所得を課税しない属地主義を採用しており，国際的二重課税が発生しないことから，租税条約を締結する必要性に乏しいという見方もできます。

　今回の租税条約締結の背景には，環太平洋パートナーシップ（TPP）協定が，平成27年10月のアトランタ閣僚会合において，大筋合意に至ったことが大きな原因といえます。平成26年7月に安倍総理はチリを公式訪問しています。今回の租税条約締結は，この総理の公式訪問とつながりがあるものと思われます。

❸ インピュテーション制度と租税条約

　インピュテーション制度とは，配当支払法人の法人税を配当に係る所得税の前払いとみて，その前払相当額を配当受領者に帰属（impute）させる制度で，法人の配当に対する二重課税の調整措置です。英国，ドイツ，フランスではこれらが導入されましたが現在は廃止されています。

　上記の国々でインピュテーション制度が適用されていた時期に，例えば，日英租税条約は，原条約発効が，1963年（昭和38年），第2次条約発効が，1970年（昭和45年）であり，この第2次条約の一部改正署名が，1980年（昭和55年）です。この第2次条約一部改正のときに，日本居住者にも英国からの所定の配当についてインピュテーション制度が認められる条項が規定されたのです。

❹ チリにおける新しい法人課税制度

　新しい法人課税制度の適用は，2017年（平成29年）以降となりますが，2つの制度の選択となりました。

　第1は，統合制度又は帰属所得制度（以下「帰属所得制度」という。）で，第2は，半統合制度です。帰属所得制度を選択したチリ法人の場合，その株主であるチリ国外の非居住者（法人又は個人）は35％の税率の課税を受けるのです

が、その課税は投資先の法人に利益が生じた時点で行われることになり、実際の配当の支払を課税要件にしていません。

第1の帰属所得制度が所得の発生ということを基準にしていることから、配当に係る課税を繰り延べるという社内留保の利点がありません。第2の半統合制度は、法人税率が第1の帰属所得制度よりも2％高い27％ですが、社内留保を選択できる制度であり、配当課税は、その配当の支払時です。しかし、配当を行った時点において、課税となり、税負担は44.45％となります。以下は、4つの場合に分けて各制度の税負担を比較しました。

	帰属所得制度	半統合制度		
配当	有・無双方	有（条約無）	有（条約有）	無
課税所得	100	100	100	100
法人税	25	27	27	27
税引後所得	75	73	73	73
追加源泉税課税所得	100	100	100	100
追加源泉税	35	35	35	0
法人税税額控除	▲25	▲27	▲27	
税額控除されない負担額		9.45（注）		
株主追加負担分	10	17.45	8	
最終税負担	35	44.45	35	27

（注）27×35％＝9.45

上記の表からも明らかなように、帰属所得制度は所得の発生で課税されるため、配当の有無にかかわらず、同じ税負担です。半統合制度は、まず、配当した場合と社内留保した場合で税負担が異なり、配当した場合もチリと租税条約がある場合とない場合で税負担が異なることになります。上記の例示の計算過程は、先に述べたインピュテーション制度のものと同様です。上記の表の法人税は、タックス・クレジットとして、配当に係る源泉徴収税額と同様に考えると理解が進むことになります。

⑤ 租税条約の適用

現行では，チリの配当支払法人が半統合制度を選択した場合，日本居住者は，配当を受領するとその最終税負担は，44.45％ということになりますが，租税条約が締結されると，その税負担は35％ということになります。
（参考資料：日本貿易振興機構・サンティアゴ事務所　進出企業支援・知的財産部　進出企業支援課　「チリ税制改正の概要」2015年３月）
www.jetro.go.jp/ext.../jfile/.../tax_revisions_201503.pdf（アクセス：2015年11月13日）

⑥ 租税条約の解説

(1) 本租税条約の特徴

本租税条約は，新旧の規定が混在しているという日本の租税条約の例には特徴があります。例えば，第７条の事業利得条項は，最新型のAOA（OECD承認アプローチ）ではなく，従前の基本７項から単純購入非課税規定等の削除という過渡的形態です。また，第14条に自由職業所得条項という，OECDモデル租税条約では削除された条項が規定されています。

その反面，OECDによるBEPS（税源浸食と利益移転）活動計画７に含まれている恒久的施設に関する「準備的補助的活動」に関連する規定では，このBEPSの見解が反映される等，新しい規定も盛り込まれています。

(2) 第１条（対象となる者）

本条約は，事業体ではなくその構成員に課税をするパススルー事業体の扱いについての規定を本条第２項に置いています。条文上は，全面的に若しくは部分的に課税上存在しないものとして取り扱われる団体（wholly or partly fiscally transparent）等が取得した所得は，居住者の所得として扱われるものについてのみその国において課税対象となることが規定されている。

(3) 第２条（対象となる租税）

日本は，所得税，法人税，復興特別所得税，地方法人税及び住民税と地方税

を対象税目に掲げています。チリは，所得税法に基づいて課される租税となっています。

(4) 第3条（一般的定義）

特に注目すべき規定はありません。

(5) 第4条（居住者），議定書1～3

本条第2項に個人の双方居住者に振分け規定があります。個人以外は，本条第3項により，両締約国の権限ある当局による合意により決定されます。

(6) 第5条（恒久的施設）

建築工事，監督活動等は6か月を超える期間存続すると恒久的施設になります。本条第3項には，コンサルタントの役務提供については，いずれかの12か月の期間に183日を超える場合，恒久的施設となる。なお，建設PE及びコンサルタントのサービスPEのいずれの場合も，2以上の関連企業がその活動を行う場合は活動期間の合計により日数判定が行われます。

本条第4項は，前述したように，BEPS活動計画の提言を受けての「準備的補助的活動」に該当しない場合として，次の条項が規定されています。

> (a) この条の規定に基づき，当該一定の場所又は当該他の場所が当該企業又は当該企業と密接に関連する企業の恒久的施設を構成すること。
> (b) 当該企業及び当該企業と密接に関連する企業が当該一定の場所において行う活動の組合せ又は当該企業若しくは当該企業と密接に関連する企業が当該一定の場所及び当該他の場所において行う活動の組合せによる活動の全体が準備的又は補助的な性格のものではないこと。

この規定は，源泉地国に巨大な倉庫或いは在庫を保有してネット取引等により通販販売を行う企業が，従前は，準備的補助的な活動に該当して課税を免れてきたことに対する防止策です。

本条第6項の従属代理人の規定も，BEPSの影響により，その要件が従前の契約締結権限の反復的行使から次のように拡大されています。

> 又は当該企業によって重要な修正が行われることなく日常的に締結される契約の締結のために反復して主要な役割を果たす場合において，これらの契約が次の(a)から(c)までのいずれかに該当するときは，当該企業は，その者が当該企業のために行う全ての活動について，当該一方の締約国内に恒久的施設を有するものとされる。
> (a) 当該企業の名において締結される契約
> (b) 当該企業が所有し，又は使用の権利を有する財産について，所有権を移転し，又は使用の権利を付与するための契約
> (c) 当該企業による役務の提供のための契約

(7) 第7条（事業利得），議定書4

本条は，従前に基本7項型から単純購入非課税原則等を削除した規定となっています。

(8) 第9条（関連企業）

本条第2項に対応的調整があり，不正の場合を除いて更正の期間制限は10年です。

(9) 第10条（配当），議定書5

配当に係る限度税率等は次のとおりです。

親子間配当（6か月間25%以上を直接所有）	5%
その他	15%
チリ支払分については前述のチリ国内法による。	約10%
年金基金受取分	免税

(10) 第11条（利子），議定書6，7

利子に係る限度税率等は次のとおりです。なお，利子，使用料及び譲渡収益に規定する限度税率について，チリが他国よりも有利な条約を締結したときは

日本からの要請があれば再交渉することになります。

銀行，保険会社，貸金業又は金融業等（バックトゥバック融資の場合は10％）	4％
その他	10％
その他（発効後2年間）	15％

(11) 第12条（使用料）

使用料に係る限度税率等は次のとおりです。

産業上，商業上又は学術上の設備の使用又は使用の権利に対するものである場合	2％
その他	10％

(12) 第13条（譲渡収益）

譲渡収益は原則居住地国課税です。譲渡前1年のいずれかの時に源泉地国の居住法人の資本の20％以上を保有する株式等，又は，会社財産に占める不動産の割合が譲渡前1年のいずれかの時に50％以上である株式については，源泉地国課税となりその限度税率は16％です。

(13) 第14条（独立の人的役務）

弁護士等の自由職業者は，源泉地国に事務所等の固定的施設を有するか，又は，いずれかの12か月間に183日以上滞在する場合，源泉地国課税になります。

(14) 第15条（給与所得）

本条第2項の短期滞在者免税の規定はOECDモデル租税条約と同様の規定です。

(15) 第16条（役員報酬）

役員報酬を支払う法人の居住地国で課税することができます。

⒃　第17条（芸能人及び運動家）
　芸能人及び運動家の所得は，第14条及び第15条の適用外として，活動した国で課税になります。

⒄　第18条（退職年金）
　退職年金はその受取る者の居住地国課税です。

⒅　第20条（学生）
　事業修習者に対する免税の期間は1年です。

⒆　第21条（その他の所得）
　その他の所得は，原則として源泉地国課税です。

⒇　第22条（減免の制限）
　本条約の特典を享受することを制限する規定として，本条約は，日米租税条約等に規定する特典制限規定（LOB）ではなく，主要目的テスト（PPTテスト）を規定しています。また，以下に該当する第三国所在の恒久的施設に帰せられる所得は特典が与えられないことになっています。

> ⒜　第三国の恒久的施設等を利用した場合に，企業所在地国の税額の60％未満となる場合
> ⒝　当該恒久的施設が，この条約の特典が要求される当該他方の締約国と租税条約のない国等に存在する場合。
> 　この特典が与えられない所得については源泉地国課税をすることができます。この規定が適用される利子及び使用料に対しては，源泉地国の限度税率は25％が上限となります。

(21)　第25条（相互協議手続），議定書8，9
　相互協議の申立ては適合しない課税に係る措置の最初の通知の日から3年以内です。

本条約は，仲裁規定のある租税条約として対オランダ，対香港，対ポルトガル，対ニュージーランド，対米国，対英国，対スウェーデン，対ドイツ租税条約に次いで9番目です。仲裁へ付託されるまでの期限は2年です。

�(22)　第26条（情報の交換），議定書10
　金融機関の情報も含めて情報交換ができることが規定されています。

第5部
旧ソ連諸国との租税条約

日本・カザフスタン租税条約

❶ 租税条約の基礎データ

(1) カザフスタンの概要

国　名	カザフスタン共和国　Republic of Kazakhstan
面　積	272万4,900 km^2（日本の7倍。旧ソ連では1位ロシアに次ぐ2位）
人口（万人）	1,660（2014年）
民　族	カザフ系65％，ロシア系21％，ウズベク系3％，ウクライナ系，ウイグル系，タタール系，ドイツ系，その他
言　語	カザフ語が国語（ロシア語は公用語）
宗　教	イスラム教70.2％，ロシア正教26.2％，その他
独　立	1991年12月：旧ソ連解体により，国名を「カザフスタン共和国」に変更，共和国独立宣言
GDP（億USD）	2,160（2014年）
主要貿易国	輸出：イタリア，中国，オランダ，ロシア，フランス 輸入：ロシア，中国，ドイツ，米国，ウクライナ
為　替	1ドル＝307.4（2015年4月現在）
天然資源	この国は，石油，レアメタル等に恵まれた資源大国です。石油埋蔵量は300億バーレル（世界の1.8％），天然ガス埋蔵量1.5兆 km^3（世界の0.8％）（2014年）で，特に石油は今後増産が見込まれていて有望ということです。また，石油以外の鉱物資源としては，ウラン埋蔵量は世界2位，クロムは世界2位，亜鉛は世界6位です。

(2) 租税条約の基礎データ

国　名	現行租税条約	原条約等
カザフスタン	（署名）平成20年12月 （発効）平成21年12月	（旧ソ連条約） （署名）昭和61年1月 （発効）昭和61年11月
日本・カザフスタン租税条約の正式名称	「所得に対する租税に関する二重課税の回避及び脱税の防止のための日本国とカザフスタン共和国との間の条約」	

- カザフスタンと日本の間には旧ソ連が解体した1991年（平成3年）後も旧日ソ租税条約が適用されていました。
- 日本は，カザフスタン（平成6年7月11日）と，旧日ソ租税条約を含む日本との間の条約等の適用関係を確認するために，両国政府間において口上書の交換を行っています。
- カザフスタンが，平成7年12月20日に日本・カザフスタン租税条約（旧日ソ租税条約）の適用終了を通告。平成8年1月1日以後に生じた所得について，現行租税条約が適用されるまでの間，日本とカザフスタンの間では租税条約の適用がないことになっていました。

(3) 租税条約の条文構成

第1条（人的範囲）	第2条（対象税目）	第3条（一般的定義）
第4条（居住者）	第5条（恒久的施設）	第6条（不動産所得）
第7条（事業所得）	第8条（国際運輸業所得）	第9条（特殊関連企業）
第10条（配当）	第11条（利子）	第12条（使用料）
第13条（譲渡収益）	第14条（給与所得）	第15条（役員報酬）
第16条（芸能人及び運動家）	第17条（退職年金）	第18条（政府職員）
第19条（学生と事業修習生）	第20条（匿名組合）	第21条（その他所得）
第22条（二重課税の除去）	第23条（無差別待遇）	第24条（相互協議）
第25条（情報交換）	第26条（徴収共助）	第27条（外交官及び領事官）
第28条（発効）	第29条（終了）	議定書全5条

(4) カザフスタンの税制

法人税率	20%
外国法人支店税	20%，付加税15%
源泉徴収	配当15%，利子15%，使用料15%
損失の繰戻	なし
損失の繰越	10年
付加価値税	12%（標準税率）
個人所得税	最高税率10%（給与所得），所得ごとに税率別
遺産税・贈与税	なし

❷ 租税条約の解説

(1) 対象税目（第2条）

日本の租税としては，所得税，法人税及び住民税が規定されています。カザフスタンは，法人所得税と個人所得税です。

(2) 居住者（第4条）

双方居住者の振分け規定が規定されています（第2項）。個人以外の者については，両締約国の権限ある当局の合意により居住者とみなされる締約国が決定されます。合意ができない場合は，この条約に認められている特典（第23条の無差別待遇，第24条の相互協議を除きます。）を要求する上で，いずれの締約国の居住者ともされません。

(3) 恒久的施設（第5条）

建設工事等は，12か月を超えると恒久的施設（PE）となります。代理人PEは，従属代理人の規定だけです。

本条第2項の恒久的施設（PE）の例示に係る規定において，(f)に「鉱山，石油若しくは天然ガスの坑井又は採石場」を規定し，(g)に「天然資源の探査若しくは採取のために使用する設備若しくは構築物又は天然資源の探査若しくは採

取の場所」を規定しています。OECD モデル租税条約の PE に係る規定では，上記(f)と同じ規定に続いて「その他天然資源を採取する場所」という規定がありますが，この OECD モデル租税条約の規定は，「探査」を含むものではありません（OECD モデル租税条約コメンタリー・パラ15）。このように本条約では，PE 概念が他の租税条約と比較して拡大しているのは，カザフスタンが資源国であり，日本側が，カザフスタンにおける資源開発に対して投資を行っていることに関係があるものと思われます。

なお，カザフスタンは，2009年1月施行された新税法においてサービス PE の規定を創設しましたが，本条約の PE 関連規定に，サービス PE に関する規定がないことから，日本居住者がカザフスタンの国内法によりサービス PE に係る課税を受ける可能性はなくなったといえます。

(4) 事業所得（第7条）

本条の各項は，第1項帰属主義，第2項独立企業の原則，第3項本店配賦経費，第4項所得配分により PE 利得の算定，第5項単純購入非課税の原則，第6項所得計算の継続性，第7項他の規定との関係，です。特に他の租税条約と変わった点はありません。

(5) 国際運輸業所得（第8条）

本条第2項において，日本，カザフスタン双方において，日本においては事業税，カザフスタンにおいては日本の事業税に類似する税が免除されることを規定しています。

(6) 特殊関連企業（第9条）

本条第3項において，移転価格課税の調査について，原則として，課税年度終了時から7年以内にその期限を制限するための規定です。ただし，不正による脱税の場合はこの期間制限が適用されないことになります。

また，第9条に関しては，議定書の1において，条約第9条2の規定に関し，カザフスタンが同規定に係る調整を行う場合において，同規定は，カザフスタンに対して，調整される利得について合意する義務を課するものと解してはならない，と規定しています。さらに，議定書2において，条約第9条3の規定

に関し，同規定は，契約に基づく地表下の利用から取得するカザフスタンの企業の利得について，当該契約の期間が満了した日から起算して5年の期間の末日までは，同条1の規定に基づきカザフスタンが更正することを妨げるものと解してはならない，と規定し，地下資源開発より取得する所得は，契約満了後5年間，カザフスタンに課税権があることを規定しています。

(7) 投資所得（第10条：配当所得，第11条：利子所得，第12条：使用料所得

本条約により適用される限度税率が，旧日ソ租税条約に規定されている税率よりも軽減されています。限度税率はまとめると次のようになります。

	日本・ロシア租税条約の限度税率	日本・カザフスタン租税条約
配当所得	15％	5％（親子間配当），15％
利子所得	10％	10％，ただし，特定の政府機関等の利子所得は免税
使用料所得	工業的使用料10％ 文化的使用料免税	限度税率10％，議定書により5％に引き下げ。

① 配当所得の限度税率は，親子間配当（議決権株式の直接・間接の10％以上の保有）が5％，一般配当が15％です。
② 利子所得の限度税率は10％ですが，受益者が中央銀行及び政府所有の機関等である場合，源泉地国において課税が免除となります。
③ 使用料所得の限度税率は，条約本文では10％であるが，議定書の3により，次のように定められている。
(a) カザフスタン内において生じた使用料については，「使用料の額」とあるのは，「使用料の総額の50％の額」とします。
(b) 日本国内において生じた使用料については，「使用料の額の10％」とあるのは，「使用料の総額の5％」とします。
　したがって，上記の議定書の規定により，使用料所得の対する税率は5％となります。

(8) 譲渡収益（第13条）

譲渡収益に関しては，原則居住地国課税です。

(9) 給与所得（第14条）

短期滞在者免税の183日ルールが，現行のOECDモデル租税条約と同様に，「当該課税年度において開始し，又は終了するいずれの12か月の期間においても」という規定です。

(10) 役員報酬（第15条）

役員報酬は，法人の居住地国においても課税することができます。

(11) 芸能人等（第16条）

芸能人等の所得は，その活動した国で課税になります。また，芸能人等の所得が芸能法人等に帰属する場合であっても活動した国において課税になります。

(12) 退職年金（第17条）

退職年金は居住地国課税です。

(13) 政府職員（第18条）

派遣国のみで課税です。

(14) 学生（第19条）

学生及び事業修習者は，滞在地国外から支払われる給付に限り，滞在地国で免税です。

(15) 匿名組合（第20条）

日本が，匿名組合契約に関連して取得される所得又は収益に対して，国内法に従って，源泉課税することを規定したものです。

(16) その他所得（第21条）

その他所得の原則は，居住地国課税です。

⒄　二重課税の排除（第22条）

税額控除方式が規定されています。本条第2項(b)の規定により，日本の外国子会社配当益金不算入制度の株式保有要件は10％になります。

⒅　相互協議（第24条）

申立ては3年以内です。

⒆　情報交換（第25条・議定書4）

金融機関の情報交換を含む最新型の規定です。議定書の4では，「条約第25条5の規定この規定に関し，一方の締約国は，弁護士その他の法律事務代理人がその職務に関してその依頼者との間で行う通信に関する情報であって，当該一方の締約国の法令に基づいて保護されるものについては，その提供を拒否することができる。」と規定しています。

⒇　徴収共助（第26条）

一般的な規定です。

日本・旧ソ連諸国との租税条約

① 旧ソ連の概要

　1991年12月に旧ソビエト連邦が崩壊して15の国に分かれました。その地域別区分は次のとおりです。

地域別区分

　地域別に分けるとロシアを除く旧ソ連の国々は，次のように分けることができます。
(中央アジア地域：5) ウズベキスタン，カザフスタン，キルギス，タジキスタン，トルクメニスタン
(南コーカサス地域：3) アゼルバイジャン，アルメニア，ジョージア
(東欧地域：3) ウクライナ，ベラルーシ，モルドバ
(バルト三国：3) エストニア，ラトビア，リトアニア

　ロシアを除くこれらの国々をGDPの大きな順で並べると次のとおりです。①カザフスタン，②ウクライナ，③ベラルーシ，④アゼルバイジャン，⑤ウズベキスタン，という順序になり，日本は，経済力のあるカザフスタンと個別租税条約を締結したことになります。

　以下は，旧ソ連租税条約が適用となる国と各国のGDPです。単位はロシアを除いて億ドルです。

1	ロシア	54.6兆ルーブル	7	ジョージア	160.5
2	ウクライナ	1,774	8	アルメニア	110.6
3	ベラルーシ	761	9	タジキスタン	92.4
4	アゼルバイジャン	740.1	10	キルギス	74
5	ウズベキスタン	620.6	11	モルドバ	91 (GNI)
6	トルクメニスタン	470.9			

　カザフスタンは2,160億ドル（2014年）です。

❷ 租税条約の基礎データ

(1) ロシアの概要

国　名	ロシア連邦　Russian Federation
人口（万人）	14,306（2012年）
宗教	ロシア正教, イスラム教, 仏教, ユダヤ教等
GDP	54.6兆ルーブル
為替レート	1ドル＝30.37ルーブル（2012年12月30日）

(2) アゼルバイジャンの概要

国　名	アゼルバイジャン共和国　Republic of Azerbaijan
人口（万人）	950（2014年）
言　語	公用語はアゼルバイジャン語
宗　教	主としてイスラム教シーア派
独　立	1991年8月30日　共和国独立宣言
GDP（億ドル）	740.1（2014年）
主要産業	石油・天然ガス, 石油製品, 鉄鉱等
為替レート	1ドル＝1.05マナト（2014年12月現在：アゼルバイジャン中央銀行）

(3) アルメニアの概要

国　名	アルメニア共和国　Republic of Armenia
人口（万人）	300（2013年）
民　族	アルメニア系97.9%, ロシア系0.5%, アッシリア系0.1%, その他1.5%
言　語	公用語はアルメニア語
宗　教	主としてキリスト教
GDP（億ドル）	110.6（2014年）

主要産業	農業，宝石加工（ダイヤモンド），IT産業
為替レート	1ドル＝413.36ドラム（2014年5月現在：アルメニア中央銀行）

(4) ウクライナの概要

国　名	ウクライナ　Ukraine
人口（万人）	4,474万人（2014年）
民　族	ウクライナ人77.8％，ロシア人17.3％，ベラルーシ人0.6％等
宗　教	ウクライナ正教及び東方カトリック教。その他，ローマ・カトリック教，イスラム教，ユダヤ教等
GDP（億ドル）	1,774（2013年）
主要産業	鉱工業21.0％，農林水産業9.1％，建設業2.5％，サービス業67.4％
為替レート	1ドル＝21.02フリヴニャ（2015年6月12日現在：ウクライナ中央銀行）

(5) ウズベキスタンの概要

国　名	ウズベキスタン共和国　Republic of Uzbekistan
人口（万人）	2,930（2014年）
民　族	ウズベク系78.4％，ロシア系4.6％，タジク系4.8％，タタール系1.2％
公用語	公用語はウズベク語
宗　教	主としてイスラム教スンニ派
GDP（億ドル）	620.6（2014年）
主要産業	綿繊維産業，食品加工，機械製作，金，石油，天然ガス
為替レート	1ドル＝2,705.43スム（2015年12月現在：ウズベキスタン国立銀行）

(6) キルギスの概要

国　名	キルギス共和国　Kyrgyz of Republic

人口（万人）	560（2014年）
民　族	キルギス系72.6%，ウズベク系14.5%，ロシア系6.4%他
言　語	キルギス語が国語（ロシア語は公用語）
宗　教	主としてイスラム教スンニ派75%，ロシア正教20%，その他5%
GDP（億ドル）	74（2014年）
主要産業	農業・畜産業（GDPの約3割），鉱業（金採掘）
為替レート	1ドル＝75.80ソム（2015年12月現在：キルギス国立銀行）

(7) ジョージアの概要

国　名	ジョージア　Georgia
人口（万人）	430（2014年）
民　族	ジョージア系83.8%，アゼルバイジャン系6.5%，アルメニア系5.7%，ロシア系1.5%，オセチア系0.9%
言　語	公用語はジョージア語
宗　教	主としてキリスト教（ジョージア正教）
GDP（億ドル）	160.5（2014年）
主要産業	農業，食品加工業，鉱業
為替レート	1ドル＝1.76ラリ（2014年5月現在：ジョージア国立銀行）

(8) タジキスタンの概要

国　名	タジキスタン共和国　Republic of Tajikistan
人口（万人）	840（2014年）
民　族	タジク系84.3%，ウズベク系12.2%，キルギス系0.8%，ロシア系0.5%，その他2.2%
言　語	公用語はタジク語
宗　教	イスラム教スンニ派が多数
GDP（億ドル）	92.4（2014年）
主要産業	農業（綿花），アルミニウム生産，水力発電

| 為替レート | 1ドル=約6.74ソモニ（2015年12月現在：タジキスタン国立銀行） |

(9) トルクメニスタンの概要

国　名	トルクメニスタン　Turkmenistan
人口（万人）	530（2014年）
民　族	トルクメン系81％，ウズベク系9％，ロシア系3.5％，カザフ系1.9％等
言　語	公用語はトルクメン語
宗　教	主としてイスラム教スンニ派
主要産業	鉱業（天然ガス・石油等），農業（綿花），牧畜，天然ガスの埋蔵量は世界4位
GDP（億ドル）	470.9（2014年）
為替レート	1ドル=3.5マナト（2015年12月現在（固定レート）：トルクメニスタン中央銀行）

(10) ベラルーシの概要

国　名	ベラルーシ共和国　Republic of Belarus
人口（万人）	949（2015年10月）
民　族	ベラルーシ人83.7％，ロシア人8.3％，ポーランド人3.1％，ウクライナ人1.7％
言　語	公用語はベラルーシ語
宗　教	ロシア正教84％，カトリック7％，その他3％，無宗教6％
GDP（億ドル）	761（2014年）
主要産業	加工業23.2％，商業12.1％，農林畜産業7.7％，建設業6.9％
為替レート	1ドル=18,090ベラルーシ・ルーブル（2015年12月）

⑾ モルドバの概要

国　名	モルドバ共和国　Republic of Moldova
人口（万人）	291（2014年）
民　族	モルドバ人（ルーマニア系）78.4％，ウクライナ人8.4％，ロシア人5.8％，ガガウス人（トルコ系）4.4％等
言　語	公用語はモルドバ（ルーマニア）語
GNI（億ドル）	91（2014年）
主要産業	製造業，農業，卸・小売業，運輸・通信（2014年：モルドバ国家統計局）
為替レート	1ドル＝19.35レイ（2015年9月現在：モルドバ中央銀行）

⑿ 日本・旧ソ連租税条約の基礎データ

	現行租税条約	原条約等
旧ソ連条約	（署名）昭和61年1月 （発効）昭和61年11月	同　左
日本・旧ソ連租税条約の正式名称	「所得に対する租税に関する二重課税の回避のための日本国とソビエト社会主義共和国連邦政府との間の条約」	
口上書の交換	アゼルバイジャン（平成17年5月30日），アルメニア（平成8年6月17日），ウクライナ（平成7年4月24日），ウズベキスタン（平成6年7月13日），キルギス（平成5年6月4日），ジョージア（平成6年6月1日），タジキスタン（平成6年6月1日），トルクメニスタン（平成7年4月7日），ベラルーシ（平成9年1月20日），モルドバ（平成10年8月26日）の国々（国名後のカッコ内は口上書交換告示日）と，旧日ソ租税条約を含む日本との間の条約等の適用関係を確認するために，両国政府間において口上書の交換を行っています。	

- カザフスタンは個別の租税条約を日本と締結しました。旧ソ連のバルト三国である，エストニア，ラトビア，リトアニアと日本は租税条約がありません。

⒀　日本・旧ソ連租税条約の条文構成

第１条（人的範囲・居住者）	第２条（対象税目）	第３条（一般的定義）
第４条（恒久的施設）	第５条（事業所得）	第６条（国際運輸業所得）
第７条（配当）	第８条（利子）	第９条（使用料）
第10条（不動産）	第11条（譲渡収益）	第12条（給与所得）
第13条（役員報酬）	第14条（芸能人等）	第15条（退職年金）
第16条（政府職員）	第17条（教授）	第18条（学生）
第19条（その他所得）	第20条（二重課税の除去）	第21条（無差別取扱い）
第22条（相互協議）	第23条（情報交換）	第24条（プリザベーション・クローズ）
第25条（発効）	第26条（終了）	議定書全３条

⒁　ロシアの税制

法人税率	２％（国税），13.5～18％（地方税）
外国法人支店税	15.5～20％
源泉徴収	配当０％，９％，15％，利子15％，使用料20％
支店送金税	なし
損失の繰戻	なし
損失の繰越	10年
付加価値税	18％（標準税率）
個人所得税	９％，13％，15％，30％，35％（所得の種類別に単一税率）
遺産税・贈与税	なし

⒂　アゼルバイジャンの税制

法人税率	20％
支店送金税	10％
源泉徴収	配当10％，利子10％，使用料14％

損失の繰越	5年
付加価値税	18%（標準税率）
個人所得税	最高税率25%
遺産税・贈与税	なし

⑯　アルメニアの税制

法人税率	20%
外国法人支店税	20%
源泉徴収	配当10%，利子10%，使用料10%
損失の繰戻	なし
損失の繰越	5年
付加価値税	20%（標準税率）
個人所得税	最高税率36%
遺産税・贈与税	なし

⑰　ウクライナの税制

法人税率	18%
外国法人支店税	18%
源泉徴収	配当15%，利子0％，15%，使用料15%
支店送金税	なし
損失の繰戻	なし
損失の繰越	無制限
付加価値税	20%（標準税率）
個人所得税	最高税率34%
遺産税・贈与税	なし

⒅ ウズベキスタンの税制

法人税率	8％
外国法人支店税	8％
源泉徴収	配当10％，利子10％，使用料20％
損失の繰戻	なし
損失の繰越	5年
付加価値税	20％（標準税率）
個人所得税	最高税率22％
遺産税・贈与税	なし

⒆ キルギスの税制

法人税率	10％
外国法人支店送金税	なし
源泉徴収	配当10％，利子10％，使用料10％
個人所得税	10％

⒇ ジョージアの税制

法人税率	15％
繰越欠損金	5年
所得税率	20％
相続税率	なし
付加価値税	18％

㉑ タジキスタンの税制

法人税率	基本税率25％（2017年：23％見込み）
地方税	なし
個人所得税	8～13％，非居住者は25％

(22) トルクメニスタンの税制

法人税率	基本税率20%
外国支店税	20%
付加価値税	15%
個人所得税	10%

(23) ベラルーシの税制

法人税率	18%
キャピタルゲイン税	9％，18%
源泉徴収	配当12％，利子０％，15％，使用料15%
損失の繰戻	なし
損失の繰越	10年
付加価値税	20%（標準税率）
個人所得税	12%（基本税率），付加税９％，15%
遺産税・贈与税	なし

(24) モルドバの税制

法人税率	12%
キャピタルゲイン税	６%
源泉徴収	配当６％，15%，利子０％，15%（居住者），12%（非居住者），使用料12%，
損失の繰戻	なし
損失の繰越	３年
付加価値税	20%（標準税率）
個人所得税	７％，18%（基本税率）
遺産税・贈与税	なし

③ 租税条約の解説

(1) ロシア以外への適用
　旧ソ連が行った条約等は，ロシアが継承することから，それ以外の国は，日本と口上書を取り交わすことで旧ソ連との租税条約が適用となっています。

(2) 適用対象者・居住者（第1条・議定書1）
　双方居住者については，個人及び法人ともに協議により振り分けられます。なお，議定書1に個人の振分け規定があります。

(3) 対象税目（第2条）
　日本は，所得税，法人税，住民税，ソ連は，個人所得税と外国法人に対する所得税です。

(4) 恒久的施設（第4条・議定書2）
　建設工事は，12か月を超える場合，PEとなります。建設工事監督，コンサルタント役務提供はPEになりません。代理人PEは従属代理人のみです。なお，議定書2は，本条及び第5条に関連する駐在員事務所に関する規定です。

(5) 事業所得（第5条）
　本条の各項は，第1項帰属主義，第2項独立企業の原則，第3項本店配賦経費，第4項単純購入非課税の原則，第5項所得計算の継続性，第6項他の規定との関係，です。特に他の租税条約と変わった点はありません。

(6) 国際運輸業所得（第6条）
　国際運輸業所得は居住者の居住地国でのみ課税です。

(7) 配当（第7条），利子（第8条），使用料（第9条）
　各種所得の限度税率は次のとおりです。

	限度税率等
配当（親子間配当の規定なし）	15%
利子所得	10%
利子所得（政府・中央銀行等）	免税
使用料所得（工業的使用料）	10%
使用料所得（文化的使用料）	免税

(8) 譲渡収益（第11条）

不動産及びPE帰属資産は，所在地国課税です。株式は，譲渡対象株式法人の本国で課税という源泉地国課税です。その他の資産の譲渡収益は居住地国課税です。

(9) 給与所得・自由職業所得（第12条）

自由職業所得は，人的役務に対する報酬として給与所得（役務提供地課税）と同一の条項で規定されています。短期滞在者免税の要件である183日の計算は当該課税年度（暦年）で計算します。

(10) 役員報酬（第13条）

役員報酬は，その報酬を支払う法人の居住地国で課税です。

(11) 芸能人等（第14条）

原則は活動した国で課税ですが，もっとも，そのような活動が両締約国の政府の間で合意された文化交流のための特別の計画に基づき他方の締約国の居住者である個人により行われる場合には，その所得については，そのような活動が行われた締約国において租税が免除されます。

(12) 退職年金（第15条）

退職年金は，居住地国のみで課税です。

⒀ **政府職員（第16条）**
政府職員の報酬は，派遣国で課税です。

⒁ **教授（第17条）**
教育又は研究目的で2年間の滞在に限り，教育又は研究の報酬は免税です。

⒂ **学生（第18条）**
生計，教育又は訓練のための海外からの送金は免税です。

⒃ **その他所得（第19条）**
原則は居住地国課税です。

⒄ **二重課税の排除（第20条）**
日本は税額控除，ロシアは国内法によります。

⒅ **相互協議（第22条）**
申立ての期限は3年以内です。

⒆ **情報交換（第23条）**
対象は，条約の対象税目についての情報に限定されています。

⒇ **プリザベーション・クローズ（第24条）**
この条項は，この条約のいかなる規定も，一方の締約国において当該一方の締約国の法令又は両締約国間の他の協定により他方の締約国の国民又は居住者に対して現在又は将来認められる租税の免除，軽減その他の減免をいかなる態様においても制限するものと解してはならないことが規定されています。

(21) **議定書3**
議定書3は，第10条における不動産の意義です。

第6部
資　　料

❶ アジア諸国が重視される理由

　現在，為替の問題，日本の法人税率及び人件費の高さ等の諸要因が原因となって，日本企業の海外進出が増加しています。経済産業省による海外事業活動基本調査（2013年7月調査：http://www.meti.go.jp/statistics/tyo/kaigaizi/）では，製造業の海外生産比率が20.3％，海外設備投資比率が25.8％といずれも過去最高水準です。地域別では，北米が41.3％増，アジアが26.5％増と増加率が高くなっています。

　中小企業の動向としては，独立行政法人・中小企業基盤整備機構による平成23年度の「中小企業海外事業活動実態調査」（http://www.smrj.go.jp/keiei/dbps_data/_）では，中小企業が海外拠点を設置している国としては，アジアが全体の8割以上であり，そのうち，生産，販売，研究・開発，調達，その他の機能に分けると中国がこれらの項目の構成比で41.7％と圧倒的に第1位ですが，生産機能では，ベトナム，インドネシア，フィリピン，中国，タイの順序となっています。

　また，ジェトロの「日本の国・地域別対外直接投資」（http://www.jetro.go.jp/world/japan/stats/fdi/）の2014年の統計資料では，北米が全体の約37％，アジアが約30％，欧州が約21％であり，アジア地域では，シンガポール（6.3％），中国（5.7％），タイ（4.4％），インドネシア（3.8％），韓国（2.7％），香港（2.3％），インド（1.4％），ベトナム（1.1％），マレーシア（0.8％），台湾（0.4％），フィリピン（0.4％）の順序です。

　以上のことから，全体の趨勢としては，アジア地域への投資が増加していること，特に中小企業の投資はアジアに集中していることが判ります。そして，これらの投資に係る税としては，国内の税務にはない租税条約の適用問題が生じるのです。

　これ以外では，例えば，最近話題を集めているミャンマーの場合，2014年（平成26年）8月のアセアン関連外相会議出席のためミャンマーの首都ネーピードーを訪問した岸田外務大臣は，ミャンマーの外務大臣と会談を行い，租税条約について，今後，財務当局間において協議を開始したい旨述べています。このことから，時期は不明ですが，日本とミャンマーの間に租税条約が締結される可能性があります。

さらに，ミャンマー以外にも，カンボジア，ラオスというメコン川流域の国々，モンゴル等も次第に経済が進展していることから，これらの国々との租税条約が話題となる時期も近づきつつあるものと思われます。

このように，投資が増加傾向にあるアジア諸国との税務において，租税条約の果たす役割はその重要性を増していますが，対アジア諸国との租税条約は，昭和の時代に締結されたものが3つもあり，経済の新しい動向と租税条約の改正がうまくかみ合っていないというのが現状です。

❷ 日本の租税条約の現状

日本が現在締結している租税条約及びモデル租税条約の一覧表は以下のとおりです。なお，カッコ内は租税条約の件数です（2015年12月現在）。

包括的所得税租税条約（一般に租税条約といわれています。）	アジア諸国（14か国），大洋州（3か国），ヨーロッパ・旧ソ連（34か国），米州（4か国），中東・アフリカ（10か国），累計65か国
相続税・贈与税租税条約	日米相続税・贈与税租税条約（1か国）
情報交換協定	アジア（1か国），大洋州（1か国），ヨーロッパ（4か国），米州（4か国）
税務行政執行条約締結国	ヨーロッパ（10か国），米州（4か国），アフリカ（2か国）
モデル租税条約	OECDモデル租税条約，国連モデル租税条約，米国モデル租税条約他
その他	日本・台湾民間租税取決め

❸ 税務行政執行共助条約の現状

2015年12月現在の改正共助条約の現状は次のとおりです。

(1) 署名した国及び地域	92か国
(2) (1)のうち発効している国	73か国

| 署名済みで未発効の主たる国 | ブラジル,リヒテンシュタイン,モナコ,フィリピン,シンガポール,スイス,米国等 |

2015年4月現在,共助条約が発効となっている国で,日本と二国間租税条約を締結していない国は地域別に分けると次のとおりですが,これらの国とは共助条約でつながっていることになります。

ヨーロッパ(10か国)	アイスランド,アルバニア,エストニア,キプロス,ギリシャ,クロアチア,スロベニア,マルタ,ラトビア,リトアニア
アフリカ(2か国)	ガーナ,チュニジア
米州(4か国)	アルゼンチン,コスタリカ,コロンビア,ベリーズ

❹ 地域別・日本の租税条約の締結状況

(1) アジア諸国との租税条約

日本が現在租税条約を締結しているアジア諸国15か国の一覧表です。順序は現行の租税条約の締結年(発効日)が古い順に上から並べてあります。なお,第2次条約或いは第3次条約という表記は,原条約以降の改正を示すものです。情報交換規定は,★印が付されています。

	国　名	現行租税条約
1	スリランカ(締結当時:セイロン)	(発効)昭和43年9月
2	インドネシア	(発効)昭和57年12月
3	中国	(発効)昭和59年6月
4	タイ	(第2次条約) (発効)平成2年8月
5	バングラデシュ	(発効)平成3年6月
6	ベトナム	(発効)平成7年12月
7	大韓民国	(第2次条約) (発効)平成11年11月

8	インド	（第2次条約） （発効）平成元年12月 （一部改正発効）平成18年6月 （一部改正署名）平成27年12月
9	パキスタン	（第2次条約） （発効）平成20年11月
10	フィリピン	（発効）昭和55年7月 （一部改正発効）平成20年12月
11	ブルネイ	（発効）平成21年12月
12	シンガポール	（第3次条約） （発効）平成7年4月 （一部改正発効）平成22年7月
13	マレーシア	（第3次条約） （発効）平成11年12月 （一部改正発効）平成22年12月
14	香港	（発効）平成23年8月 ・香港との租税協定の情報交換規定に関する書簡交換：平成26年12月
15	マカオ★	（発効）平成26年5月
16	日本・台湾民間租税取決め	（署名）平成27年11月26日

モンゴル及びラオスは次に掲げる諸国と租税条約を締結しています。

モンゴル（27か国）	オーストリア、ベラルーシ、ベルギー、ブルガリア、カナダ、中国、チェコ、フランス、ドイツ、ハンガリー、インド、インドネシア、カザフスタン、大韓民国、クウェート、キルギスタン、マレーシア、ポーランド、ロシア、シンガポール、スイス、タイ、トルコ、ウクライナ、アラブ首長国連邦、英国、ベトナム
ラオス（8か国）	ブルネイ、中国、朝鮮民主主義人民共和国、大韓民国、マレーシア、ミャンマー、タイ、ベトナム
ミャンマー（8か国）	インド、大韓民国、ラオス、マレーシア、シンガポール、タイ、英国、ベトナム

(2) オセアニア・大洋州諸国との租税条約

以下は，オセアニア・大洋州諸国との租税条約です。

	国　名	現行租税条約
1	フィジー	日英租税条約原条約の適用拡大（昭和45年）
2	オーストラリア	（第 2 次条約） （発効）平成20年12月
3	サモア★	（発効）平成25年 7 月
4	ニュージーランド	（第 2 次条約） （発効）平成25年10月

(3) 北米・南米諸国との租税条約

	国　名	現行租税条約
1	ブラジル	（発効）昭和42年12月 （一部改正発効）昭和51年12月
2	メキシコ	（発効）平成 8 年11月
3	カナダ	（第 2 次条約） （発効）昭和62年11月 （一部改正発効）平成12年12月
4	米　国	（第 3 次条約） （発効）平成16年 3 月 （一部改正署名）平成25年 1 月 （一部改正発効）（未発効）
5	バミューダ★	（発効）平成22年 8 月
6	バハマ★	（発効）平成23年 8 月
7	ケイマン諸島★	（発効）平成23年11月
8	英領バージン諸島★	（発効）平成26年10月
9	チリ	平成28年 1 月22日（署名・未発効）

(4) ヨーロッパ諸国との租税条約

ヨーロッパ諸国との租税条約は，★印の情報交換規定を含めて26あります。

現行租税条約で発効を基準に古い順に並べると次のとおりです。なお，現行租税条約が原租税条約或いは改正租税条約が一部改正されている場合は，その改正年を基準としています。

	国　名　等	現行租税条約
1	オーストリア	昭和38年4月
2	デンマーク	第2次条約　昭和43年7月
3	スペイン	昭和49年11月
4	アイルランド	昭和49年12月
5	ルーマニア	昭和53年4月
6	スロバキア	昭和53年11月
7	チェコ	昭和53年11月
8	ハンガリー	昭和55年10月
9	イタリア	昭和48年3月（一部改正）昭和57年1月
10	ポーランド	昭和57年12月
11	ドイツ	昭和42年6月（一部改正）昭和59年5月 平成27年12月改正署名
12	ブルガリア	平成3年8月
13	フィンランド	昭和47年12月（一部改正）平成3年12月
14	ノルウェー	第3次条約　平成4年12月
15	フランス	第2次条約　（一部改正）平成19年12月
16	マン島★	平成23年9月
17	オランダ	第2次条約　平成23年12月
18	ルクセンブルク	平成4年12月（一部改正）平成23年12月
19	スイス	昭和46年12月（一部改正）平成23年12月
20	リヒテンシュタイン★	平成24年12月
21	ポルトガル	平成25年7月
22	ガーンジー★	平成25年8月
23	ジャージー★	平成25年8月

24	ベルギー	昭和45年4月（一部改正）平成25年12月
25	スウェーデン	第2次条約（一部改正）平成26年10月
26	英国	第3次条約（一部改正）平成26年12月

(5) 旧ソ連諸国（15か国）との租税条約

国名後のカッコ内は，口上書交換告示日です。

	国　名　等	現行租税条約
1	カザフスタン	（発効）平成21年12月
2	アゼルバイジャン（平成17年5月30日）	（発効）昭和61年11月（左の11か国については，旧日ソ租税条約が継続適用になっています。）
3	アルメニア（平成8年6月17日）	
4	ウクライナ（平成7年4月24日）	
5	ウズベキスタン（平成6年7月13日）	
6	キルギス（平成5年6月4日）	
7	ジョージア（平成6年6月1日）	
8	タジキスタン（平成6年6月1日）	
9	トルクメニスタン（平成7年4月7日）	
10	ベラルーシ（平成9年1月20日）	
11	モルドバ（平成10年8月26日）	
12	ロシア	

なお，バルト三国（エストニア，ラトビア，リトアニア）とは，税務行政執行共助条約でつながってはいますが，租税条約はありません。

(6) 中東諸国との租税条約

以下は，中東諸国との租税条約を発効順に並べた一覧表です。年月の表記は現行租税条約の発効年月です。

	国　名　等	現行租税条約
1	イスラエル	平成5年12月
2	トルコ	平成6年12月
3	サウジアラビア	平成23年9月
4	クウェート	平成25年6月
5	オマーン	平成26年1月
6	アラブ首長国連邦（UAE）	平成26年12月
7	カタール	平成27年11月

(7) **アフリカ諸国との租税条約**

以下は，アフリカ諸国との租税条約を発効順に並べた一覧表です。年月の表記は現行租税条約の発効年月です。

	国　名　等	現行租税条約
1	エジプト（アラブ連合共和国）	昭和44年8月
2	ザンビア	昭和46年1月
3	南アフリカ	平成9年11月

5　BEPS の動向と租税条約

(1)　BEPS 行動計画に示された15の課題

　BEPS という用語は，「税源浸食と利益移転（BEPS：Base Erosion and Profit Shifting）」の略語である。BEPS は，多国籍企業等による各国税制のループホール等を利用した租税回避或いは低税率国等への利益の移転を防ぐために，OECD 等が中心となって2012年以降に行っている活動のことです。なお，以下に表記する PE とは，源泉地国において企業が事業を行う支店，事務所等を指す恒久的施設（Permanent Establishment）の略称です。

　2013年7月公表の BEPS 行動計画に示された15の課題について，2015年6月末現在の進行状況は，次のとおりです。

	行動プラン	項目と期限
1	電子商取引への課税上の対処	2014年9月16日：第一次報告
2	ハイブリッド事業体の課税（ハイブリッド・ミスマッチの効果の無効化）	2014年9月16日：第一次報告
3	タックスヘイブン税制強化	2015年4月3日：討議草案公開 2015年9月期限
4	利子等の損金算入による税源浸食の制限	2014年12月18日：討議草案公開 国内法への勧告（2014年9月），移転価格ガイドラインの改正（2015年12月）
5	有害な税実務に対する対応	2014年9月16日：第一次報告 加盟国の制度の検討期限（2014年9月） OECD非加盟国への参加拡大（2015年9月） 現行規準の改訂（2015年12月）
6	租税条約の濫用防止	2014年9月16日：第一次報告 モデル租税条約の改訂（2014年9月） 国内法改正への勧告（2014年9月）
7	PE認定の人為的回避の防止	2014年10月31日：討議草案 2015年5月25日：改正草案 モデル租税条約の改訂（2015年9月）
8	移転価格税制（無形資産の関連者間移転に関する整備）	2014年9月16日：第一次報告 2014年12月19日：8，9，10の討議草案 2015年4月29日：費用分担契約に係る討議草案 移転価格ガイドライン，モデル租税条約の改訂（2014年9月）（2015年9月）
9	移転価格税制（リスクの移転或いは過度の資本の配分によるBEPS防止）	2014年12月19日：8，9，10の討議草案 2015年9月期限
10	移転価格税制（第三者との間ではほとんど生じない取引等に係るルールの進展）	2014年12月16日：討議草案 2015年9月期限
11	BEPSに係る資料収集と分析に関する方法の確立	2015年4月16日：討議草案 2015年9月期限

12	タックス・プランニングに関する開示義務に関する勧告	2015年3月31日：討議草案 2015年9月期限
13	移転価格文書化の再検討	2014年1月30日：討議草案 2014年9月16日：第一次報告 2015年2月16日：実施に関する指針 2015年6月8日：国別報告書の実施パッケージ
14	相互協議の効率化としての仲裁等の活用	2014年12月18日：討議草案 2015年9月期限
15	多国間協定の開発	国際法等との調整に関する報告（2014年9月） 2015年2月6日：多国間協定の開発に係るマンデート 多国間協定の開発（2015年12月）期限

(2) BEPSの動向のポイント

BEPSの動向と租税条約の関連のポイントは次のとおりです。

① BEPSの行動計画7「PE認定の人為的回避の防止」の改訂公開討議草案公表（以下「改訂草案」という。）が2015年5月に公表され，OECDモデル租税条約におけるPE概念拡大の改正が行われることになりました。これに伴い，この改正事項を各国が締結している租税条約に織り込む作業と租税条約がない場合の対処として国内法の改正が必要になります。

② 行動計画7に係る改正は，代理人PE及びネット通販企業等の源泉地国課税強化等がその狙いです。この改正は改訂草案公表後に新聞報道等で取り上げられましたが，これまで日本で代理人PEの判定を逃れて利益を上げていた外国企業にとって，従来のビジネスの方式の変更等が必要になり切実な問題となります。

③ 今回の改正におけるもう1つの焦点は，PE課税の問題のほかに，各国の締結している租税条約及び国内法への改正事項の織り込みを遅れる国の進行状況の足並みにどう揃えるのかという問題があります。

(3) BEPS行動計画7の沿革

BEPS行動計画7は，前出の15の課題の7に表記された「PE認定の人為的

回避の防止」のことでその沿革をまとめると以下のとおりです。

2012年6月	第7回G20メキシコ・ロスカボス・サミット首脳会合宣言において，租税分野では，情報交換の強化，多国間執行共助条約署名への奨励とともに，多国籍企業による租税回避を防止する必要性が再確認され，OECD租税委員会は，BEPSプロジェクトを開始しました。
2012年後半	英国等において，多国籍企業の租税回避問題が生じていることが報道されました。
2013年2月	OECDは，BEPSに対する現状分析報告書として，「税源侵食と利益移転への対応」(Addressing Base Erosion and Profit Shifting)を公表しました。
2013年7月	OECDは，「BEPS行動計画」(Action Plan on Base Erosion and Profit Shifting)を公表しました。
2013年9月	第8回G20ロシア・サンクトペテルブルクにおける首脳会合宣言において，BEPS行動計画が全面的に支持されました。
2013年10月	「恒久的施設（PE）認定の人為的回避の防止」に関する検討開始
2014年9月	BEPS行動計画に関する第一弾報告書7つが公表されました。
2014年10月31日	OECD, Public Discussion Draft BEPS ACTION 7: PREVENTING THE ARTIFICIAL AVOIDANCE OF PE STATUS.（以下「公開草案」という。）
2014年11月	第9回G20オーストラリア・ブリスベンにおける首脳会合宣言は，「BEPS行動計画」の進捗を歓迎するとともに，非居住者金融口座情報の自動的情報交換を早期に開始することで一致しました。
2015年2月	20か国財務大臣・中央銀行総裁会議声明は，多国間税務執行共助条約の加盟国増加を促し，非居住者金融口座情報の自動的情報交換の法的手続の整備を行うことを提唱しました。
2015年5月15日	OECD, Revised discussion draft BEPS ACTION 7: PREVENTING THE ARTIFICIAL AVOIDANCE OF PE STATUS.（改訂草案）
2015年10月	2015 BEPS FINAL REPORTS 公表
2015年11月	G20首脳会合（トルコ・アンタルヤ・サミット）

以上の沿革からも判るように，OECDにおけるBEPS行動計画は，G20のバ

ックアップにより国際的に承認を受けて，ある種の権威付けがなされたといえます。この権威付けがあることで，G20は勿論，それ以外の国であっても，OECDの見解を受け入れざるを得ないという状況が作られているのです。

　第2の点は，OECDの行動が相当の速度で行われているということです。その活動を再度まとめると次のとおりです。特に，PEに関するOECDの活動は，BEPS以前にもあり，その検討の一部がBEPS活動計画7へ吸収されて継続しているのです。

　以下は，BEPS活動計画7に関連する事項の沿革です。

2011年10月	OECD, Interpretation and application of article 5 (Permanent Establishment) of the OECD Model Convention
2012年10月	OECD, OECD Model Tax Convention: Revised proposals concerning the interpretation and application of article 5 (Permanent Establishment)
2013年7月	「BEPS行動計画」を公表
2014年9月	「BEPS行動計画」に関する第一弾報告書の公表
2014年10月	公開草案公表
2015年1月	公開草案に対する各界からの意見を集めた後に公開討論会開催
2015年5月	改訂草案公表
2015年6月	第1作業部会が6月22〜26日に検討して，OECDモデル租税条約改正の最終案を作成
未定	OECDモデル租税条約の改正（準備的補助的活動，代理人PE等），OECD加盟国及び非加盟国への租税条約及び国内法改正の勧告

　本来のタイム・スケジュールでは，活動計画7の「PE認定の人為的回避の防止」はモデル租税条約の改訂として，その期限は2015年9月となっています。2014年10月に公開草案が公表され，各国の各団体がこれに対して，意見或いはコメントを寄せています。例えば，日本では，経団連が2015年1月6日付で，日本貿易会が2015年1月9日付で意見をOECDに提出しています。これらの意見等を集約して，2015年5月15日に改訂草案が公表されました。この公表を受けて，報道機関は，進出国に物流拠点として巨大倉庫を抱えるネット通販企業の課税強化が行われることになり，実際の課税では各国の租税条約改正が必

要になることから，日本も2016年以降に対応すると報じられました（例えば，2015年5月23日付共同通信ニュース等）。

(4) 5つの検討課題

公開草案及び改訂草案の双方において，検討課題とされたのは，次の5つの項目です。

1	コミッショネア契約及び類似する方法を通じてのPE認定の人為的回避（従属代理人の範囲の拡大）
2	準備的補助的活動に係る規定を通じてのPE認定の人為的回避
3	建設PEの課税における契約細分化への対策
4	保険業に係る保険代理人
5	移転価格課税との観点からのPE帰属利得

上記5つの課題のうち，特に，改訂草案にある1と2が焦点になっているものと思われることから，この2つの項目について検討します。

(5) 代理人PEの概要

代理人PEのOECDモデル租税条約と国内法の規定の概要は次のとおりです。

現行OECDモデル租税条約	従属代理人（PE）①条約相手国企業の名において契約を締結する権限，②その権限の反復行使
	独立代理人（PEにはならない）
国内法	常習代理人（PE）①契約締結権限，②常習的行使
	在庫保有代理人（PE）
	注文取得代理人（PE）
	独立代理人（PEにはならない）

上記に該当する代理人PEを有する外国企業は国内源泉所得について日本において納税義務を負うことになります。具体例としては，例えば，日本において条約相手国企業の製品を販売している者がいたとします。しかし，現行の租税条約では，日本にいる者が，条約相手国企業の名において契約を締結する権限とその権限の反復行使がなければ，当該条約相手国企業は日本にPEを有し

ていないことになっています。要するに，この租税条約等に規定する従属代理人PEの規定を利用して，契約締結権限を国外の者が行うことで，日本で多額の国内源泉所得が生じた場合でも課税関係が生じないとされていたのです。この問題は古くから議論されていた事項であり，特に，2002年のイタリア最高裁におけるフィリップモリス事案判決による代理人PEの概念拡大等がこれまで議論され，OECDモデル租税条約第5条第5項のコメンタリーが改正される等の動きは過去にありましたが，今回の改正は，条文とコメンタリー双方の改正を目論むもので，その影響は過去にないものです。

(6) 改訂草案における検討

　改正草案におけるポイントは，OECDモデル租税条約第5条第5項（従属代理人），第6項（独立代理人）について，前者の課税要件を緩和し，後者の適用要件を厳格化するというものです。公開草案ではA，B，C，Dと4つのオプションを公表して各界から寄せられたコメントを検討して，改訂に反映させたのです。

　そして，公開草案において示された4つのオプションのうち最も支持が集まったBをベースに，第5条第5項及び第6項の本文及びコメンタリー案が示されています。

　ポイントは，従属代理人の規定（第5条第5項）改正案が示されたことです。従前の契約締結権限の反復行使という要件に代わり，契約締結権限と契約の重要な要素について協議するのが要件となっています。なお，契約の内容として，所有権の移転，使用権の許諾，役務提供になっています。また，第6項の独立代理人は，関連企業（第6項(b)に規定新設）のために専ら活動を行う者は独立代理人とみなされないことが明記されました。

　この問題について，OECD「移転価格ガイドライン」において既にコミッショネアの問題が取り上げられ，今回のBEPS 7における検討は，屋上屋を重ねるものという向きもありますが，移転価格の問題は，ある意味で，所得の配分という金額の問題であり，PEの問題は，非居住者を源泉地国において課税するか否かを判定することです。したがって，最初に源泉地国における課税の有無が検討され，次に，PEの存在が認められれば，その所得の計算という順序と考えるのが順当なプロセスと思われます。

(7) 準備的補助的活動の再検討（OECD モデル租税条約第5条第4項）

　源泉地国における非居住者に対する事業所得課税では，事業を行う一定の場所であるPEの存在が課税要件ですが，仮に，事務所等の物理的な施設が源泉地国において存在しても，その活動が租税条約に定める準備的補助的活動の場合は，PEと判定されないことになっています。しかし，この規定により，源泉地国に大量の商品の在庫を保有して，所得を得ているネット通信業者が課税にならないことから，この準備的補助的活動に係る規定の改正が検討されたのです。

　第5条第4項の改正案としては，同項に示された活動が準備的補助的な性格であることの規定が同項の最後に加えられました。これは，公開草案において示された選択肢のうちからオプションEが選択された結果ですが，現行の第5条第4項に規定された活動について，準備的補助的であることを要件とするものです。

　基本的には，現在のコメンタリー（パラ24）にもあるように，準備的補助的活動を区分するための決定的な規準は，事業を行う一定の場所における活動が，企業全体としての活動の必須な部分であるとともに重要な部分を形成するか否かということです。

　この準備的補助的活動がPEにならないとされた理由は，1928年の国際連盟モデル租税条約においてPE概念が確立し，その後，外国企業の活動が多様化するにつれて，企業の収益に貢献しているが，その活動が収益獲得に間接的であるため，所得の配分方法が難しいためにPEにならないものとしたのです。

　例えば，第5条第4項(b)は，「企業に属する物品又は商品の在庫を保管，展示又は引渡しのためにのみ保有すること。」という規定であり，外国企業から物品等を預かる倉庫業者の場合は，通常であれば，この外国企業はPEを有することになりません。しかしながら，外国企業が，商品等の検査及び維持のために，倉庫の特定の部分に対して無制限にアクセスすることが認められている場合，上記第5条第4項(b)の適用及びPEの判定は，これらの活動が準備的補助的活動であるか否かにより行われることになります（改訂草案コメンタリー案22.3）。

❻ 帰属主義とは

(1) 帰属主義導入に係る論点整理

　平成26年度税制改正により「総合主義から帰属主義へ」という改正が行われましたが，帰属主義は，恒久的施設に帰属するすべての所得に課税すべきという考え方ですが，帰属主義についていくつか理解が存在しますので，以下は，一般的にいわれている帰属主義について整理します。

(2) 所得源泉ルールの帰属主義

　標題の帰属主義は，日米租税条約の第2次条約（旧条約）第6条第8項において規定された帰属主義ですが，これは，所得の源泉ルールを規定したものです。所得源泉ルールとして帰属主義がこの概念の本質であることからすると，他と区別する意味からこの帰属主義を「所得源泉ルールの帰属主義」とします。

(3) 租税条約における帰属主義

　現行の日米租税条約第7条（事業所得条項）第1項は，「（略）一方の締約国の企業が他方の締約国内にある恒久的施設を通じて当該他方の締約国内において事業を行う場合には，その企業の利得のうち当該恒久的施設に帰せられる部分に対してのみ，当該他方の締約国において租税を課することができる。」と規定しています。この引用した規定は，帰属主義といわれていますが，「所得源泉ルールの帰属主義」ではないと一般に解されてきました。

　仮に，この規定が「所得源泉ルールの帰属主義」であれば，所得源泉置換規定（所得税法第162条，法人税法第139条）の適用を受けて国内法として適用になるはずですが，そのような適用はされていません。その理由の1つとして考えられることは，ここにいう帰属主義が総合主義を採用しないことの意味で使用されているという解釈です。1963年に制定されたOECDモデル租税条約草案において採用された帰属主義はこの解釈が当てはまるものといえます。他の1つは，日本の国内法が従前総合主義であったことから，当該租税条約の適用上，国内源泉所得のうち恒久的施設に帰属するものと理解されたことで，これについては，「課税範囲決定の帰属主義」とします。

(4) 国外源泉所得を取り込む帰属主義

　米国における外国投資家課税法（Foreign Investors Tax Act of 1966）における規定のように，恒久的施設に帰せられる国外源泉所得も課税所得に含めるということを帰属主義と解する考え方があります。これは，「所得源泉ルールの帰属主義」ではなく，「課税範囲決定の帰属主義」の類型ですが，以下，この類型は，前記の(2)と区分する意味から，「米国型課税範囲決定の帰属主義」とします。

(5) 旧所得税法施行令第279条5項及び旧法人税法施行令第176条5項の意義

　旧所得税法施行令第279条5項及び旧法人税法施行令第176条5項は，昭和48年度税制改正により創設された規定ですが，当該条項が創設された理由は，外国法人の国内支店を通じて国外に投融資を行う場合，この種の事業活動から生ずる所得の取扱いが明確でなかったため，国外における投融資先の選定等，投融資等に関連する業務を専ら国内に所在する支店が行っている場合，その所得について国内支店に帰属するものとするのが適当であるとした規定です。

　この規定によれば，国内，国外の双方にわたって事業活動を行う外国法人が，国内の支店等を通じて国外にある者に対する金銭の貸付け，投資その他これらに準ずる行為により生ずる所得で，国内支店等で行う事業に帰せられるものは国内源泉所得としたのです。この規定を創設した趣旨は，タックスヘイブン国内に本店を持つ外国法人が日本国内の拠点を通じて東南アジアその他の免税産業に投資を行った場合における課税のほ脱を防止することを狙いとしていたのです。

　この規定は，米国における外国投資家課税法を範としたものであり，外国投資家課税法にあるように，国内にある支店等の恒久的施設の存在を前提として，国外で生じた所得を恒久的施設の所得として取り込むことにしたのですが，米国の場合は，国外源泉所得として取り込んだのに対して，日本の場合は，国内源泉所得としたのです。これをもって，日本の国内法における「帰属主義」と解する向きもありましたが，これは非居住者に関する規定を複雑にしないために国外源泉所得を国内源泉所得とするとしたもので，日本の国内法が帰属主義を採用したとはいえないのです。これは，区分上，「海外投融資に係る所得源泉ルール」とします。

(6) 帰属主義概念の純化

前記において述べたように，いわゆる帰属主義といわれているものについて，その類型は，再度掲げると次のようになります。

① 所得源泉ルールの帰属主義（以下「A型」という。）
② 課税範囲決定の帰属主義（以下「B型」という。）
③ 米国型課税範囲決定の帰属主義（以下「C型」という。）
④ 海外投融資に係る所得源泉ルール（以下「D型」という。）

日本の帰属主義は，以上の4類型のハイブリッド型である「日本型帰属主義」で，上記の（C型＋D型＋AOA）ということになります。

(7) 帰属主義とAOA（Authorized OECD Approach：OECD承認アプローチ）との関連

平成24年11月14日付の「第7回税制調査会資料（国際課税）」において，「OECDモデル租税条約新7条の考え方（AOA）に基づき「帰属主義」に則した国内法の規定を定める」という文言があります。

OECDの2006年版報告書によれば，AOAと機能的独立企業アプローチとの関連については，機能的独立企業アプローチとは，第7条（事業所得）第1項における企業の利得に関するアプローチであり，AOAは，第7条全体，中でも，独立企業の原則の適用に関するアプローチであり，機能的独立企業は，AOAの第1ステップとして位置付けられています。

そして，AOAは次の2つのステップから構成されています。

① AOAの第1ステップ

PEが同一又は類似の条件で同一又は類似の活動を行う独立分離した企業として擬制します（同報告書パラ86）。

② AOAの第2ステップ

擬制された独立分離した企業の内部取引を，同一又は類似の機能を遂行し，同一又は類似の資産を使用し，同一又は類似のリスクを引き受け，同一又は類似の経済的に関連した特徴を有する独立企業の外部取引と比較します（報告書パラ88）。したがって，帰属主義は，PEへの所得帰属の原則であるのに対して，AOAは，事業所得算定を定めているモデル租税条約第7条全体，中でも，独立企業の原則の適用に関するアプローチといえるのです。

[参考文献]

- 青木寅雄『日・中租税条約の解説』昭和59年，日本租税研究協会
- 大久保修身『租税条約の解説日印・日加・日ソ・日中・日スウェーデン・日インドネシア』平成2年　日本租税研究協会
- 昭和61年以降の『改正税法のすべて』
- 神田眞人編著『アジア経済ハンドブック　2015年版』平成27年　財経詳報社
- 五味雄治・小沢進『日米租税条約逐条解説』昭和54年　日本租税研究協会
- 小松芳明『日韓・新日米租税条約の解説』　昭和47年　日本租税研究協会
- 小松芳明『租税条約の研究［新版］』昭和57年　有斐閣
- ジェトロジャカルタ事務所「市場・投資先としての魅力—インドネシア共和国」平成25年，出所：投資調整庁（BKPM）
- 高山政信・坪内二郎・矢内一好『国際税務総覧2015-2016』財経詳報社　平成27年
- 筒井順二『租税条約の解説—日英・日伊・日独・日洪・日波・日比』　昭和56年　日本租税研究協会
- 中島信城「インドネシアの税務行政と税制の概要」(『税大ジャーナル』12，平成21年10月）
- 中野百々造『外国税額控除』平成20年　税務経理協会
- 平尾照夫『租税条約の解説』昭和39年　日本租税研究協会
- 別所徹哉・沼袋真司「インド移転価格税制の最近の動向」『国際税務』第31巻第2号
- 矢内一好『国際課税と租税条約』平成4年　ぎょうせい
- 矢内一好『詳解　日米租税条約』平成16年　中央経済社
- 矢内一好『解説　改正租税条約』平成19年　財経詳報社
- 矢内一好『改正租税条約のすべて』平成25年　財経詳報社
- 渡辺淑夫『外国税額控除［改訂版］』平成14年　同文舘

著者紹介

矢内　一好（やない　かずよし）
中央大学商学部教授　博士（会計学）（中央大学）

(単著)

1. 『国際課税と租税条約』（ぎょうせい　平成4年）（第1回租税資料館賞）
2. 『租税条約の論点』（中央経済社　平成9年）（第26回日本公認会計士協会学術賞）
3. 『移転価格税制の理論』（中央経済社　平成11年）
4. 『和英用語対照　税務・会計用語辞典』（十訂版）（編著者　矢内一好）（財経詳報社　平成14年）
5. 『連結納税制度』（中央経済社　平成15年）
6. 『詳解日米租税条約』（中央経済社　平成16年）
7. 『解説　改正租税条約』（財経詳報社　平成19年）
8. 『Q&A国際税務の基本問題〜最新トピックスの検討』（財経詳報社　平成20年）
9. 『キーワードでわかる国際税務』（中央経済社　平成21年）
10. 『米国税務会計史』（中央大学出版部　平成23年）
11. 『現代米国税務会計史』（中央大学出版部　平成24年）
12. 『改正租税条約のすべて』（財経詳報社　平成25年）
13. 『英国税務会計史』（中央大学出版部　平成26年）
14. 『一般否認規定と租税回避判例の各国比較〜GAARパッケージの視点からの分析』（財経詳報社　平成27年）

・「米国租税条約の研究」「国際連盟におけるモデル租税条約の発展」（平成元年日本税理士連合会研究奨励賞受賞）

　その他共著，論文多数。

コンパクト解説
日本とアジア・大洋州・米州・旧ソ連諸国との租税条約

平成28年3月18日　初版発行

著　者　矢　内　一　好
発行者　宮　本　弘　明

発行所　株式会社　財経詳報社
〒103-0013　東京都中央区日本橋人形町1-7-10
電　話　03（3661）5266（代）
ＦＡＸ　03（3661）5268
http://www.zaik.jp
振替口座　00170-8-26500

落丁・乱丁はお取り替えいたします。　　　　　印刷・製本　創栄図書印刷
©2016　Kazuyoshi Yanai　　　　　　　　　　　　Printed in Japan
ISBN 978-4-88177-424-3